先秦史

古代至民族疆域

U0059314

【中國古代歷史的深度剖析，呂思勉的經典之作】

歷史事件、文化背景、政治變革、民族疆域
詳細分析和論述不同的歷史階段與時代變遷

呂思勉以其深厚的文學功底和嚴謹的學術態度
為讀者提供了一個全面且細緻的先秦時代書卷

呂思勉 著

目錄

第一章　總論

　　歷史果何等學問？治之果有何用耶？自淺者言之，則曰：史也者，前車之鑑也。昔人若何而得，則我可從而仿效之；若何而失，則我可引為鑑戒，斯言似是，而實不然。何則？大化之遷流，轉瞬而已非其故，世事豈有真相同者？見為相同，皆察之未精者耳。執古方以藥今病，安往而不貽誤？近世西人東來，我之交涉，所以敗績失據者，正坐是也。然則史學果何用耶？

　　曰：史也者，所以求明乎社會之所以然者也。宇宙間物，莫不有其所由成，社會亦何獨不然？中國之社會，何以不同於歐洲？歐洲之社會，何以不同於日本？習焉不察，則不以為異，苟深思之，則知其原因極為深遠，雖極研索之功，猶未易窺其萬一也。因又有因，欲明世事之所由來，固非推之邃初不可。此近世史家，所以記載務求其詳，年代務求其遠；雖在鴻荒之世，而其視之之親切，仍與目前之局等也。

　　史事既極繁賾，而各時代之事勢，又不能無變異，治史者自不能不畫為段落。昔日史家，多依朝代為起訖。一姓之興亡，誠與國勢之盛衰，群治之升降，皆有關係，然二者究非同物，此近世史家，所以不依朝代，而隨時勢以分期也。分期之法，各家不同，而畫周以前為一期，則殆無二致。是何哉？論者必曰：封建易為郡縣，實為史事一大界，斯固然也。然封建郡縣之遞嬗，其關係何以若是其大？則能言之者寡矣。蓋世運恆自塞而趨於通，而其演進也，地理若為之限。以交通之阻隔，乃將世界文化，分為若干區；區自有其中心，而傳播於其鄰近；久之，則各區域之文化，更互相接而終合為一焉。此前世之行事，可以共徵；亦今後之局勢，可以豫燭者也。中國地處亞東，為世界文明發源地之一。其地東南濱海；西則

青海、西藏，號稱世界第一高原；北則蒙古、新疆，實為往古一大內海，山嶺重疊，沙磧綿延，實非昔時人力所能踰越；東北興安嶺之麓，雖土壤腴沃，而氣候苦寒，開拓且非旦夕可期，更無論逾嶺而北矣。職是故，中國今日之封域，實自成為一文化區。團結此區域內之人民而一之，而誕敷其文化，則中國民族，在世界上所盡之責任也。此一區域之中，事勢亦自分難易。內地之諸省及遼寧，久團結為一體，吉、黑及蒙、新、海、藏，則不免時有離合焉。此等皆以大勢言之，勿泥。封建廢而郡縣興，則中國民族團結內地及遼寧之告成，而其經營吉、黑及蒙、新、海、藏之發軔也。其為史事一界畫，不亦宜乎？

復次：史材之同異，亦為治史者分畫界線之大原因。今之言史材者，固不專恃文字，究以依據文字者為多，科學未興之時則尤甚。西儒或分書籍為三種：一曰屬於理智者，言學之書是也。二曰屬於情感者，文辭是也。三曰屬於記憶者，史籍是也。中國舊分書籍為四部。經、子二部，略與其所謂屬於理智者相當；集與其所謂屬於情感者相當；集部後來，龐雜至不可名狀，然其初，則專收文辭，實上承《七略》之《詩賦略》，說見《文史通義·文集篇》。史與其所謂屬於記憶者相當；雖不密合，以大致言之固如是。然此乃後世事，非所語於古初。《漢志·太史公書》，尚附《春秋》之末，更微論秦以前也。中國史官，設立甚早，然其所記，與後世史官所記者，實非同物。參看下章。況經秦火，盡為煨燼，謂古書亡於秦火，實誣罔之辭。自漢以後，更無祖龍，漢、隋諸志著錄之書，什九安在？況古代學術之傳，多在口耳，不專恃竹帛乎？然史經秦火而亡，則非虛語，以史在當時為官書也。《史記·六國表》曰：「秦既得意，燒天下詩書。諸侯史記尤甚，為其有所刺譏也。詩書所以復見者，多藏人家，而史記獨藏周室，以故滅，惜哉惜哉。」人家之人當作民，此唐人避諱字未經改正者。周室二字，苟諸侯之國言，乃古人言語，以偏概全之例，非謂周

室能盡藏列國之史。[001] 其僅存者，皆附經、子以傳，則仍為言學術之書；而私家所稱述，更無論矣。史以記載為主，古代之記載，缺乏如是，治古史之法，安得不與治後世之史異？治之之法異，斯其所成就者亦不同矣，此又古今史家，所以不期而同，於周、秦之間，皆若有一界畫在者也。

今之治國史者，其分期多用上古、中古、近世、現代等名目，私心頗不謂然。以凡諸稱名，意義均貴確實，而此等名目，則其義殊為混淆也。梁任公謂治國史者，或以不分期為善，見中華書局刻本《國史研究》附錄《地理年代篇》。其說亦未必然。然其分期，當自審史事而為之，並當自立名目，而不必強效他人，則審矣。言周以前之史，而率約定俗成之義，以求稱名，自以先秦二字為最當。今故徑稱是編為《先秦史》焉。大古、中古等名，自昔即無定義，見《詩・甫田疏》。[002]

---

[001]　史籍：多藏人家，人當作民，史記獨藏周室，周室苞諸侯之國言。
[002]　時代。

第二章　古史材料

　　今之所謂科學者，與前此之學問，果何以異乎？一言蔽之曰：方法較密而已。方法之疏密，於何判之？曰：方法愈密，則其使用材料愈善而已。信如是也，古史之材料，既以難治聞，當講述之先，固不得不一為料檢也。

　　近世史家，大別史材為二：一曰記載，二曰非記載。[003] 記載之中，又分為四：一曰以其事為有關係，而記識之以遺後人者，史官若私家所作之史是也。二曰本人若與有關係之人，記識事蹟，以遺後人者，碑銘傳狀之屬是也。此等記載，恆不免誇張掩飾，然其大體必無誤，年月日，人地名等，尤為可據，以其出於身親其事者之手也。且誇張掩飾，亦終不可以欺人，善讀者正可於此而得其情焉。三曰其意非欲以遺後人，然其事確為記載者，凡隨意寫錄，自備省覽之作皆是也。四曰意不在於記載，然後人讀之，可知當時情事，其用與記載無異者，前章所言屬於理知、情感兩類之書是也。記載大都用文字，然文字語言，本為同物，故凡口相傳述之語，亦當視與簡策同科焉。非記載之物，亦分為三：一曰人，二曰物，三曰法俗。人類遺骸，可以辨種族，識文化之由來。物指凡有形者言，又可分為實物及模型、圖畫兩端。法俗指無形者言，有意創設，用為規範者為法，無意所成，率由不越者為俗。法俗非旦夕可變，故觀於今則可以知古也。法俗二字，為往史所常用，如《後漢書・東夷傳》謂「倭地大較在會稽東冶之東，與珠崖儋耳相類，故其法俗多同」是也。史家材料汗牛充棟，然按其性質言之則不過如此。

　　史家有所謂先史時代（Prehistory）者，非謂在史之先，又別有其時代

---

[003]　史籍：史籍理論上之分類。

也。先史之史，即指以文字記事言之亦可該口傳言先史，猶言未有文字記載之時云爾。人類業力，至為繁賾，往史所記，曾不能及其千萬分之一。抑史家之意，雖欲有所記識，以遺後人，而其執筆之時，恆是對當時之人立說，此實無可如何之事。日用尋常之事，在當時，自為人所共知，不煩記述，然閱一時焉，即有待於考索矣。非記載之物，雖不能以古事詔後人，然綜合觀之，實足見一時之情狀，今之史家，求情狀尤重於求事實，故研求非記載之物，其所得或轉浮於記載也。如觀近歲殷墟發掘所得，可略知殷代社會情狀，不徒非讀《史記‧殷本紀》所能知，並非徒治甲骨文者所能悉也。非記載之物，足以補記載之缺而正其訛，實通古今皆然，而在先史及古史茫昧之時，尤為重要。中國發掘之業，近甫萌芽，而其知寶古物，則由來已久。大抵初由寶愛重器而起，重器為古貴族所通好，其物既貴而又古，其可愛自彌甚。如周、秦人之侈言九鼎，梁孝王之善保罍樽是也。[004] 見《漢書‧文三王傳》。此等風氣，雖與考古無關，然一入有學問者之手，自能用以考古，如許慎〈說文解字序〉，言「郡國往往於山川得鼎彝，其銘即前代之古文，皆自相似」。則考文字學之始也。鄭玄注經，時舉古器為證，則考器物之始也。《漢書‧郊祀志》，載張敞案美陽鼎銘，知其為誰所造，則考史事之始也。此等風氣，歷代不絕，而趙宋及亡清之世為尤盛，其所珍視者，仍以鼎彝之屬為最，亦及於刀劍、錢幣、權量、簡策、印章、陶瓷器諸端，所考索者，則遍及經學、史學、小學、美術等門。或觀其形制，或辨其文字，或稽其事蹟。其所考釋，亦多有可稱，惜物多出土後得；即有當時發現者，亦不知留意其在地下及其與他物並存之情形，因之偽器雜出，就見有之古器物論之，偽者蓋不止居半焉。又其考釋之旨，多取與書籍相證，而不能注重於書籍所未紀。此其所以用力雖勤，卒不足以語於今之所謂考古也。發掘之業，初蓋藉資外人。近二十年

---

[004]　古物：愛好古物之始。

來，國人亦有從事於此者。又有未遑發掘，但據今世考古之法，加以考察者。其事，略見衛聚賢《中國考古小史》、《中國考古學史》兩書，皆上海商務印書館出版。所得雖微，已有出於文字記載之外者矣。其略，於第三、第四兩章述之，茲不贅。

　　近二十年來，所謂「疑古」之風大盛，學者每訾古書之不可信，其實古書自有其讀法，今之疑古者，每援後世書籍之體例，訾議古書，適見其鹵莽滅裂耳。英儒吳理氏（Leonard Woolley）有言：薛里曼（Schliemann）發現邁錫尼（Mycenae）之藏，而知荷馬（Homer）史詩，無一字之誣罔。見《考古發掘方法論·引論》。彼豈不知荷馬史詩，乃中國盲詞之類哉？而其稱之如此，可知古書自有其讀法矣。書籍在今日，仍為史料之大宗，今故不憚煩碎，略舉其要者及其讀法如下：

　　先秦之書，有經、子、集三部而無史，前已言之。然經、子實亦同類之物。中國最早之書目為《七略》。除《輯略》為群書總要外，凡分〈六藝〉、〈諸子〉、〈詩賦〉、〈兵書〉、〈數術〉、〈方技〉六略。別六藝於諸子，乃古學既興後之繆見，語其實，則六藝之書，皆儒家所傳，儒家亦諸子之一耳。兵書、數術、方技，其當列為諸子，更無可疑。《漢志》所以別為一略者，蓋因校讎者之異其人，非別有當分立之故也。然則《七略》之書，實唯諸子、詩賦兩類而已。[005] 儒家雖本諸子之一，而自漢以後，其學專行，故其書之傳者特多，後人之訓釋亦較備。傳書多則可資互證，訓釋備則易於了解，故治古史而謀取材，群經實較諸子為尤要。經學專行二千餘年，又自有其條理。治史雖與治經異業，然不通經學之條理，亦必不能取材於經。故經學之條理，亦為治古史者所宜知也。經學之條理如之何？曰：首當知漢、宋及漢人所謂今古學之別。古代學術之傳，多在口耳，漢初之傳經猶然。及其既久，乃或著之竹帛。即以當時通行之文字書

---

[005]　學術：《七略》實唯諸子、詩賦兩類。

之。此本自然之理，無庸特立名目。西京之季，乃有自謂得古書為據，而訾前此經師所傳為有闕誤者。人稱其學為古文，因稱前此經師之學為今文焉。今古文之別，昧者多以為在文字。其實古文家自稱多得之經，今已不傳；看下文論《尚書》處。此外如《詩·都人士》多出一章之類，其細已甚。其傳者，文字異同，寥寥可數，且皆無關意指。鄭注《儀禮》，備列今古文異字，如古文位作立，義作誼，儀作義之類，皆與意指無關，其有關係者，如《尚書·盤庚》「今予其敷心腹腎腸」，今文作「今我其敷優賢揚歷」之類，然極少。使今古文之異而止於此，亦復何煩爭辯？今古文之異，實不在經文而在經說。經本古書，而孔子取以立教。古書本無深義，儒家所重，乃在孔子之說。說之著於竹帛者謂之傳；其存於口耳者，仍謂之說，古書與經，或異或同，足資參證，且補經所不備者，則謂之記。今古文之經，本無甚異同，而說則互異，讀許慎之《五經異義》可見。今文家之傳說，蓋皆傳之自古，古文家則出己見。故今文諸家，雖有小異，必歸大同；不獨一經然，群經皆然，讀《白虎通義》可見，此書乃今文家言之總集也。古文則人自為說。又今文家所言制度較古，古文則較新，觀封建之制，古文封地較大，兵制古文人數較多可知。以今文口說，傳自春秋，古文則或據戰國時書也。兩漢立於學官者，本皆今文之學。西漢末年，古文有數種立學，至東漢時仍廢。然東京古文之學轉盛。至魏、晉之世，則又有所謂偽古文者出焉。於《尚書》，則偽造若干篇，並全造一《偽孔安國傳》。一切經說，亦多與當時盛行之古說有異同。並造《孔子家語》及《孔叢子》兩書，託於孔氏子孫以為證。此案據清儒考校，謂由王肅與鄭玄爭勝而起，見丁晏《尚書餘論》。今亦未敢遽定，然要必治肅之學者所為。自此以後，今文之學衰息，而古文之中，鄭、王之爭起焉。南北朝、隋、唐義疏之學，皆不過為東漢諸儒作主奴而已。宋儒出，乃以己意求之於經，其說多與漢人異，經學遂分漢、宋二派。以義理論，本無所軒

輕；宋學或且較勝，然以治古史而治經，求真實其首務。以求真論，漢人去古近，所說自較宋人為優，故取材當以漢人為主。同是漢人，則今文家之說，傳之自古，雖有訛誤，易於推尋，非如以意立說者之無所質正，故又當以今文為主也。此特謂事實如此，非謂意存偏重，更非主於墨守也。不可誤會。

六經之名，見於《禮記‧經解》，曰《詩》、《書》、《禮》、《樂》、《易》、《春秋》。漢人所傳，則為五經，以樂本無經也。後世舉漢人所謂傳記者，皆列之於經，於是有九經，《春秋》並列三傳，加《周官》、《禮記》。十三經於九經外，再加《孝經》、《論語》、《孟子》、《爾雅》。之目。此殊非漢人之意。然因治古史而取材，則一切古書，皆無分別，更不必辨其孰當稱經，孰不當稱經矣。

詩分風、雅、頌三體：風者，民間歌謠，讀之可見民情風俗，故古有采詩及陳詩之舉。《公羊》宣公十五年《何注》：「五穀畢入，民皆居宅，男女有所怨恨，相從而歌，飢者歌其食，勞者歌其事，男年六十，女年五十無子者，官衣食之，使之民間求詩。鄉移於邑，邑移於國，國以聞於天子。故王者不出牖戶，盡知天下所苦；不下堂而知四方。」《禮記‧王制》：天子巡守，「命大師陳詩，以觀民風」。雅則關涉政治；《史記‧司馬相如列傳》：「大雅言王公大人，德逮黎庶；小雅譏小己之得失，其流及上。」頌者，美盛德之形容，意在自誇其功烈，讀之，亦可見古代之史實焉。風本無作誼可言，三家間有言之者，其說必傳之自古，然亦不能指為作者之意。歌謠多互相襲，或並無作者可指。雅、頌當有本事，今今文說關佚已甚，古文依據〈小序〉，詩詩皆能得其作義，已不可信；又無不與政治有關，如此，則風雅何別乎？[006] 故〈詩序〉必不足據。然後人以意推測，則更為非是。何則？詩本文辭，與質言其事者有異，雖在並世，作者之意，

---

[006]　經學：古文詩詩皆能得其作義，又無不與政治有關，不可信。

猶或不可窺，況於百世之下乎？故以詩為史材，用之須極矜慎也。

　　《尚書》：今文家所傳，凡二十八篇〈堯典〉一，合今本〈舜典〉，而無篇首二十八字。〈皋陶謨〉二，合今本〈益稷〉。〈禹貢〉三。〈甘誓〉四。〈湯誓〉五。〈盤庚〉六。〈高宗肜日〉七。〈西伯戡黎〉八。〈微子〉九。〈牧誓〉十。〈洪範〉十一。〈金縢〉十二。〈大誥〉十三。〈康誥〉十四。〈酒誥〉十五。〈梓材〉十六。〈召誥〉十七。〈洛誥〉十八。〈多士〉十九。〈無逸〉二十。〈君奭〉二十一。〈多方〉二十二。〈立政〉二十三。〈顧命〉二十四，合今本〈康王之誥〉。〈費誓〉二十五。〈呂刑〉二十六。〈文侯之命〉二十七。〈秦誓〉二十八。古文家稱孔壁得書百篇，孔安國以今文讀之，得多十六篇。古文家以無師說，亦不傳授。是為〈逸十六篇〉，其目見於《書疏》。曰〈舜典〉。曰〈汩作〉。曰〈九共〉。曰〈大禹謨〉。曰〈益稷〉。曰〈五子之歌〉。曰〈胤征〉。曰〈湯誥〉。曰〈咸有一德〉。曰〈典寶〉。曰〈伊訓〉。曰〈肆命〉。曰〈原命〉。曰〈武成〉。曰〈旅獒〉。曰〈冏命〉。今亦已亡。今所行者，乃東晉時梅賾所獻之偽古文字也。真書二十八篇，亦附之以傳矣。書之較古者，如〈堯典〉、〈禹貢〉等，決為後人所作，然亦可見其時之人所謂堯、舜、禹者如何，究有用也。而類乎當時史官，或雖出追述，而年代相去不遠者，更無論矣。

　　今之《儀禮》本稱《禮經》。後儒尊信古文，以《周官》為經禮，此書為曲禮，乃生儀禮之名。其實《周官》之所陳，與此書之所述，絕非同物也。此書凡十七篇。為冠、昏、〈士冠禮〉、〈士昏禮〉。喪、祭、〈士喪禮〉、〈既夕禮〉、〈士虞禮〉、〈特牲饋食禮〉、〈少牢饋食禮〉、〈有司徹〉、〈喪服〉。朝、聘〈聘禮〉、〈公食大夫禮〉、〈覲禮〉。射、鄉〈士想見禮〉、〈鄉飲酒禮〉、〈鄉射禮〉、〈燕禮〉、〈大射儀〉。之禮，可考古代親族關係，宗教思想，內政外交情形；並可見宮室、車馬、衣服、飲食之制，實治史者所必資。

　　《易》為卜筮之書，與宗教、哲學，皆有關係。二者在古代，本混而不分也。哲學可分兩派：偏重社會現象者，為古人所謂理，偏重自然現象者，為古人所謂數。《易》為古代宗教、哲學之府，自可兼苞此二者。[007]後之治《易》者，自亦因其性之所近，而別為兩派矣。途轍所趨，亦因風會。大抵今文主於理，今文《易》說，今皆不傳。然《漢志》易家有〈淮南道訓〉二篇。注曰：「淮南王安，聘明《易》者九人，號九師說。」蓋即今《淮南子》之〈原道訓〉。然則《淮南書》中，凡類乎〈原道訓〉之言，皆今文《易》說也。不寧唯是，諸古書中，有類乎〈原道訓〉之言，亦皆今文《易》說也。蓋《易》說本古哲學家之公言，非孔門之私言也。知此，則今文《易》說，亡而不亡矣。[008]古文主於數。魏、晉人主於理，宋人主於數。言數者多主《上下經》，言理者多主《繫辭傳》，今本所謂《繫辭》者，王肅本作《繫辭傳》，見《經典釋文》。案《史記・自序》引今《繫辭》之文，謂之《易大傳》，則王肅本是也。足徵今文之學，為孔門嫡傳也。然古文及宋人之說，雖非孔門《易》說，要為古代哲學之遺。宋人《太極圖》及《先後天圖》之學，原出道家，更無可疑。觀胡渭《易圖明辨》可知。然道家之學，亦有所受之，非杜撰也。以治史取材言，正無所輕重矣。

　　《春秋》本紀事之書，治史取材，實為最要。然亦有當留意者。蓋孔子之修《春秋》，本以明義，故於元文已有刪定，非復魯史之舊也。不修《春秋》，與孔子所修《春秋》異辭，見《公羊》莊公七年。案《春秋》所記會盟征伐之國，隱、桓之世少，定、哀之世多，非必二百四十年之中，諸侯之交往，果後盛於前也。僖公八年（西元前 652 年）葵丘之盟，《公羊》曰「桓公震而矜之，叛者九國」，而經所記國，曾不逮九。[009]蓋據亂之世，所治國少，太平之世，所治國多，魯史元文，有為孔子所刪者矣。

---

[007]　經學：易可苞言理、言數兩派。
[008]　經學：《易》為古哲學公言，知此則今文《易》說，亡而不亡。
[009]　封建經學：春秋前國少，後國多，乃書法。

又《春秋》有時月日例。設其事而不月者,則二月中事,一似即在正月。觀此兩端,即知徑據經文,不可以為信史也。《春秋》本文,極為簡略。欲知其詳,宜看三傳。《穀梁》幾無記事;《公羊》間有之,僅取說明《經》意而止;皆不如《左氏》之詳。然《左氏》記事,亦有須參看《公羊》,乃能得其真者。[010] 如邲之戰,據《公羊》,楚莊王幾於堂堂之陳,正正之旗。據《左氏》,則始以和誑晉,終乃乘夜襲之,實不免於譎詐。《公羊》所言,蓋取明與楚之意,非其實矣。然《左氏》云:「晉人或以廣隊不能進,楚人惎之脫扃。少進,馬旋,又惎之拔旆投衡,乃出。顧曰:吾不如大國之數奔也。」當交戰之際,而教敵人以遁逃,以致反為所笑,殊不近情。故有訓惎為毒,以惎之,又惎之斷句者。然如此,則顧曰之語,不可解矣。必知《公羊》還師佚寇之說,乃知莊王既勝之後,不主多殺,故其下得教敵人以遁逃。然則《左氏》所謂「晉之餘師不能軍,宵濟,亦終夜有聲者」,蓋亦見莊王之寬大。《杜注》謂譏晉師多而將不能用,殆非也。舉此一端,餘可類推。又《左氏》解《經》處,固為偽作;《漢書·楚元王傳》曰:「初,《左氏傳》多古字古言,學者傳訓詁而已。及歆治《左氏》,引傳文以解經,轉相發明,由是章句義理備焉。」此為《左氏》解經處出於劉歆之明證。今《左氏》解經處寥寥,蓋造而未及成也。其記事處亦多非經意;如泓之戰,《公羊》褒宋襄,《左氏》非之。《左氏》所採蓋兵家言,非儒家語也。[011] 此亦不可以不知也。古人經傳,本合為一書,故引傳文者亦皆稱為經。如諸書引「差之毫釐,繆以千里」者,多稱《易》曰,今其辭僅見《易緯》,蓋亦傳文也。《公羊》與《春秋》,實當合為一書,故漢人引《公羊》者,皆稱為《春秋》。至《左》、《穀》則皆非《春秋》之傳。《穀梁》昔人以為今文,近崔適考定其亦為古文,其說甚確。見所著《春秋復始》。

---

[010]　經學:《左氏》記事,參看《公羊》乃得真。
[011]　經學:泓戰《左氏》兵家言。

唯治史與治經異，意在考古事，而非求《春秋》之義，則三傳固當無所歧視耳。

《禮記》合群經之傳、如冠、昏、鄉、射、燕、聘之義，即《儀禮》之傳。又如〈王制〉言巡守之禮，即《尚書·堯典》之傳。儒家諸子如《樂記》為〈公孫尼子〉，《中庸》為〈子思子〉。及逸禮如〈奔喪〉、〈投壺〉皆逸禮，見疏。而成。義疏家言，謂「凡記皆補經所不備」。蓋所謂經者，原不過數種古書，孔子偶取以為教，並不能該典籍之全。故凡與經相出入者，皆可取資參證也。《大戴禮記》與《小戴禮記》，體例相同。昔人以其無傳授，或不之信。然其書確為先秦、西漢古文，治史取材，正不讓《小戴》也。《周官》為古代政典。[012] 唐《六典》、明清《會典》，皆規放焉。古書所述政制，率多一鱗一爪，唯此書編次雖或錯亂，猶足見古代政制之全。日本織田萬稱為世界最古之行政法典，見所著《清國行政法》。信有由也。此書蓋戰國時學者所述，故所言制度，均較今文家所傳為晚。以此淆亂經義固非，信為周公致大平之書，益誣矣。然先秦政制，率因儒家之書而傳。儒家誦法孔子，所言皆《春秋》以前之制。欲考戰國時制者，獨賴此書之存。[013]《《管子》所述制度，間與《周官》相合，然遠不如《周官》之詳。此其所以可寶，正不必附諸周公也。此書在儒家亦可廁於記之列，而不當以亂經說。

《論語》、《孝經》，漢人引用，皆稱為傳。蓋傳有專釋一經者，如《禮》之《喪服傳》，《易》之《繫辭傳》是也。有通乎群經者，則如《論語》、《孝經》等是也。《論語》記孔子及孔門弟子言行，與《史記·孔子世家》相出入，極可信據。崔述撰《考信錄》力攻之。[014] 近人盛稱其善。其實年月日，人地名之不諦，古書類然。以此而疑其不可信，古書將無一可

[012] 經學：《周官》為最古行政法典。
[013] 可考較晚一期制度，此古文說所以可貴。
[014] 經學：崔述攻古書，漢學家以為不足信。

信者矣。崔氏之學，襲用漢學家考據之法，而其宗旨實與宋同。故其所謂考據者，多似是而非。夫古書牴牾矛盾處，苟其深曲隱晦，或為讀者所忽。崔氏所考，皆顯而易見，豈有講考據之漢學家，皆不知之之理？然而莫或措意於此者，以此為古書之通例，不待言也。近人自謂能發古人所未發而其所言者，實皆古人所以為不必言，弊正同此。《孝經》在儒家書中，並無精義，然漢時傳授甚盛者，以其時社會，猶重宗法而其書又淺近易解故也。如後漢章帝令期門羽林之士，皆通《孝經》，即取其淺近易解。《孟子》為儒家諸子之一，後人特列之於經。其書頗可考見史事。又多足補經義之闕。如〈萬章上〉所言堯、舜、禹禪讓事，即《尚書》之大義也。設無此篇，孔門官天下之大義，必不如今日之明白矣。《爾雅》為古代辭典，言訓詁名物特詳，尤治古史者所必資也。

　　《孟子》既特列於經，其餘儒家諸子，又多入《二戴記》，今仍存於子部者，僅《荀子》耳。此書言禮，多與法家相出入，足考禮家之流變，又多存古制，其要正不下於《孟子》也。《家語》、《孔叢子》雖為偽物，然古書無全偽者，除以私意竄入處外，仍多取古籍為資，實足與他書相校勘也。此凡偽書皆然，故偽書仍有其用。《晏子春秋》，昔人或列之墨家，然除外篇不合經術者若干條外，仍皆儒家言，蓋齊、魯學者，各以所聞，附諸晏子。以考晏子之行事未必信，以考儒、墨子學說則真矣。

　　道家之書，最古者為《老子》。[015] 此書上下篇之義，女權皆優於男權。蓋女系時代之傳，而老子著之竹帛者，在各種古書中，時代可謂最早者矣。女系固非即女權，然女系時代，女權總較男系時代為優，此社會學家之公言也。《禮記·禮運》：「孔子曰：我欲觀殷道是故之宋，而不足徵也，吾得坤乾焉。」《鄭注》謂《殷易》首坤。案凡女系社會，多行兄終弟及之制，殷制實然，蓋猶未脫女系社會之習。《坤乾易》及《老子》書，

---

[015]　學術：《老子》為極古之書。

皆其時女權昌盛之徵也。《老子》一書，觀其文辭，亦可知其時代之早。如全書皆三四言韻語，又書中無男女字，只有雌雄、牝牡字是也。梁任公以書中有偏將軍、上將軍之語，謂為戰國時書，然安知此兩語非後人所改乎？執偏端而抹殺全域性，此近人論學之通病也。《莊子》書已非完帙，[016]《經典釋文》云：「《漢志》、《莊子》五十二篇，即司馬彪、孟氏所注本也。言多詭誕，或似《山海經》，或類占夢書，故注者以意去取。其內篇眾家並同。自餘或有外而無雜。唯郭子玄所注，特會莊生之旨，故為世所貴。」案今郭象注本，僅有三十三篇。蓋所刪者幾三之一矣。以史材言之，實可惜也。其言哲學之義，最為超絕。至論人所以自處之道，則皆社會組織業經崩潰以後之說，可以覘世變矣。《列子》乃晉人偽書，然亦多有古書為據，善用之，固仍有裨史材，而尤可與《莊子》相參證也。《管子》一書，昔人或列之道家，或列之法家，蓋從其所重。其實此書所苞甚廣，儒、道、名、法、兵、農、縱橫家言，無不有焉。辭義既古，涉及制度處尤多，實治古史者之鴻寶也。

　　《淮南要略》，謂墨子學於孔子而不說，故背周道而用夏政。《呂覽·當染》，謂魯惠公請郊廟之禮於天子，天子使史角往，其後在魯，墨子學焉。古清廟明堂合一，實為庶政所自出。墨子所稱雖未必盡為夏制，然其道必有原於夏者。儒家所稱多周制，周以前制，實藉墨家而有傳，誠治古史者所宜措心矣。又墨子初學於孔子，故後雖背之，而其言仍有與儒家相出入者。〈親士〉、〈修身〉、〈所染〉三篇，人所易見。此外多引《詩》、《書》之辭亦足與經傳相校勘，或補其闕佚也。

　　名與墨並稱，亦與法並稱。今《墨子》書中，〈經上下〉、〈經說上下〉、〈大小取〉六篇，實為名家言。蓋古哲學之傳，墨子得之史角者。古哲學宗教恆相合，明堂為古宗教之府，固宜有此幽深玄遠之言。其引而致諸實

---

[016]　學術：《莊子》非完帙。

用，則控名責實，以御眾事，乃法家所取資也。名家之書，今存者唯一《公孫龍子》。此書《漢志》不載，而《隋志》有之。或疑其晚出近偽，然其說似有所本。名家玄遠之論，僅存於《荀子‧不苟》、《莊子‧天下》、《列子‧仲尼》三篇中，讀之亦可考古代純理哲學焉。近人多好以先秦諸子與希臘哲學相比附，以偏端論，固亦有相會處。以全體論，則非其倫。章炳麟謂諸子皆重實用，非言空理，其說是也。唯名家之言，如此三篇所述者，不甚與人事相涉。

法家宗旨有二：一曰法，二曰術。法以治民，術以治驕奢淫佚之貴族，其說具見於《韓非》之〈定法篇〉，可見晚周時政治情形。法家之意主於富國強兵，故獨重農戰；其時剝削農民者為商人，故多崇本抑末之論，又可見其時生計情形也。其書存者，有《韓非子》及《商君書》。《韓非》多言理，《商君》多言事。《管子》書中，所存名法之論，多窮源竟委之言，尤足見原本道德之意。

縱橫家之書，傳於今者有《鬼谷子》。辭義淺薄，決為偽物。《戰國策》卻是縱橫家言，此書所述行事，意皆主於表章說術，大事或粗存輪廓，小事則全非實在，甚或竟是寓言，列之史部則繆矣。

陰陽家、農家、小說家之言，今皆無存者，僅散見他家書中。雜家存者，唯一《呂覽》。此書中所存故事及古說甚多，亦為史家鴻寶。

《漢志》分兵書為權謀、形勢、陰陽、技巧四家。其書之最盛行者為《孫子》。多權謀家言，間涉形勢，而於陰陽、技巧闕焉。蓋權謀之道，通乎古今；形勢亦有相類者；陰陽多涉迷信，寡裨實用；技巧非器不傳，亦且隨時而異，故皆無傳於後也。《墨子》書〈備城門〉以下諸篇，多技巧家言，亦間涉陰陽，然殊不易解。《吳子》、《司馬法》，皆篇卷寥寥，罕存精義。然其辭不似偽為，又多見他書徵引。蓋古人輯佚之法，與後世。[017]

---

[017] 經籍：古人輯佚之法與後世不同。

後人輯佚，必著出處，任其辭意不完，散無友紀，逐條排列。古人則必隨義類聚，以意聯綴，又不著其所自來，遂成此似真非真，似偽非偽之作，致啟後人之疑也。《六韜》一書，後人以其題齊太公而詆其偽，此亦猶言醫者託之黃帝，言藥者寓之神農耳。其書多言制度，且多存古義，必非可以偽作也。

數術之書，今亦無一存者。《漢志》形法家之《山海經》，非今之《山海經》也，說見下。方技之書，存者有《素問》、《靈樞》，皇甫謐謂即《漢志》之《黃帝內經》，信否難決，要為古醫經家言。《神農本草》，淆亂已甚，真面目殆不可見。清代輯本，以孫星衍《問經堂叢書》本為最善，然所存亦僅矣。醫藥非專家不能解，就其可知者觀之，可略見古代自然科學之情況。又醫經所論，多涉陰陽五行，又多方士怪說；本草亦有輕身延年等語；又可略見古代宗教哲學及神仙家言之面目也。

詩賦之屬，詩即存五經中，賦則《漢志》所著錄者，今存屈原、荀卿二家。屈原賦即《楚辭》，多傳古事，且皆是神話，與鄒魯之傳，僅言人事，雖若可信，而實失古說之真者不同，尤為可寶。荀子賦即存其書中，亦有可考古事處。

以上皆先秦之書。漢人所述，辭義古者，實亦與先秦之書，不相上下。[018] 蓋古人大都不自著書，有所稱述，率本前人，故書雖成於漢世，說實本於先秦；又先秦人書，率至漢世，始著竹帛，其辭亦未必非漢人所為，或有所潤飾也。漢世諸子，辭義俱古者，首推《賈子》及《淮南王書》。伏生之《尚書大傳》，董生之《春秋繁露》，雖隸經部，亦可作儒家諸子讀。韓傳之《詩外傳》，則本是推廣詩人之意，非規規於說《詩》。其書多引古事，與各種古書相出入，足資參證。劉向之《新序》、《說苑》、《列女傳》，專於稱述行事，取資處更多矣。

---

[018] 經籍：先人之說，或後世乃著竹帛；後出之書，或述先人說，故成書時代難定學術年代蚤晚。

　　古書之稱近於史者，當首推《周書》。[019] 此書蓋即《漢志·六藝略》書家所著錄。綜全體觀之，實為兵家言，然其中確有若干篇，體制同符《尚書》。蓋古右史之遺，為兵家所存錄者也。後世或稱為《逸周書》，蓋以非儒家所傳云然，義亦可通。或稱《汲塚周書》，則非其實矣。次之者為《國語》。此書與《左氏》極相似，故自古有《外傳》之稱。清儒信今文者，謂《左氏》即據此書編成，雖未敢遽斷，然二書確為同類，則無可疑也。二書之意，皆主記當時士大夫之言行。蓋由記言而推及記行，由嘉言懿行而推及於莠言亂行，實仍右史之遺規也。次則《吳越春秋》及《越絕書》。二書雖出漢代，其說實傳之自古。古書之傳於後者，北方多，南方少。此二書為楚、吳、越三國之傳，尤可寶矣。《華陽國志》，其書尤晚，然其言古蜀事，亦二書之倫也。[020] 尤可貴者為《山海經》。[021]漢志·數術略》，雖有是書之名，然非今書。《漢志》所著錄，蓋所謂「大舉九州之勢，以立城郭官舍」者，乃司空度地居民之法。此書則方士之遺。其言某地有某神，及其祠祀之禮，蓋古列國之巫，各有所主；其言域外地理，則方士求仙採藥者之所為也。古各地方各有其傳說，蓋多存於地理書中。古地理書巨籍亦甚多，今皆亡佚。其僅存者，當以酈道元《水經注》所裒錄為最富矣。又古代神話，多存緯書中，然其物既與讖相雜，真偽極不易辨，用之尤宜謹慎也。古所謂讖即今所謂豫言也。緯為對經之稱。孔子所據以立教之書稱經，其說則存於傳，本無所謂緯也。西漢之末，古學既興，欲排擯今文舊傳，乃謂孔子作六經，別有所謂緯者，陰書於策，與經相輔，於是刺取經說以造之，而即以所造之讖，間廁其中。其造讖也，實欲為新室作符命故又取古帝王之行事，以相附會。其物雖妖妄不經，然其中實有經說及古史

---

[019] 經學：《周書》一部乃古書，為兵家所存錄。

[020] 史學：偏方之傳，唯《吳越春秋》、《越絕書》、《華陽國志》，然則古方誌 —— 圖經 —— 中當多可寶史料，今僅酈道元。

[021] 經籍：《山海經》，方士之書。

存焉，棄之可惜。然其物既經造作者私意改竄，非復原文。又其原既開，其流難塞，繼此而造者，遂不絕於世。其時代彌近，則其說亦逾遠於古矣。故其用之須極謹慎也。

自立條理，編纂古史者，當首推《世本》。此書久佚，觀諸家所稱引：則有本紀，有世家，有傳，又有居篇，作篇，居篇記帝王都邑，作篇記占驗、飲食、禮樂、兵農、車服、圖書、器用、藝術之原，即後世所謂典志。蓋《史記》八書所本。其體例，實為《太史公書》所沿襲。故洪飴孫撰《史表》，冠諸正史之首也。《太史公書》：《漢志》著錄之名如是。此為此書之專名。史記二字猶今言歷史，乃一類書之公名，非一書之私名也。以此書在史記中為首出，遂冒全類之總名耳。本紀，世家，世表，年表，蓋合《春秋》繫世而成，間亦採及《尚書》。如〈五帝本紀〉述堯、舜事，皆據《尚書》；其述黃帝、顓頊、帝嚳之事，則據《大戴記·五帝德》。〈五帝德〉亦《尚書》之類也。其列傳則純出於語，[022] 故在他篇中提及，仍稱為語也。如〈秦本紀〉述商君說孝公，曰「其事在〈商君語〉中」。《禮書》述晁錯事，曰「事在〈爰盎語〉中」皆是。稍後於太史公而述古史者，亦不乏人。如周長生有《洞歷》，見《論衡·超奇篇》。韋昭有《洞紀》，見《三國志》本傳。其通行最廣，諸家稱引最多，雖已亡佚，仍時可見其遺文者，以皇甫謐《帝王世紀》為最，譙周《古史考》次之。《帝王世紀》，搜輯頗博。《古史考》則因不滿於《太史公書》而作。然《太史公書》，謹守古人「信以傳信，疑以傳疑」之法。見《穀梁》桓公五年。存錄古書，不加竄易，多足見古事之真。看似疏漏，實可信據。譙氏、皇甫氏意存考證，而其考證之法實未精。其說未必可據，而古說之為其所亂者轉多矣。

晚出無徵，而頗為後人所信者，有兩書焉：一曰《竹書紀年》，此書傳出汲塚。世所通行之本，為明人所造，已無可疑。然所謂古本，經後人輯

---

[022]　史籍：大史公傳出於語，餘採《春秋》繫世間及《書》。

出者，實亦偽物。蓋汲塚書實無傳於後也。參看第四章。《穆天子傳》，本名《舟王遊行》，見王隱所撰《晉書》。書中所述穆王經行之路，皆在蔥嶺以西，必西域既通後偽作，更了無疑義也。參看第八章第八節。

　　後世學者，專精古史者，亦非無人。趙宋之世尤甚。其書之傳於後者，亦尚有數家，而以羅泌之《路史》為最有用。劉恕《通鑑外紀》次之。蓋古史本多荒誕，唯此乃足見古史之真，而後世之纂輯者，多以為不足信而刪之，則買櫝還珠矣。唯泌之書，廣行搜採。故其體例雖或可議，其材料實極有用。且此書論斷，亦多有識，非空疏迂腐者比也。清馬驌之《繹史》，網羅頗備，體例亦精，最為後人所稱道，然刪怪說亦嫌太多。又引書不著篇卷，引佚書不著所出，亦美猶有憾者也。馬書用紀事本末體，專存錄元文。又有李鍇《尚史》，用正史體，以己意撰為紀傳，則又不如馬書之善。

　　古代史料，傳於後者，當分官私二種。官家之書，又可分為四：《禮記・玉藻》曰：「動則左史書之，言則右史書之。」《鄭注》曰：「其書，《春秋》、《尚書》其存者。」《漢書・藝文志》亦云。《漢志》云：「左史記言，右史記事」，誤。見《玉藻疏》。其說當有所本。《周官》小史，奠繫世，今《大戴記》之〈帝系姓〉蓋其物。《呂覽》云：「夏之亡也，大史終古抱其圖法以奔商；商之亡也，大史向摯抱其圖法以奔周。」[023] 〈先識覽〉。荀子亦云：「三代雖亡，治法猶存官人百吏之所以取祿秩。」〈榮辱〉。此古之所謂禮，即後世之所謂典志也。其私家著述，則概稱為語。有述遠古之事，雜以荒唐之言者，如太史公謂百家言黃帝，其文不雅馴，〈五帝本紀〉。而百家之書，通稱為百家語是也。有記國家大事者，如孔子告賓牟賈，述商、周之際，謂之《牧野之語》是也。《禮記・樂記》。案《管子》之〈大中小匡篇〉，亦當屬此類。有記名人言行者，則《國語》、《論語》是。

---

[023]　史籍：古官分左、右，小史，圖法，私曰語。

國者對野之辭。論同倫，類也，猶言孔子若孔門弟子之言行，以類纂輯者耳。《尚書》所錄，皆當時大事。《春秋》所記尤詳。小史所奠，雖若為一姓作譜牒，然當時之強族，因茲而略可考見；即其年代，亦因其傳世之遠近而略有可推焉。至於典禮一門，則上關國故朝章，下及民生日用，其所涉尤廣矣。然繫世既多殘脫。舜禪於禹，其年輩當在禹之前。然舜為黃帝八世孫，禹為黃帝之孫，則無此理。孔廣森《大戴禮記補註》，謂古書所謂某某生某某者，率非父子，蓋其世系實多闕奪也。典禮所存亦僅。又古者禮不下庶人，所述皆士以上制，民間情形，可考者甚少。《春秋》體例，蓋沿自古初，故其辭既簡略，又多雜日食災變等無關政俗之事。《尚書》亦當時官話耳。據此而欲知其時社會之真，蓋亦難矣。

　　民間傳說，自非史官載筆，拘於成例者比。然傳述信否，亦視其人之知識程度以為衡。咸丘蒙謂「舜南面而立，堯帥諸侯北面而朝之，瞽叟亦北面而朝之，舜見瞽叟，其容有蹙」，孟子斥為齊東野人言。〈萬章上〉。然顏率謂齊王「周伐殷得九鼎，一鼎而九萬人輓之，九九八十一萬人」，《戰國·東周策》。此固當時所謂君子之言也，與齊東野人亦何以異？此等離奇之說，今世亦非無之，苟與野老縱談，便可知其情況。唯在今日，則真為齊東野人之言，在古代，則所謂君子之言者，實亦如是耳。其知識程度如此，其所傳尚可信乎？夷考古人治史，用意不越兩端：一如《詩》所謂殷鑑不遠，在夏後之世者。〈大雅蕩〉。推而廣之，則《漢志》論道家，所謂「歷記古今成敗存亡禍福之道，然後知秉要執本」者也。一如《易》所謂「多識前言往行，以畜其德」者，《大畜·象辭》。孟子所以欲尚論古人也。〈告子下〉。此可謂之政治學，謂之哲學耳，皆不可謂之史學也。職是故，古人於史事信否，絕不重視。遂流為「輕事重言」之弊。見《史通·疑古篇》。此義於讀古史最要，必須常目在之。不但時地人名，絕不審諦，甚或雜以寓言。如《莊子·盜跖篇》是。又其傳授皆資口耳，既無形跡可

憑，遂致淆訛無定。興會所寄，任情增飾；闕誤之處，以意彌縫。其傳愈久，其訛愈甚。信有如今人所言，由層累造成者。然觀其反面，則亦知其事蹟之真者之逐漸剝落也。[024]此讀古書單辭隻義之所以要。因有等事，傳之未久業已不能舉其詳，然猶能言其概也。「信以傳信，疑以傳疑」，誠不失為矜慎。然史事之傳訛者實因此不能訂正。間有加以考辨，如《孟子·萬章上》所論，《呂覽·察傳篇》之所言，亦皆以意言之耳，不知注意事實也。而其不加考辨，甚或以意飾說者，更無論矣。古代之史材如此，治之之法，又安可不講哉？

古人既無記事之作，則凡讀古書，皆當因其議論，以臆度其所據之事勢。至其所述之事，則當通考古書增減訛變之例，以求其本來。此非一言可盡，亦非倉卒可明。要在讀古書多，從事於考索者久，乃能善用之而寡過也。辨古書真偽，古事信否之法，梁任公《中國史學研究法》、〈史料蒐集〉一章，言之頗詳，可資參考。唯其書為求初學了解起見，言之過於確鑿。一似有定法可循，執此若干條，便可駕馭一切者，則不免俗所謂「說殺」之弊耳。大抵所謂辨偽者，偽字之界說，先須確定，而今人多不能然。其所謂偽者，忽而指其書非古物，忽而泥於用作標題之人，謂其語非其人之所能出，遂概斷為偽物。如胡適《中國哲學史大綱》上卷，摘《管子·小稱篇》記管仲之死，又言及毛嬙、西施，而指為偽作之類。其實由前之說，古書之偽者並不多。以偽書仍各有其用也。如前所述，《鬼谷子》全為偽書，無用。《列子》、《孔子家語》，則仍各有其用。由後之說，則古本有一家之學，而無一人之言，凡書皆薈萃眾說而成，而取一著名之人以為標題耳；而輾轉流傳，又不免有異家之書羼人。此古書之所以多錯亂。然編次之錯亂是一事，書之真偽又是一事，二者固不容相混也。

據實物為史料，今人必謂其較書籍為可信。其實亦不盡然。蓋在財產

---

[024] 史學：言層累造成當兼知逐漸剝落。

私有之世，事無不為稻粱之謀。而輕脫自憙，有意作偽，以為遊戲者，亦非無之。今之所謂古物，偽者恐亦不啻居半也。即如殷墟甲骨，出土不過數十年，然其真偽已屢騰人口。[025] 迨民國十七年（1928年），中央研究院派員訪察，則作偽者確有主名；而市肆所流行，真者且幾於絕跡。見《安陽發掘報告書》第一期〈民國十七年十月試掘安陽小屯報告書〉，《田野考古報告》第一期〈安陽侯家莊出土之甲骨文字〉。晚近眾目昭彰之事如此，況於年久而事闇昧者乎？古物真偽，若能據科學辨析，自最可信。然其事殊不易如殷墟甲骨，其刻文雖偽，而其所用甲骨則真。無已，唯有取其發現流傳，確實有據者。次則物巨功艱，為牟利者所不肯為，遊戲者所不願為者。又次則古物不直錢之地，較之直錢之地為可信；不直錢之世，與直錢之世較亦然。過此以往，則唯有各抒所見，以俟公評而已。[026] 至今世所謂發掘，自無作偽之弊，然其事甫在萌芽，所獲大少。亦且發掘之物，陳列以供眾覽者少，報告率出一二人，亦又未可專恃。藉資參證則可，奉為定論，則見彈而求鴞炙，見卵而求時夜矣。

---

[025]　古物：甲骨文之偽。

[026]　古物：辨別真偽之法。

第三章　民族原始

中國民族緣起，昔時無言及者。此不足怪也。民族緣起，必在有史之前。十口相傳，厥唯神話。此本非信史。亦且久而亡佚。世界民族，有能自言其緣起者，率由鄰族為之記述，中國開化最早，則又無之。亦且昔時之人，於域外地理。既即以國為天下，復安知族自何來？其以為振古如斯，亦其勢耳。自瀛海大通，國人始知世界之大，中國不過居其若干分之一；而近世諸民族，其初所依止者，亦多非今所棲息之鄉；而目光乃一變矣。

凡一大民族，必合諸小民族而成。後來所同化者雖多，而其初則必以一族為之主。同化之後，血統實已淆雜，而此一族之名，與其文化之骨幹，則巍然獨存。此不易之理也。為中國民族之主者誰乎？必曰漢族。

漢族之名，起於劉邦稱帝之後。昔時民族國家，混而為一，人因以一朝之號，為我全族之名。自茲以還，雖朝號屢更，而族名無改。如唐有「漢、蕃」之稱，近世亦有漢、滿、蒙、回、藏五族共和之說是也。近之論者，或謂漢為朝號，不宜用為民族之稱。吾族正名，當云華夏。然夏為朝號，與漢無殊。華族二字，舊無此辭；[027] 日人用之，義同貴胄。中國今日稱名，往往藉資東土，設使用此二字，兩義並行，亦有混淆之虞。又似閣中華全國之民，而稱為一族者，則對滿、蒙、回、藏諸族，又將無以為稱。夫稱名不能屢更，涵義則隨時而變。通行之語，靡不皆然。若執一辭之初詁訾今義為不安，則矢口陳辭，悉將觸禁，固哉之誚，在所難辭矣。

研究吾族緣起者，始於歐洲之教士，而東西各國之學者繼之。其說，略見蔣智由〈中國人種考〉、刊清末之《新民叢報》中，後上海亦有單行

---

[027] 民族：漢族之名，無不合理。

本。何炳松〈中華民族起源新神話〉中。見《東方雜誌》二十六卷二期。多無確據，且有離奇不可思議者。國人罕讀外籍，初亦不之省也。清末，譯事漸起。時則有日人白河次郎、國府種德者，著《支那文明史》。東新譯社譯行之。易名《中國文明發達史》。說主法人拉克伯里（Terrien de Lacou-perie）。謂中國民族，來自巴比侖。以兩族古代文化，曲相附會，絕不足信。國人以其新奇可喜也，頗有稱述之者。又或以其說為藍本，而自創新說，其引據雜亂，雖少愈於外人，實亦一邱之貉耳。[028] 如丁謙《穆天子傳地理考證》，以西王母為華夏宗國，謂在小亞西亞。章炳麟《檢論‧序種姓》，謂西史之巴克特利亞（Bactria），《史記》稱為大夏，而《呂覽‧古樂》，謂黃帝命伶倫作律，伶倫取竹於大夏之西，其地實為漢族故國等是。甚有以《列子‧黃帝》華胥之國相附會者。予昔亦主漢族西來之說。所舉證據：為《周官》春官大宗伯典瑞《鄭注》，謂地祇有神州之神，與崑崙之神之別。入神州後仍祀崑崙，可見崑崙實為漢族故國。崑崙所在，則初信《史記‧大宛列傳》「天子案古圖書，河源出於崑崙」之說，謂漢代去古未遠，武帝所案，必非無據，崑崙必今於闐河源之山。既又疑重源之說，於古無徵，謂〈禹貢〉黑水，即今長江上源，故此水古名瀘水，黑水西河唯雍州者，雍州西南界，抵今青海木魯烏蘇。華陽黑水唯梁州者，梁州西界，抵今西康金沙江也。然則古之崑崙，必即今黃河上源之山矣。自謂所據，皆為雅言。由今思之，河出崑崙墟，蓋古代謬悠之說。實與閬風、縣圃等，同為想像之辭，未容鑿求所在。即黑水亦然。作〈禹貢〉者，於西南地理，初不審諦，根據傳說，率爾書之耳。《鄭注》據《疏》本於《括地象》。緯候之作，偽起哀、平，則正西域既通後之所造也。夫民族緣起，必遠在有史之前，而諸說皆以故書為據，且多不可信據之書，其無足採，不俟言矣。今故不更廣徵，以免繁冗。

---

[028] 民族：予誤信西來說。

　　民國以來，發掘之業稍盛。乃有據考古之學，以言吾族緣起者。發掘所得，以河北房山縣周口店之遺跡為最古。其事實始於民國紀元前九年。先是有德醫家哈白勒（Dr. K. A. Haberer）者，嘗在北平買得龍骨，以寄其國明星大學教授舒羅塞（Prof. Max Schlosser）。是年，舒氏於其中得一臼齒，謂為人類或類人猿之遺。因謂人類元始，或可於中國求之。以其物得自藥肆，來歷不明，人不之重也。入民國來，農商部地質調查所兼考古生物。十二（1923 年）、十三年（1924 年）間，師丹師基（Dr. O. Zdansky）在周口店得化石。以寄瑞典阿不薩拉大學教授韋滿（Prof. C.Wiman）。十五年（1926 年），又得前臼齒、臼齒各一。研究之後，斷其出於人類。是年，瑞典太子來遊北平，世界考古學會會長也。北平學術團體，開會歡迎。安特生（Dr. J. G. Andersson）即席宣布其事，名之為北京齒（Peking tooth），而名生是齒者為北京人（Peking man）。十六年，步林（Dr. B. B. Bohlin）又得下臼齒一。步達生（Dr. Davidson Black）協和醫學院解剖學教授。亦斷為人齒，而名生是齒者曰北京種中國猿人（Sinan-thropus pekinensis）。案葉為耽名之曰震旦人。見所著《震旦人與周口店文化》。商務印書館本。後又續得牙床、頭骨等。事遂明白無疑，為科學家所共信矣。案人類遺骨之最古者，當推爪哇猿人（Pithecanthropus erectus）。西元千八百九十一二年間，發現於爪哇之突林尼（Trinil）。次則皮爾當之曙人（Eoanthropus Dawsoni）。北京人之形體，據科學家說，當在猿人之後，曙人之前，距今約四十萬年，自不能謂與中國人有關係。然真人（Homo sapiens）之出現，約在距今二萬五千年前。其時有所謂克羅麥曩人（Cro Magnon race）者似是白種之祖。格林馬底人（Grimaldi race）者，似是黑種之祖。而黃種之祖，則無所見。林惠祥云：有史時代，黃種率在亞洲之東。自新疆以西，即為白人。然則有史之先，非有極大遷徙，黃種即當生於東方。人類學家有所謂「文化區域（cultural area）」者，謂文化傳播，苟

不受阻閡，向四方之發展必均；而其緣起之地，則在其中點。文化與種族相連，亦可藉以論種族。新疆為黃種西界，而美洲土人，亦為黃種，則其東界實在美洲。黃種發祥，當在二者之中，即亞洲東境。見所撰《中國民族史》第三章。此說頗有見地。北京人之發現，雖與中國民族無涉，仍可資以討論黃種之緣起矣。然人種緣起是一事，民族緣起又是一事，要與中國民族無關也。

　　美國人類學家，或謂：一百萬年前，北極一帶，氣候甚暖，哺乳動物，皆原於是。其後氣候稍變，動物南遷。時則中亞地尚低平，為半熱帶林木所覆蔽。猿類仍依榛莽，人類漸人平地。人、猿之分，實由於此。夫動物既由北而南，則原人亦或初居於北。北說陸懋德主之，見所撰〈文化史〉，載《學衡雜誌》第四十一期。因之，邇來美國探險隊，屢遊蒙古，探索甚殷。得大動物遺骸甚多。亦有各時代及極古器物。然人類遺骸，卒無所得，則證據究尚不足。抑即有所得，亦為荒古之事，以論人類緣起則可，以論中國民族原起，仍渺不相涉也。

　　近歲發掘之業，使中國民族原起，更生新說者，莫如民國十年（1921年）遼寧錦西沙鍋屯，河南澠池仰韶村；十二（1923年）、十三年（1924年）甘肅臨夏、舊導河縣。寧定、民勤，舊鎮番縣。青海貴德，及青海沿岸之役。皆地質調查所所掘。此諸地方，皆得有采色陶器。與俄屬土耳其斯單及歐俄、意、希、東歐諸國相似。與安諾（Anau）、在俄屬土耳其斯單阿思嘉巴（Askabad）附近。蘇薩（Susa）波斯舊都。在西南境，近海。兩處尤酷似。安特生因謂中國民族，實自中亞經南北兩山間而抵皋蘭。見所著《甘肅考古記》，及《地質叢報》中〈中華遠古之文化〉。曾友松《中國原始社會探究》主之。謂邃古中亞，溫暖宜人。後直冰期，為所掩抑，民乃遷移。西南行者，經小亞細亞入非洲。東北行者，入外蒙古、西伯利亞、美洲，南行者入印度、南洋群島。東南行者入中國以及日本。冰期既

逝，氣候稍復。遠出者或復歸，或遂散播。時當舊石器之高期。久之，還歸者復四出。或適北歐，或由裏海至兩河間，阿母、錫爾。或至非洲，或走蒙古、西伯利亞。其居巴勒哈什湖、伊犁河畔者，則中國民族也。其時西北山嶺，草木暢茂，禽獸繁殖，人以田獵為業。迨入塔里木河流域而知漁。時當新石器初期。及其中期，則入甘、青、寧夏。至末期，乃向綏遠、陝西，東至山西、河南，西南至西康。此時漸事農牧，其文化中心在甘肅。及石銅兼用之世，則進入湖北、安徽、山東，而其文化中心在河南。故甘、青遺址，為新石器、紫銅器兩期，仰韶村、沙鍋屯略同，而河南安陽小屯村之殷墟，則在青銅器之世也。《甘肅考古記》，綜諸遺址，分為六期，見下章。是說也，論者稱為新西來說。見林惠祥《中國民族史》。繆鳳林、金兆梓駁之。謂安特生以仰韶采陶與歐洲及土耳其相似，而疑其同出一原，嘗以其說質施米特（H.Schmidt），德國考古學家，嘗在安諾研究者。施米特不以為然。斯坦因（Sir Aurel Stein）考古新疆，得漢、唐遺物甚多，先秦物則一無所有。采陶之術，起於巴比倫，事在西元前三千五百年。其傳至小亞西亞，在西元前二千五百年至二千年。傳至希臘，則在二千年至一千年間。閱時皆在千年以上。河南、甘肅，初期皆無銅器，度其時必早於西元前二千五百年，何以傳播反速？且安諾、蘇薩，皆有銅器，範金之術，何不與製陶之技並傳乎？夫文化果自西來，則必愈東而愈薄。甘肅陶器，安特生固謂其采色、圖案，皆勝河南，然又謂陶質之薄而堅，及其設色思索，皆在河南之下，因此不敢堅執二者之相同，則謂其來自西方，似無確據。吳金鼎〈高井臺子三種陶器概論〉，謂甘、青陶器，實與河南、山西不同，載《田野考古報告》第一冊。又中國文化，苟與西方關係甚深，則種族之間，亦必有關係，何以仰韶村、沙鍋屯人骨，步達生又謂與今華北人相同乎？繆氏文曰〈中國民族由來論〉，見《史學雜誌》二卷二、三、四期。金氏文曰〈中國人種及文化由來〉，見《東方

雜誌》二十六卷二期。步達生之說，見所著《奉天沙鍋屯河南仰韶村古代
人骨與近代華北人骨之比較》。然則新西來說，似亦未足據也。

　　近數年來，又有主張中國民族，起自東南者。其原，由於江、浙、山
東古物之發現。民國十九年（1930 年），南京古物儲存所在棲霞山西北甘
夏鎮，發掘六朝陵墓。衛聚賢主其事。得新石器時代石器數事。是年，山
東古蹟研究會發掘歷城城子崖；二十二年（1933 年），又與中央研究院合
掘滕縣安上村；皆得有黑色陶器。其甲骨則類殷墟。二十四、五（1935、
1936 年）兩年，江蘇武進之奄城，金山之戚家墩，吳縣之磨盤山、黃壁
山，浙江杭縣之古蕩、良渚，吳興之錢山漾，嘉興之雙橋，平湖之乍浦，
海鹽之澉浦，屢得新石器時代之石器及陶器。杭縣有黑陶，與山東所得絕
相類。於是東南與西北之文化，得一溝通之跡。南京、江、浙陶器，文理
皆為幾何形，山東鄒縣及二十六年（1937 年）福建武平所發現者亦然，與
河域陶器，為條文、席文者，迥不相同，而與香港北平地質調查所所陳
列。及遼寧金縣貔子窩民國十六年（1927 年），日本濱田耕作所發掘。所
得，轉若相類。臺灣番族陶器文理，雖與此殊科，服飾猶極相似。西南苗
族，製器之技殊拙，其制幾何形圖案則工。濱田耕作云：山東、遼寧，皆
有有孔石斧。陝西亦有之。朝鮮、日本及太平洋沿岸，則有有孔石廚刀。
大洋洲木器所刻動物形，或與中國銅器相類。北美阿拉斯加土器，亦有似
中國者。見所著《東亞文化之黎明》。汪馥泉譯，黎明書局出版。松本廣
信謂印度支那及日本遠州、武圓，皆有有肩石斧，古代銅鼓，或繪其形。
見《人類學雜誌》。又太平洋沿岸及南洋群島，皆有有溝石斧，而二十年
（1931 年）林惠祥在廈門，二十六年（1937 年）梁惠溥在武平拾得石錛，背
亦有溝。見陳志良《福建武平石器》。則古代文化，與東南洋之關係，殊
為深切。中央研究院自十七年（1928 年）以後，迭在河南發掘。濬縣之辛
村，鞏縣之塌坡，皆獲有黑陶。安陽侯家莊，溶縣大賚店，則黑陶採陶並

有。而其時代，黑陶在後，採陶在先，可見東西兩文化交會之跡。衛聚賢云：河域陶器，皆為條文、席文，唯殷墟兼有幾何文。江、浙石器時代，有戈、矛，有鉞，南洋土人亦有鉞。河域皆無之，殷墟獨有。見所著《殷人自江浙徙河南》。予案《詩・商頌・長發》云：「武王載斾，有虔秉鉞。」即《史記・殷本紀》「湯自把鉞，以伐昆吾」所本也。可見殷人用鉞甚舊。又云：今世所謂採陶者，以紅色為地，飾以黑文，即《韓非子・十過篇》所謂「禹之祭器，朱染其內，黑畫其外」者。甘肅所出，地為淺紅色。間有深紅，則類於紫。所畫黑色既淺，筆畫亦粗。仰韶村及山西夏縣西陰村十五年（1926 年）清華大學研究院所發掘。所出，則紅色分深淺兩種，較甘肅為鮮明。所畫黑色較深，筆畫亦細。又有畫白色者，為甘肅所無。《史記・五帝本紀》言舜陶河濱，《左氏》襄公二十五年，謂虞閼父為周陶正，則虞人善陶。虞即吳，殷人起於東南，蓋亦善陶。河南、山西陶器，蓋參以殷人之技，故其制益精。見所著〈中國古文化自東南傳播於黃河流域〉及〈浙江石器年代討論〉，皆載《吳越文化論叢》中。羅香林云：日本畿內、北陸、山陰、山陽、四國、九州，皆有銅鐸，安藝則與銅劍並出。此物中國古代亦有之，《淮南子・繆稱》謂「吳鐸以聲自破」，《鹽鐵論・利議》謂「吳鐸以舌自破」是也。晉愍帝建興四年（西元 316 年），晉陵今武進嘗得之。見所著《古代越族文化》。予案此物傳入河域，蓋即木鐸之祖。[029] 河域少金，乃改用木。東南用青銅器，早於河域，見下章。衛聚賢云：河域無錫，江蘇之無錫縣，舊說謂周、秦間產錫，古語云：有錫爭，無錫平，漢乃以無錫名縣。古南方所用錫，蓋在於是。見所著《殷人自江浙徙河南》。亦見《吳越文化論叢》。予案衛說是也。無蓋語辭，謂無錫平有錫爭，則後人附會之語。良渚陶器之形，或為商、周銅器之祖。金祖同謂古器之迴文，實自水浪而漸變，見所著《金山訪古記》。秀州學會景印

---

[029]　民族：南金鐸傳入北方為木鐸。用金南傳於北。

本。水浪文固當起於緣海之地。今河南發掘，既多貝類，有以為飾者。有以為幣者。其大者或以為飲食器。又有水牛遺骸；又甲骨文中，已有米麥字；見《安陽發掘報告》第四期。皆足徵其原起東南。濱田耕作云：甘、青、仰韶村、沙鍋屯採陶，所繪皆動物形；所用顏色，同於中西亞。貔子窩亦有采陶，所繪皆幾何形，顏色較劣，易剝落。此採陶亦石器時代物，可上推至西元前數千年。陳志良在南京，曾得一采色陶球。衛聚賢在鎮江大谷山，亦曾得采色陶片。詢諸土人，謂類此者尚多。見衛聚賢《江蘇古文化時期新估定》。附刊《杭州古蕩新石器時代遺址試探報告》後。吳越史地研究會本。則東南亦有采陶，不待西方之傳播，安特生之論，自未可偏據也。

謂西方文化，曾傳播於東方，亦非無徵不信之論。然其時代，則有可商榷者。當西元前數世紀至後一世紀之間，有所謂斯西亞文化者。其原出於斯西亞民族（Sytuirn）。地在黑海北之草原，東暨葉尼塞河上流。亦或稱斯西亞西伯利亞文化。屬於青銅器時期。今綏遠一帶，有其遺跡。故又或稱為斯西亞蒙古文化焉。其前乎此者，則為新石器時代，甘、青採陶，與之相似者也。商、周銅器，文理或原於動物形，如螭龍饕餮之類。或謂實本於斯西亞。然此等文化，盛行於西伯利亞，其年代尚後於周，而中國銅器之飾，殷時業已盛行矣。況斯西亞所繪皆大動物，其形生動猛鷙，中國古銅器，則殊不然乎？李濟《殷商陶器初論》。朔垂文化，現經中外人士，累加勘察，大體已可概見。自長城以北，可分打製石器、細石器、磨製石器三種。打製石器，西至新疆，東至東三省，遺跡環繞沙漠。細石器限於興安嶺以西。其時代遺物，或類西伯利亞及北歐，亦有類西南亞及中歐者。此兩種石器，皆獵牧民族所為。唯磨製石器，出於河域之農耕民族。多與有孔石斧及類鬲之土器並存，與山東龍口所得者極相似，可以知其所由來。打製石器，多在西遼河、松花江以北。遼河下流及老哈河流

域，則打製、磨製，二者並存。磨製石器，北抵黑龍江之昂昂溪，東至朝鮮北境。可見此三種文化之分野。西南亞之文化，嘗西至甘、青，東至綏遠，自是事實，然其時代，必不能早於東南方，亦非中國文化之骨幹也。民國十七年（1928 年），洛陽東北金村，因大水發現古墓，其鍾之文理，近於安徽壽縣之銅器。銅器則錯以金銀，並嵌以水銀像。其像顴骨甚高，日本原田淑人、梅原末治，皆斷為胡人。此亦一東西文化交會之跡也。其墓，論者謂屬戰國時，未知信否。即如所言，自考古學言之，為時亦已晚矣。濱田耕作云：鬲為中國所獨有，蓋鼎之所自出。遼東甚多，仰韶亦有，甘、青前三期無之，第四期乃有，至第五期則多矣。此可見東方文化，傳播於西方之跡，並可略考其時代也。

中國文化，原於東南溼熱之區，江海之會，書史所載，可為證據者本甚多。如食之主子魚與植物也；衣之用麻絲，且其制寬博也；人所聚處曰州；其宮室則以上棟下宇，革陶復陶穴之風也；幣之多用貝也；宗教之敬畏龍蛇也皆是。西洋文化，始於埃及，繼以巴比侖，更繼以波斯，又繼以敘利亞，希臘，迦太基，蓋事同一律矣。然泛言東南，則將與馬來人混，是亦不可無辨也。馬來即古越人，亦為吾族分支之一，然與漢族自有區別。有史以來，北族辮髮，南族斷髮，中原冠帶，其俗執之甚固，度非一朝一夕之故，一也。黥額紋身，本是一事。五刑之黥，蓋起於以異族為奴隸，其後則本族之有罪者，亦以為奴隸，而儕諸異族，乃亦黥其額以為識。以此為異族之識，則吾族本無此俗可知，二也。馬來之俗，最重銅鼓，吾族則無此物，三也。殷墟有柱礎人，紋身，見《安陽發掘報告》第二期。此可謂殷人起自東南，效越人琢刻之技以為飾耳，不可謂殷人有紋身之俗也。梁任公謂今福建人骨骼膚色，皆與諸夏異；見所撰《歷史上中國民族之研究》。林惠祥謂閩人體質，頗類馬來；見《中國民族史》第六章。則後世自不能無混合，此且恐不止閩人。然在古代自各異，清野謙次

謂貔子窩人骨，類今華北人，與仰韶村、沙鍋屯亦極相似。可見漢族自為一支，東西兩種文化，併為其所吸受也。

　　《爾雅‧釋言》曰：「齊，中也。」《釋地》曰：「自齊州以南戴日為丹穴，北戴斗極為空同，東至日所出為大平，西至日所入為大蒙。」可見中國古代，自稱其地為齊州。濟水蓋亦以此得名。《漢書‧郊祀志》曰：「三代之居，皆在河、洛之間，故嵩高為中嶽，而四嶽各如其方。」以嵩高為中，乃吾族西遷後事，其初實以泰岱為中。故《釋地》又云：「中有岱嶽。」《禮運》謂「因名山以升中於天」，此古封禪告成功者之所以必於是也。齊州即後世齊國之地，於〈禹貢〉為青州。在九州中偏於東北。然〈堯典〉又有「肇十有二州」之說，則北有幽，西北有並，東北有營；古代西南封，必不如〈禹貢〉之恢廓，其地固略居封域之中矣。李濟謂城子崖之黑陶，實起自緣海。《城子崖發掘報告序》。何天行謂城子崖及杭縣黑陶，皆不及日照所出。見所著《杭縣良渚鎮石器與黑陶》，《吳越史地研究會叢書》本。施昕更亦謂杭縣黑陶傳自山東，時代較後。見所著〈杭縣第二區遺址文化試掘簡錄〉，在《吳越文化論叢》中。可見漢族緣起，必在震方也。

第四章　古史年代

　　歷史之有年代，猶地理之有經緯線也。必有經緯線，然後知其地在何處，必有年月日，然後知其事在何時。舉一事而不知其時，即全不能知其事之關係矣。然歷史年代，有難言者。今設地球之有人類，為五十萬年，而列國史實，早者不越五千年，有確實年代者，又不及其半，是則事之有時可記者，不及二百分之一也。況於開化晚者，所記年代，尚不及此；又況矇昧民族，有迄今不知紀年之法者邪？

　　中國史籍，紀年始於共和，在民國紀元前二千七百五十二年。早於西人通用之紀元八百四十一年，不可謂不早。紀年雖可逆計，究以順計為便。國史確實年代，既早於西元近千年，苟無公用更善之法，自以率舊為是。以孔子生年紀元，後於共和二百九十年。若以黃帝紀元，則其年代絕不確實矣。乃近人震於歐、美一時之盛強，欲棄其所固有者而從之，稱彼所用者為世界公曆。夫東西文化，各占世界之半，彼之所記者，亦一隅之事耳，何公之有？近數百年來，西洋文化，固較東洋為發皇，然此乃一時之事，安知數十百年後，我之文化，不更優於彼？況於中西曆法不同，捨舊謀新，舊籍月日，無一不須換算，其煩重為何如？又況舊史有只記年月而不記日者，並有只記年而不記月日者，又將何從換算邪？

　　《韓非·說難》云：「《記》曰：周宣王以來，亡國數十，其臣弒君而取國者眾矣。」宣王元年（西元前 827 年），後於共和紀元十有四年。《史記·三代世表》曰：「孔子因史文，次《春秋》，紀元年，正時日月蓋其詳哉。至於序《尚書》，則略，無年月；或頗有，然多闕，不可具。故疑則傳疑，蓋其慎也。」《春秋》託始魯隱西元年（西元前 722 年），實周平王四十九

年，後於共和元年（西元前 841 年 [030]）百十有九年。足徵古史紀年，起於西周末造，史公之作，自有所本也。

　　古史年代，見於《尚書》者：堯在位七十載而諮四嶽，四嶽舉舜，後二十八載而殂落。舜生三十征庸，二十在位，五十載，陟方乃死。〈堯典〉今本〈舜典〉。殷中宗之享國，七十有五年。高宗五十有九年。祖甲今文以為大甲。三十有三年。其後嗣王，或十年，或七、八年，或五、六年，或三、四年。文王受命唯中身，厥享國五十年。〈無逸〉。唯周公誕保，文、武受命，唯七年。〈洛誥〉。穆王享國百年。〈呂刑〉。蓋所謂「或頗有」者也。案古人言數，多不審諦。《大戴禮記·五帝德》：「宰我問於孔子曰：昔者予聞諸榮伊曰：黃帝三百年，請問黃帝者，人邪？抑非人邪？何以至於三百年乎？孔子曰：生而民得其利百年，死而民畏其神百年，亡而民用其教百年，故曰三百年。」榮伊之言，固已荒誕，孔子之言，雖稍近理，亦豈得實？又《小戴禮記·文王世子》云：「文王謂武王曰：女何夢矣？武王曰：夢帝與我九齡。文王曰：女以為何也？武王曰：西方有九國焉，君王其終撫諸？文王曰：非也。古者謂年齡，齒亦齡也。我百，爾九十，吾與爾三焉。文王九十七而終，武王九十三而終。」果如其言，文王死時，武王年已八十七；周公為武王同母弟，極小亦當七十；而猶能誅紂，伐奄，有是理乎？蓋古人好舉成數。此在今人，亦有此習。特今人所舉成數，至十而止，古人則並及於百耳。明乎此，則知《尚書》所舉堯、舜之年，皆適得百歲，亦舉成數之習則然，非事實也。《詩·生民疏》引《中候握河紀》云：「堯即政七十年受河圖。」《注》云：「或云七十二年。」案堯立七十年得舜，闢位凡二十八年，則堯年九十八。若言七十實七十二，則適百歲矣。《史記·五帝本紀》云：「舜年二十以孝聞。年三十，堯舉之。年五十，攝行天子事。年五十八，堯崩。年六十一，代堯踐帝位。踐帝位三十九年，南巡

狩，崩於蒼梧之野。」此即〈堯典〉三十征庸，二十在位，五十載陟方乃死
之說。古者三十而有室，四十曰強仕，過三十即可言四十，故舜以三十登
庸。相堯亦歷一世，中苞居喪二年，則踐位必六十一。自其翼年起計，至
百歲，在位適三十九年也。舜相堯歷一世，則堯之舉舜，不得不在年七十
時矣。然則《尚書》之言堯舜，蓋先臆定其年為百歲，然後以其事分隸之
耳。《文王世子》之言，亦以文王為本百歲。蓋凡運祚非短促者，皆以百歲
言之也。昔人言君主年歲，於其在位之年，及其年壽，似亦不甚分別。《周
書‧度邑》載武王之言曰：「唯天不享於殷，自發未生，於今六十年。」此
言似自文王時起計，以文王受命稱王也。然則享國五十，乃以年壽言之。
文王之生武王，假在既冠之後，則文王死時，武王年三十餘，周公當不滿
三十。〈無逸〉歷舉殷、周賢王，享國長久者，以歆動成王，而不及厥考，
明武王年壽不長。《中庸》言武王未受命，蓋以其克殷後未久而殂，非謂其
受命在耄耋時也。高宗享國，《漢石經殘碑》作百年，《史記‧魯世家》作
五十五年。蓋當以《石經》為是。〈呂刑〉言穆王享國百年，而《史記‧周
本紀》謂「穆王即位，春秋已五十矣」；又云：穆王立五十五年崩；事同一律。
今之《尚書》，必後人所臆改也。周公誕保，文、武受命，年數巧合，當無
訛謬。劉歆以為文王受命九年而崩，賈逵、馬融、王肅、韋昭、皇甫謐皆
從之。見《詩‧文王疏》。蓋以《周書‧文傳》，有文王受命九年，在鄗，召
太子發之文，九年猶在，明其七年未崩。案《史記》謂文王受命七年而崩，
九年，武王上祭於畢，東觀兵至於孟津，年代與劉歆異，而謂再期在大祥
而東伐同。〈伯夷列傳〉曰：「西伯卒，武王載木主，號為文王，東伐紂。
伯夷、叔齊扣馬諫曰：父死不葬，爰及干戈，可謂孝乎？」豈有再期而猶
未葬者？《楚辭‧天問》曰：「武發殺殷何所悒？載屍集戰何所急？」《淮
南‧齊俗》曰：「武王伐紂，載屍而行，海內未一，故不為三年之喪始。」
然則武王當日，蓋祕喪以伐紂；後周人自諱其事，謂在再期大祥之後；然

文王死即東兵，猶為後人所能憶，其事終不可諱；作《周書》者，遂誤將文王之死，移後二年也。此等零星材料亦非無有。然前後不相銜接，無從整齊排比，孔子之所以弗論次也。

　　然共和以前，年代雖不可具知，其大略，儒家固猶能言之。《孟子‧公孫丑下篇》曰：「五百年必有王者興。」「由周而來，七百有餘歲矣。」〈盡心下〉曰：「由堯、舜至於湯，五百有餘歲。」「由湯至於文王，五百有餘歲。」「由文王至於孔子，五百有餘歲。」「由孔子而來，至於今，百有餘歲。」《韓非子‧顯學篇》言：「殷、周七百餘歲，虞、夏二千餘歲。」樂毅〈報燕惠王書〉，稱昭王之功曰：「收八百歲之畜積。」其說皆略相符會，蓋必有所受之。劉歆作《世經》，推校前世年歲，唐七十，虞五十，夏四百三十二，殷六百二十九，周八百六十七，後人雖多議其疏，後漢安帝時，尚書令忠，訾歆橫斷年數，損夏益周，考之《表記》，差繆數百。杜預、何承天亦皆譏之。見《續漢書‧律曆志》及注。然其大體，相去固不甚遠。由其略以古人之言為據也。若張壽王、李信治黃帝調歷，言黃帝至元鳳三年（西元前 78 年）漢昭帝年號。六千餘歲；寶長安、單安國、杯育治終始，言黃帝以來三千六百二十九歲；皆見《漢書‧律曆志》。則大相逕庭矣。《漢志》言壽王移帝王年錄，舜、禹年歲，不合人年，蓋所謂言不雅馴者，固不當驚異而疑習見之說也。

　　共和以前年歲，亦間有可考者。如《史記‧晉世家》云「靖侯以來，年紀可推」；《漢書‧律曆志》言「春秋殷歷，皆以殷，魯自周昭王以下無年數，故據周公、伯禽為紀」；又《史記‧周本紀》，載厲王立三十年而用榮夷公，三十四年，告召公能弭謗，三年而國相與叛襲王是也。然此等必斷續不完具；亦且諸說相校，必有齟齬而不可通者；如〈秦本紀〉、〈秦始皇本紀〉紀秦諸君在位年數，即有異同。一國如是，眾國可知矣。此史公所以不為之表也。

言上古年代者，至緯候而始侈，蓋漢人據曆法所造也。《廣雅‧釋天》云：「天地闢設，至魯哀公十有四年，積二百七十六萬歲。分為十紀：日九頭，五龍，攝提，合雒，連通，序命，循蜚，因提，禪通，流訖。」王念孫校改為疏訖。《書序疏》引《廣雅》作流訖。《校勘記》云：「流訖王本改疏訖。」司馬貞《補三皇本紀》云：「春秋緯稱自開闢至於獲麟，凡三百二十七萬六千歲分為十紀，凡世七萬六百年當作紀卅二萬七千六百年。一日九頭紀，二日五龍紀，三日攝提紀，四日合雒紀，五日連通紀，六日序命紀，七日脩飛紀，八日回提紀，九日禪通紀，十日流訖紀。」二說十紀之名相同，循蜚脩飛，因提回提，流記流訖之不同，當是字誤，唯無由知孰正孰誤耳。而年數互異。案《續漢書‧曆志》，載靈帝熹平四年（西元 175 年）蔡邕議曆法，謂〈元命苞〉、〈乾鑿度〉，皆以為開闢至獲麟，二百七十六萬歲；《詩‧文王疏》引〈乾鑿度〉，謂入天元二百七十五萬九千二百八十歲，〈文王〉以西伯受命；則〈廣雅〉實據〈元命苞〉、〈乾鑿度〉以立言。《路史餘論》引〈命歷序〉，謂自開闢至獲麟，三百二十七萬六千歲，則〈三皇本紀〉所本也。《漢書‧王莽傳》：「莽改元地皇，從三萬六千歲曆號也。」三統曆以十九年為章，四章七十六年為蔀，二十蔀千五百二十年為紀，三紀四千五百六十年為元。二百七十五萬九千二百八十者，一元與六百十三相因之數；三百二十七萬六千年者，三萬六千與九十一相因之數也。蓋其所本者如此。

漢人言古帝王世數，亦有甚侈者。《禮記‧祭法正義》云：「《春秋命歷序》：炎帝號日大庭氏，傳八世，合五百二十歲。黃帝，一日帝軒轅，傳十世，二千五百二十歲。《校勘記》云：「《監、毛本》同。《閩本》二千作一千。惠棟校《宋本》同。」次日帝宣，日少昊，一日金天氏，則窮桑氏，傳八世，五百歲。次日顓頊，則高陽氏，傳二十世，三百五十歲。案《詩‧生民疏》引〈命歷序〉云「顓頊傳九世」，未知孰是。次是帝嚳，傳十世，

四百歲。」又標題下《疏》引《易緯‧通卦驗》云：「遂皇始出握機矩。」《注》云：「遂人在伏羲前，始王天下也。」又引《六藝論》云：「遂王之後，歷六紀九十一代至伏羲。」方叔璣《注》云：「六紀者：九頭紀，五龍紀，攝提紀，合雒紀，連通紀，序命紀。九十一代者：九頭一，五龍五，攝提七十二，合雒三，連通六，序命四。」《疏》云：「譙周《古史考》，燧人次有三姓至伏羲，其文不同。」《曲禮疏》引譙周云：「伏羲以次有三姓至女媧，女媧之後五十姓至神農，神農至炎帝一百三十三姓。」亦緯候既興後之說也。

《書疏》引《雒師謀注》云：「數文王受命，至魯公惠公末年，三百六十五歲。」又云：「本唯云三百六十耳，學者多聞周天三百六十五度，因誤而加。遍校諸本，則無五字也。」案〈乾鑿度〉謂入天元二百七十五萬九千二百八十歲而文王受命，今益三百六十歲，更益春秋二百四十二年，凡二百七十五萬九千八百八十二年，較二百七十六萬年，尚少十八，則〈乾鑿度〉與《雒師謀》不同。依〈乾鑿度〉，文王受命，當在春秋前四百七十有八歲。若依《世經》，則文王受命九年而崩；武王即位十一年；周公攝政七年；其明年，為成王元年，命伯禽俾侯於魯；伯禽至春秋，三百八十六年；文王受命，在春秋前四百十三年也。

《史記‧十二諸侯年表集解》引徐廣曰：「自共和元年（西元前841年），歲在庚申，訖敬王四十三年（西元前477年），凡三百六十五年。」又《周本紀集解》引徐廣曰：「自周乙巳至元鼎四年（西元前113年）戊辰，一百四十四年，漢之九十四年也。漢武帝元鼎四年（西元前113年）封周後也。」案《六國表》：起周元王，訖秦二世，凡二百七十年。元王元年（西元前475年），至赧王五十九年（西元前256年）乙巳，凡二百二十一年。依《史記》年表，共和至赧王，凡五百八十六年；至漢武帝天漢四年（西元前97年），則七百四十五年也。《正義‧論史例》云：「太史公作《史記》，起黃帝；高陽，高辛，唐堯，虞舜，夏，殷，周，秦，訖於漢武帝天漢四

年（西元前 97 年），合二千四百一十三年。」張氏此言，自共和以後，當以《史記》本書為據。共和以前，除舜三十九年，見於本書外，《集解》引皇甫謐：黃帝百，顓頊七十八，嚳七十，《御覽‧皇王部》引作七十五。摯九，堯九十八；《世紀》古帝王年數，伏犧百，神農百二十，少昊百，亦皆成數。唯顓頊、帝嚳不然，未知何故。然《御覽》又引陶弘景，謂帝嚳在位六十三年，《路史》同。六十三加七十八，加九，幾百五十，則亦成數矣。此等亦必有其由，惜無可考也。又引《竹書紀年》，謂夏有王與無王，用歲四百七十一年；自湯滅夏以至於受，用歲四百九十六年；《正義》引《竹書》曰：「自盤庚徙殷，至紂之滅，七百七十三年。」七百之七，當是誤字。周自武王滅殷，以至幽王，凡二百五十七年；《正義》皆無異說，亦未嘗別有徵引，似當同之。依此計算，自黃帝至周幽王，合一千六百十八年。東周以下，依《史記》本書計，至天漢四年（西元前 97 年），合六百七十四年。兩數合計，凡二千二百九十二年。較二千四百一十三，尚少百二十一。未知張氏何所依據也。又《水經‧瓠子河注》，謂成陽堯妃祠，有漢建寧五年（西元 172 年）成陽令管遵所立碑，記堯即位至永嘉三年（西元 309 年），二千七百二十有一載。《北史‧張彝傳》，言彝上《列帝圖》，起元庖犧，終於晉末，凡十六代，一百二十八帝，歷三千二百七十一年。亦未知其何據。

　　《路史》引《易緯稽覽圖》云：「夏年四百三十一，殷年四百九十六」，此造《竹書》者所據也。造《竹書》者，蓋以為羿、浞之亂，歷四十年，故益四百三十一為四百七十一。此書真本，蓋亦未嘗有傳於後，唐人所據，其偽亦與明人所造等耳。夫魏史必出於晉，晉史於靖侯以上，已不能具其年數，安能詳夏、殷以前？況晉又何所受之歟？受之周歟？周何為祕之，雖魯號秉周禮者，亦不得聞，而獨畀之唐叔？且韓亦三晉之一，何以韓非言唐、虞以來年數，其不審諦，亦與孟子同？即魏人亦未有能詳言古代年

數者。豈又悶之生人，而獨藏諸王之塚中歟？於情於理，無一可通。[031]故《竹書》而有共和以前之紀年，即知其不足信，更不必問其所紀者如何也。

以曆法推古年代，本最可信，然昔人從事於此者，其術多未甚精；古曆法亦多疏舛；史籍記載，又有訛誤；故其所推，卒不盡可據也。劉歆而後，宋邵雍又有《皇極經世書》，推堯元年為甲辰，在民國紀元前四千二百六十八年，西元前二千三百五十七年，亦未知其何據。金履祥作《通鑑綱目前編》用之，元、明以降，《綱目》盛行，流俗言古史者遂多沿焉。

先史之世，無年可紀，史家乃以時代代紀年。年代愈古，則材料愈乏，而其所分時代愈長。看似粗略，然愈古則演進愈遲，變異亦愈少，據其器物，固亦可想見其大略也。分畫先史時期，大別為舊石器（palaeolithic age）、新石器（neolithic age）、青銅器（bronze age）、鐵器（iron age）四期。舊石器中，又分前後。前期三：曰芝良期（Chellean），其所用器，只有石斧，略別於未經製造者而已。曰曷朱良期（Acheulean），則兼有石刀。芝良期及曷朱良期，皆僅能以石擊石，去其碎片，用其中心而已。其時代，約距今七萬年至四十五萬年。曰墨斯梯靈期（Mousterian），始能用石片，故其鋒較銳。初有骨器，而為數甚少。其時代，約距今二萬五千年至七萬年。後期亦三：曰阿里諾新期（Aurignacian），骨器稍多。始知雕塑，其藝頗為後人所稱道。曰蘇魯脫靈期（Solutrean），石器兩面有鋒。骨器益多，制亦益善。曰馬特蘭寧期（Magdalenian），此期之用石器，非復以石擊石，而有似鑽之物，介於其間，故其大小可以自如。此三期，約距今二萬五千年至五萬年。六期之後，別有所謂阿奇林期者（Azilian），骨器既衰，石器亦小，考古者名之曰小石器（microlith）。考古者億[032]

想其時，或為用土器之萌芽焉。然陶器之跡無存，故稱之曰尾舊石器

---

[031]　經籍：竹書之偽。
[032]　億：億為古漢語用法，還有「億造」、「億度」等說法。

時期（Epipalaeolithic）。新舊石器之別，非僅以其精粗，亦視其有無弓矢等物以為斷，而陶器之有無，尤為考古家所重。有陶器，則視為新石器之始；無陶器，則視為舊石器之終。舊石器時代，大抵恃蒐集為生。新石器時代，始知漁獵，多能用火。其末期，且有進於農牧，知用銅者。然紫銅之器，不堅而易壞，故仍列石器期中，至能合銅錫為青銅，乃別為銅器時代也。銅器時代，人以農牧為生。有氏族，新石器時代行圖騰制。宗教亦有統系，前此行雜亂之拜物教。人群之規制稍備矣。文字之興，實在新石器時代之後。故石器時代，適為先史時代，銅器鐵器時代，適為有史時代也。以上所論，皆據歐洲考古學家之說，中國發掘之業，方在權輿，自不能不借助他山，以資推論。然人群進化，異地同符，銖銖而較之，一若不勝其異。苟略其細而觀其大，自有一致百慮，同歸殊塗者。觀其會通，與曲說附會，相似而實不同，固不可以不辨也。

　　中國發掘所獲遺跡，當列舊石器時代者有五：日周口店，略視墨斯靈梯期。日河套，民國十二年（1923），德日進（Père Teilhard de Chardin）、桑志華（Père E.Licent）所發掘。一為無定河。一為寧夏南之水洞溝。案此外甘肅東境，山西、陝西北境，亦有零星舊石。日周口店之上洞，皆在舊石器後期。河套遺跡較古，蓋在後期之始。上洞骨器製作頗精，飾物技藝亦優，當在後期之終，於黑龍江呼倫之達賴湖為近。亦德日進、桑志華所掘。達賴湖及廣西桂林武鳴遺跡民國二十四年（1935），楊鍾健、裴文中與德日進同掘。皆在尾舊石器時期。然武鳴有一石器步日耶（H.Breuil）以為是屬重製，則其前，尚當有更古之舊石器時期也。新石器時代，甘、青及河南遺跡，安特生分為六期：日齊家期，約在西元前三千五百年至三千二百年。日仰韶期，自三千二百年至二千九百年。日馬廠期，自二千九百年至二千六百年。為新石器及石銅過渡時期。日新店期，自二千六百年至二千三百年。日寺窪期，自二千三百年至一千年。日沙井

期，自二千年至一千七百年，則入銅器時期矣。銅器時期，南方似較北方
為早。良渚錢山漾，皆有粗製石器。錢山漾尤多。而古蕩有孔石斧，似用
鐵器旋轉而入。又多石英器，其質甚堅，非金屬不能穿鑿，則已在石銅兼
用之期。可見南方文化，歷時甚長。惜乎發掘不多，時代尚難推斷。然北
方之知用銅，是由南方傳授，則似無可疑者。殷人起子東南，已如上章所
述。殷墟銅器，據地質調查所所化驗，含錫逾百分之五；中央研究院所化
驗，含錫逾百分之十；其為青銅器無疑。日本道野松鶴，分析其若干種，
以其中不含錫，指為純銅器時期（copper age）。梅原末治則云：其中雖不
含錫，而含鉛、鐵、砒素頗多，兵器則仍含錫。然則他器之不含錫，蓋由
中原錫少而然。抑銅錫器之始，必用為兵，久之乃以為他器。殷墟之兵，
文理悉類鼎彝，蓋非以資實用，則其進於銅器時代久矣。見所著《中國青
銅器時代考》。胡厚宣譯，商務印書館本。予案《越絕書》載風鬍子之言，
謂軒轅、神農、赫胥之時，以石為兵。黃帝之時，以玉為兵。禹穴之時，
以銅為兵。當此之時作鐵兵。又載薛燭之言，稱赤堇之山，破而出錫；若
耶之溪，涸而出銅。見《外傳・寶劍篇》。則石銅二器之遞嬗，昔人早已知
之。[033] 南方所用者，確係鉻合銅錫，亦無疑義。《史記・李斯列傳》，斯
上書諫逐客，云「江南金錫不為用」，亦可見南方製器，兼用銅錫。古書
皆言蚩尤制兵，雖不審諦，要非絕無根據。然則南方之知用銅，尚在黃帝
之先。夏以後，其技乃稍傳於北，故有鑄鼎象物之說。《左氏》宣公三年。
黃帝與禹，年代皆略有可考，則南方之知用銅，其年代亦可微窺也。今安
陽之小屯村，十七年（1928）後，中央研究院陸續發掘。地質凡分三層：
下層為石器，中層為石銅過渡之期，上層為銅器。歷城之城子崖，地質亦
分二層：下層為新石器，上層為銅器。小屯殷墟，城子崖為譚國故址，則
銅器之傳布於河域，年代又略可推矣。

---

[033]　工業：昔人知石銅遞嬗，亦知兼用銅錫。

第五章　開闢傳說

　　傳說中最早之帝王，莫如盤古。其說見於《三五歷記》者曰：「天地混沌如雞子。盤古生其中。萬八千歲，天地開闢。陽清為天，陰濁為地。盤古在其中，一日九變。神於天，聖於地。天日高一丈，地日厚一丈，盤古日長一丈。如此萬八千歲，天數極高，地數極深，盤古極長。」《五運歷年記》曰：「元氣鴻蒙，萌芽茲始。遂分天地，肇立乾坤。啟陰感陽，分布元氣。乃孕中和，是為人也。首生盤古。垂死化身：氣成風雲，聲為雷霆，左眼為日，右眼為月，四肢五體為四極五嶽，血液為江河，筋脈為地里，肌肉為田土，髮髭為星辰，皮毛為草木，齒骨為金石，精髓為珠玉，汗流為雨澤，身之諸蟲，因風所感，化為黎甿。」皆據《繹史》卷一引。《述異記》則曰：「昔盤古氏之死也：頭為四嶽，目為日月，脂膏為江海，毛髮為草木。秦漢間俗說：盤古氏頭為東嶽，腹為中嶽，左臂為南嶽，右臂為北嶽，足為西嶽，先儒說：盤古氏泣為江河，氣為風，聲為雷，目瞳為電。古說：盤古氏喜為晴，怒為陰。吳、楚間說：盤古氏夫妻，陰陽之始也。今南海有盤古氏墓，亙三百餘里。俗云：後人追葬盤古之魂也。桂林有盤古氏廟，今人祝祀。」又云：「南海中有盤古國。今人皆以盤古為姓。」案此諸說，顯有不同。《述異記》首兩說，與《五運歷年記》之說，原本是一。此說與《三五歷記》之說，並已竊印度傳說，加以附會。《述異記》所謂先儒說者，與此似同實異，而與其所謂古說者，所本相同，蓋中國之舊說也。至所謂吳、楚間說者，則又頗含史實，非盡神話。何以言之？

　　案印度古籍，有所謂《厄泰梨雅優婆尼沙曇》（*Aitareya Upanishad*）者。其說云：太古有阿德摩（Atman）先造世界。世界既成，後造人。此

人有口，始有言，有言乃有火。此人有鼻，始有息，有息乃有風。此人有目，始有視，有視乃有日。此人有耳，始有聽，有聽乃有空。此人有膚，始有毛髮，有毛髮，乃有植物。此人有心，始有念，有念乃有月。此人有臍，始有出氣，有出氣，乃有死。此人有陰陽，始有精，有精，乃有水。又《外道小乘涅槃論》云：「本無日月星辰，虛空及地，唯有大水。時大安荼生，形如雞子。周匝金色。時熟，破為二段，一段在上作天，一段在下作地。」《摩登伽經》云：「自在以頭為天，足為地，目為日月，腹為虛空，髮為草木，流淚為河，眾骨為山，大小便利為海。」《三五歷記・五運歷年記》及《述異記》第一二說，其為竊此等說，加以文飾而成，形跡顯然，無待辭費。至其所謂先儒說者，雖若與此是一，然以盤古氏為生存，而不謂其已死，則顯與其所謂古說者，同出一原，而與其第一二說，迥不相侔也。《路史・初三皇記》，謂荊湖南北，今以十月十六日為盤古氏生日，以候月之陰晴，此即《述異記》所謂古說，尚存於宋時者。《山海經・海外北經》云：「鐘山之神，名曰燭陰。視為晝，瞑為夜，吹為冬，呼為夏。不飲，不食，不息，息為風。身長千里。在無臂之東。其為物，人面蛇身，赤色，居鐘山下。」〈大荒北經〉云：「西北海之外，赤水之北，有章尾山。有神，人面蛇身而赤。直目正乘。其瞑乃晦，其視乃明，不食，不寢，不息。風雨是謁。是燭九陰，是謂燭龍。」此即一事而兩傳，與《述異記》所謂先儒說及古說相似，足見其為中國舊說。吳、楚間說，明言盤古氏有夫妻二人，且南海有其墓；南海中有其國，其人猶以盤古為姓；則人而非神矣。古氏族酋長，往往見尊為神，然不害於實有其人。故所謂吳、楚間說者，與所謂先儒說、古說，並不相悖。所謂先儒說古說者，雖涉荒怪，亦不能以此而疑吳、楚間說之鑿空，不合史實也。然則所謂盤古氏者，必南方民族所共尊之古帝；南海中之盤古國，後雖僻處遐方，在古代，或實為南方民族之大宗矣。

　　《後漢書・南蠻傳》，有所謂盤瓠者，以為高辛氏之畜狗，長沙武陵蠻之祖，此與盤古本渺不相涉，夏曾佑始謂與盤古是一，謂吾族誤襲苗族神話為己有。見所著《古代史》。予昔亦信其說，今乃知其非是而不可以不辯也。夫夏氏之疑，乃謂吾族古帝，蹤跡多在北方，獨盤古則祠在桂林，墓在南海耳。吾族開化，實始於南，不始於北，已如第三章所述。然則古代神話，留遺嶺表，又何怪焉？抑《後漢書》盤瓠之說，實僅指武陵一隅，尤顯而易見者也。其說曰：「昔高辛氏有犬戎之寇，而征伐不克，乃訪募天下：有能得犬戎之將吳將軍頭者，購黃金萬鎰，邑萬家，又妻以少女。時帝有畜狗，其毛五采，名曰盤瓠。下令之後，盤瓠遂銜人頭造闕下。群臣怪而診之，乃吳將軍首也。帝大喜。而計盤瓠不可妻之以女，又無封爵之道，議欲有報而未知所宜。女聞之，以為帝王下令，不可違信，因請行。帝不得已，乃以女配盤瓠。盤瓠得女，負而走，人入南山，止石室中。所處險絕，人跡不至。於是女解去衣裳，為僕鑑之結，著獨力之衣。帝悲思之，遣使尋求，輒遇風雨震晦，使者不得進。經三年，生子一十二人，六男六女。盤瓠死後，因自相夫妻。織績木皮，染以草實。好五色衣服，制裁皆有尾形。其母后歸，以狀白帝。於是使迎致諸子。衣裳斑斕言語侏離。好入山壑，不樂平曠。帝順其意，賜以名山廣澤。其後滋蔓，號曰蠻夷。外癡內黠，安土重舊。以先父有功，母帝之女，田作賈販，無關梁符傳、租稅之賦；有邑君長，皆賜印綬，冠用獺皮。其渠帥曰精夫，相呼為姎徒。今長沙武陵蠻是也。」此說依據蠻人地理、風俗、言語、服飾、居處及中國待之之寬典，其為秦、漢間人所文飾，顯然不疑。《注》云：「今辰州盧溪縣西有武山。黃閔《武陵記》曰：山高可萬仞，山半有盤瓠石室，可容數萬人。中有石床，盤瓠行跡。今案石窟前有石羊、石獸，古跡奇異尤多。望石窟，大如三間屋。遙見一石，仍似狗形，俗相傳，云是盤瓠像也。」《路史・發揮》云：「有自辰、沅來者，云盧溪縣之

西百八十里，有武山焉。其崇千仞。遙望山半，石洞罅啟。一石貌狗，人立乎其旁，是所謂盤瓠者。今縣之西南三十里有盤瓠祠，棟宇宏壯。信天下之有奇蹟也。」《注》云：「《辰州圖經》云：石窟如三間屋。一石狗形，蠻俗云盤瓠之像，今其中種有四：一曰七村歸明戶，起居飲食類省民，但左衽。二曰施溪武源歸明蠻人。三曰山猺。四曰仡僚。雖自為區別，而衣服趨向，大略相似。土俗以歲七月二十五日，種類四集，扶老攜幼，宿於廟下，五日，祠以牛彘酒鮮，椎鼓踏歌，謂之樣。樣，蠻語祭也。」盧溪，今湖南瀘溪縣。自唐至宋，遺跡猶存，種落可指，可見《後漢書》所云，乃一種落之故事，今乃以此推諸凡南蠻，並謂吾族稱說，謂他人父，可謂重誣矣。干寶《晉紀》，范成大《桂海虞衡志》，皆謂蠻族雜糅魚肉，叩槽而號，以祭盤瓠。見《文獻通考·四裔考》。《路史》謂會昌今江西會昌縣。有盤古山，湘鄉今湖南湘鄉縣。有盤古堡，雩都今江西雩都縣。有盤古祠。成都、今四川成都縣。淮安、今江蘇淮安縣。京兆今陝西長安縣。皆有廟祀。又引《元豐九域志》，謂廣陵今江蘇江都縣。有盤古塚廟。固與盤瓠絕不相干。今廣西巖峒中，亦有盤古廟。兼祀天皇、地皇、人皇。此蓋又受吾族傳說改變。俗以舊曆六月二日為盤古生日，遠近聚集致祭，與《路史》所述荊湖南北，及《辰州圖經》所述辰州土俗相類。而閩、浙畬民，亦有奉盤瓠為祖者，其畫像仍作狗形。他種落傳說，亦有自稱狗種者。二者猶絕不相蒙，安得據音讀相近，牽合為一哉？

第六章　三皇事蹟

▶ 第一節　緯書三皇之說 [034]

　　盤古之後為三皇、五帝，亦為言古史者所習知。三皇、五帝之名，昉見《周官》外史，未知其意果何指。《風俗通義》引《禮緯含文嘉》云：「遂人以火紀，火大陽，陽尊，故託遂皇於天。伏羲以人事紀，故託羲皇於人。神農悉地力，種穀疏，故託農皇於地。」此蓋今文舊說。《白虎通》、《甄耀度》、譙周《古史考》並同。見《禮記‧曲禮疏》。《史記‧秦始皇本紀》，載博士議帝號，謂「古有天皇，有地皇，有泰皇，泰皇最貴」。泰與大同音，大字亦像人形，見《說文》。疑泰為大之音借，大為人之形訛，二說實一說也。《白虎通》別列一說，以伏羲、神農、祝融為三皇。《運斗樞》鄭注《中候敕省圖》引之，見《曲禮疏》。〈元命苞〉《文選‧東都賦注》引。則以伏羲、女媧、神農為三皇。案司馬貞《補三皇本紀》述女媧氏，謂「當其末年，諸侯有共工氏。與祝融戰，不勝，而怒，乃頭觸不周之山。天柱折，地維缺。女媧乃煉五色石以補天，斷鰲足以立四極」云云。上云祝融，下云女媧，則祝融、女媧一人，此說殊未諦，然小司馬自有所本，則《白虎通》與《運斗樞》、〈元命苞〉，實一說也。五帝之名，見於《大戴禮記‧五帝德》者，曰黃帝、顓頊、帝嚳、堯、舜，《史記‧五帝本紀》依之，譙周、應劭、宋均皆同。見《正義》。鄭玄注《中候敕省圖》，乃於黃帝顓頊之間，增一少昊，謂德合五帝座星者為帝，故實六人而為五。見《曲禮疏》。案《後漢書‧賈逵傳》，載逵奏《左氏》大義長於二

---

[034]　史事：三皇。

傳者曰：「五經皆言顓頊代黃帝，而堯不得為火德。左氏以為少昊代黃帝，即圖讖所謂帝宣也。如令堯不得為火，則漢不得為赤。」案漢人言五德終始有二說：一以為從所不勝，周為火德，秦以水德勝之。漢承秦，故為土德。此說承自嬴秦，一主相生，劉向父子衍之。漢以火德，承周之木，而以秦為閏位。漢自以為堯後。黃帝號為黃，其為土德，無可移易。黃帝以後，顓頊以金德承之，則嚳為水德，堯為木德矣。故必於黃帝後增一少昊為金德，而顓頊以水德，嚳以木德承之，堯乃得為火德也。此為古學家於黃帝、顓頊之間增一少昊之由。然實六人而為五，於理終有未安。造《偽古文尚書》者出，乃去遂人而以伏羲、神農、黃帝為三皇，少昊、顓頊、帝嚳、堯、舜為五帝，〈偽孔安國傳序〉。如是，則少昊雖增，五帝仍為五人矣。此實其說之彌縫而更工者也。案《周官》都宗人，「掌都宗祀之禮。凡都祭祀，致福於國」。《注》云：「都或有因國無主、九皇、六十四民之祀。」《禮記・王制》云「天子諸侯，祭因國之在其地而無主後者」；而《春秋繁露》，有九皇、六十四民；〈三代改制質文篇〉。此《鄭注》之所本也。九皇、六十四民者，存二王之後以大國，與己並稱三王。其前為五帝，封以小國。又其前為九皇，其後為附庸。又其前六十四代，則無爵土，故稱民。三王，五帝，九皇，六十四民，合八十一代。古以九為數之究，八十一則數之究之究者也。《史記・封禪書》載管子說：今《管子》之〈封禪篇〉，乃取《史記》此書所補。謂古封泰山，禪梁父者七十二家。七十二益三皇、五帝，更益以本朝，亦八十一。竊疑三皇、五帝，使外史氏掌其書；自此以往，則方策不存，徒於因國無主及登封之時祭之；實前代之舊制。孔子作《春秋》，存二王以通三統，《白虎通義・三正篇》曰：「王者存二王之後者，何也？所以尊先王，通天下之三統也。明天下非一家之有，敬謹謙讓之至也。故封之百里，使得服其正色，行其禮樂。」案服其正色者，夏以孟春月為正，色尚黑。殷以季冬月為正，色尚白。周以仲冬月為

止，色尚赤。王者受命，有可得與民變革者，有不可得變革者。正朔為可得變革之一端，舉此以概一朝所獨有之制度也。〈三教篇〉謂夏之教忠，忠之失野，救野之失莫如敬。殷之教敬，敬之失鬼，救鬼之失莫如文。周之教文，文之失薄，救薄之失莫如忠。三者如順連環，周而復始，窮則反本。蓋儒家謂治天下，當三種制度迭行，故二王之成法，不可不保守也，立五帝以昭五端，《公羊》隱西元年《解詁》：「政莫大於正始，故《春秋》以元之氣，正天之端。以天之端，正王之政。以王之政，正諸侯之即位。以諸侯之即位，正竟內之治。諸侯不上奉王之政，則不得即位，故先言正月而後言即位。政不由王出，則不得為政，故先言王而後言正月也。王者不承天以制號令則無法，故先言春而後言王。天不深正其元，則不能成其化，故先言元而後言春。五者同日並見，相須成體，乃天人之大本，萬物之所繫，不可不察也。」而於《書》，則仍存前代之三皇、五帝，以明三才、五常之義，《古今注》：「程稚問於董生曰：古何以稱三皇、五帝？對曰：三皇者，三才也。五帝，五常也。」三才為天、地、人，與《含文嘉》說合。五常可以配五行，則儒家言五帝者之公言也。實六經之大義也。儒家三皇、五帝之說，其源流如此，與流俗所謂三皇者，實不相合也。流俗三皇之說，出於讖緯。司馬貞《補三皇本紀》云：「天地初立，有天皇氏。十二頭。澹泊無所施為，而俗自化。兄弟十二人，立各一萬八千歲。地皇十一頭。火德王。姓十一人。姓上當有奪字。興於熊耳、龍門等山。亦各萬八千歲。人皇九頭，乘雲車，駕六羽，出谷口。兄弟九人，分長九州，各立城邑。凡一百五十世，合四萬五千六百年。」《注》云：「出《河圖》、《三五歷》。」新莽下三萬六千歲歷，三統曆以四千五百六十年為元，已見第四章。兩「萬八千」合為三萬六千，四萬五千六百年，則一元十倍之數也。《太平御覽・皇王部》引〈始學篇〉，謂天皇、地皇各十二頭，萬八千歲。人皇九頭，人各百歲。《洞紀》：天皇、地皇，亦各十二頭。《帝系譜》：

天皇、地皇，亦各萬八千歲。於人皇皆無說。《路史》引〈真源賦〉，則天皇十三人，地皇十一人，各萬八千餘歲。人皇九人，四萬五千六百年。案《御覽》又引《春秋緯》，謂天皇、地皇、人皇兄弟九人，分為九州，長天下；《河圖括地象》，謂天皇九翼；則緯書舊說，天皇、地皇、人皇皆九人，其年亦僅百歲。〈始學篇〉所採。自三萬六千歲之歷出，乃改天皇、地皇之年，各為萬八千，而又增其人數為十二也。《補三皇本紀》之說，自謂出《河圖》、《三五歷》，而《御覽》引《河圖》：天皇九翼，與《補三皇本紀》之說異，則〈三皇本紀〉天皇、地皇之說出《三五歷》，人皇之說出《河圖》也。天皇十三人之說，未知所本，地皇十一人之說，則決為天皇十三人之說既出後，乃減一人以就之者。要皆以意造作而已矣。《御覽》又引《遁甲開山圖》榮氏《注》，謂天皇兄弟十二人，地皇兄弟十人，人皇兄弟九人。十人蓋十二人之奪。《御覽》又引《遁甲開山圖》曰：「天皇被跡在柱州崑崙山下。地皇興於熊耳、龍門山。人皇起於形馬。」《水經‧渭水注》：「故虢縣今陝西寶雞縣東。有杜陽山。山北有杜陽谷。地穴北入，不知所極。在天柱山南。」趙一清云：「《寰宇記》：鳳翔府岐山縣下云：岐山，亦名天柱山。《河圖括地象》曰：岐山在崑崙山東南，為地乳。上多白金。周之興也，鸑鷟鳴於山上。時人亦謂此山為鳳皇堆。《注》：《水經》云：天柱山有鳳皇祠。或云：其峰高峻，回出諸山，狀若柱，因以為名。《御覽》及程克齊《春秋分記》並引之，今缺失矣。」岐山，今陝西岐山縣。熊耳，在今河南盧氏縣南。龍門，在今山西河津、陝西韓城縣之間。《水經‧渭水注》：伯陽谷水、苗谷水並出刑馬山。孫星衍校本云：當在今清水縣界。然則《遁甲開山圖》謂三皇興於陝、甘、晉、豫之境也。案《御覽》引《春秋命歷序》，謂「人皇氏九頭，駕六羽，乘雲車，出谷口，分九州」。《路史》引云：「出暘谷，分九河。」九河不可分，必九州之誤。谷口之谷，係指暘谷則無疑。《三國‧蜀志‧秦宓傳》：宓對夏侯纂，謂三皇乘

祇車出谷口，即斜谷，在今陝西郡縣西南。乃誇張本州之言，不足信也。《遁甲開山圖》，專將帝王都邑，自東移西，尤不足據。《路史注》引《遁甲開山圖》：人皇出於刑馬山提地之國。又引《雒書》云：人皇出於提地之國。以《御覽》之文校之，上提地之國四字當衍，此語當出《雒書》也。《說文·示部》：「祇，地祇，提出萬物者也。」提地二字，似因此附會，未必有地可實指也。

　　《禮記》標題下《正義》云：《易緯通卦驗》云：「天皇之先與乾曜合元，君有五期，輔有三名。」《注》云：「君之用事，五行代王，代字從今本通卦驗增。亦有五期。輔有三名，公、卿、大夫也。」又云：「遂皇始出握機矩。」注云：「遂人在伏羲前，始王天下也。」則鄭以天皇為上帝，五期之君為五帝，繼天立治，實始人皇；而其所謂人皇者，則為遂人，此猶是《含文嘉》之說。《廣雅》十紀，始自人皇，紀名九頭，見上章。亦相符合。足見天皇、地皇之說為後起也。

▶ 第二節　巢燧義農事蹟

　　服虔云：「自少皞以上，天子之號以其德，百官之號以其徵。自顓頊以來，天子之號以其地，百官之號以其事。」《禮記·月令疏》引。案古地名與氏族之名，不甚分別。以地為號者，可略知其地與族，以德為號，斯不然矣。然十口相傳，必其時之大事，社會開化之跡，卻因之而可徵也。

　　中國開化之跡，可徵者始於巢、燧、義、農。《韓非子·五蠹篇》曰：「上古之世，人民少而禽獸眾。人民不勝鳥獸龍蛇。有聖人作，構木為巢，以避群害，而民說之，使王天下，號曰有巢氏。民食果蓏蚌蛤，腥臊惡臭，而傷害腸胃，民多疾病。有聖人作，鑽燧取火，以化腥臊，而民說之，使王天下，號曰燧人氏。」《莊子·盜跖篇》曰：「古者禽獸多而人民少，於是民皆巢居以避之。晝食橡慄，暮棲木上。故命之曰有巢氏之

民。古者民不知衣服，夏多積薪，冬則煬之。故命之曰知生之民。」[035] 所述實為同物。知哲相通，煬亦用火，其指發明用火之族言之可知也。發明用火，實為人類一大事。韓子主熟食言之，莊子主取暖言之，其用皆極切。《古史考》曰：「古之初，人吮露精，食草木實。穴居野處。山居則食鳥獸，衣其羽皮，飲血茹毛。近水則食魚鱉螺蛤。未有火化，腥臊多害腸胃。於是有聖人，以火德王。鑽燧出火，教人熟食，鑄金作刃。民人大說，號曰燧人。」《太平御覽·皇王部》引。其辭蓋隱栝古籍而成。鑄金亦為火之一大用。故《禮記·禮運》論脩火之利，以範金合土並言。合土指為陶器。然神農尚斫木為耜，揉木為耒；黃帝亦弦木為弧，剡木為矢；見《易·繫辭傳》。則前乎炎、黃之燧人，似未必能知鑄金。譙氏蓋綜合古籍而失之者也。

　　《易·繫辭傳》云：「古者包犧氏之王天下也：仰則觀象於天，俯則觀法於地；觀鳥獸之文，與地之宜；近取諸身，遠取諸物；於是始作八卦，以通神明之德，以類萬物之情。作結繩而為網罟，以田以漁，蓋取諸《離》。」《經典釋文》云：「包，本又作庖。鄭云：取也。孟、京作伏。犧，鄭云：鳥獸全具曰犧。孟、京作戲，云服也。化也。」《白虎通義·號篇》云：「下伏而化之，故謂之伏義。」《風俗通義》引《含文嘉》云：「伏者，別也，變也。戲者，獻也，法也。伏戲始別八卦，以變化天下；天下法則，咸伏貢獻；故曰伏戲。」蓋今文舊說，孟、京所用。鄭說則本於劉歆。《漢書·律曆志》載《世經》曰：「作網罟以田漁取犧牲，故天下號曰炮犧氏」可證。《易》但言佃漁，歆妄益「取犧牲」三字，實非也。《禮記·月令疏》引《帝王世紀》曰：「取犧牲以共庖廚，食天下，故號曰庖犧氏。」則又以庖字之義，附會庖廚，失之彌遠矣。今人或以伏羲為游牧時代之酋

---

[035]　史事：《五蠹》言有巢、遂人，遂人主熟食，《莊子》言有巢知生，知生主取暖，《古史考》又兼言範金。

長，觀此自知其非。[036]《尸子》云：「燧人之世，天下多水，故教民以漁。盧犧氏之世，天下多獸，故教民以獵。」亦謂其以田漁為業也。

　　神農亦德號。《禮記·月令》：季夏之月，「水潦盛昌，神農將持功」；又曰：「毋發令而待，以妨神農之事」；此神農必不能釋為人名也。《易·繫辭傳》曰：「包犧氏沒，神農氏作。斲木為耜，揉木為耒。耒耨之利，以教天下。」又曰：「日中為市，致天下之民，聚天下之貨，交易而退，各得其所。」案《禮運》云：「夫禮之初，始諸飲食。其燔黍而捭豚，汙尊而抔飲，蕢桴而土鼓，猶若可以致其敬於鬼神。」〈明堂位〉曰：「土鼓，蕢桴，葦籥，伊耆氏之樂也。」〈郊特牲〉曰：「伊耆氏始為蠟。」蠟為田祭，故熊安生謂伊耆氏即神農。見《禮記》標題下《疏》。綜觀三文其說是也。〈郊特牲〉又云：「四方年不順成，八蠟不通，以謹民財也。順成之方，其蠟乃通，以移民也。」蓋因臘祭之時，行交易之事，與《易傳》之文，亦相符會也。

　　《御覽》引《遁甲開山圖》云：[037]「石樓山，在琅邪。漢郡，治東武，今山東諸城縣。後漢為國，徙治開陽，今山東臨沂縣。昔有巢氏治此山南。」《開山圖》言帝王都邑皆在西，此獨在東。《御覽》又引云：「女媧氏沒，大庭氏王。次有柏皇氏、中央氏、慄陸氏、驪連氏、赫胥氏、尊盧氏、祝融氏、混沌氏、昊英氏、有巢氏、葛天氏、陰康氏、朱襄氏，凡十五代，襲包犧之號。此說是根據《帝王世紀》，見《易·繫辭傳疏》。唯《世紀》朱襄氏在葛天氏之前。案《莊子·胠篋篇》：「昔者容成氏、大庭氏、伯皇氏、中央氏、慄陸氏、驪畜氏、軒轅氏、赫胥氏、尊盧氏、祝融氏、伏羲氏、神農氏，當是時也，民結繩而用之」云云。《世紀》及《開山圖》本之，而又小有改易也。自無懷氏已上，經史不載，莫知都之所

---

[036]　史事：以伏羲為游牧非。在沼澤之地。
[037]　史事：《御覽》引《開山圖》有巢氏治石樓山，疑誤。

在。」則其言又自相矛盾。竊疑治石樓山南之說，不出《開山圖》，而《御覽》誤引也。韓子謂，民食果蓏蜯蛤，不勝禽獸蟲蛇；莊子謂「晝食橡慄，暮棲木上」，又謂「民不知衣」；則巢、燧二氏，必居榛莽溼熱之區，從可知爾。

　　《御覽》又引《詩緯含神霧》曰：「大跡出雷澤，華胥履之生伏羲。」《易・繫辭傳疏》引《帝王世紀》曰：「有大人跡，出於雷澤，華胥履之而生包犧。」按《淮南子・地形訓》曰：「雷澤有神，龍身人頭，鼓其腹而熙。」《山海經・海內東經》曰：「雷澤，中有雷神，龍身而人頭，鼓其腹。《史記・五帝本紀正義》引作：「鼓其腹則雷。」在吳西。」〈魯靈光殿賦〉曰：「伏羲鱗身，女媧蛇軀。」李善《注》引《列子》曰：「伏羲、女媧，蛇身而人面。」又引《玄中記》曰：「伏羲龍身，女媧蛇軀。」古者工用高曾之規矩，殿壁畫像，亦必有所受之。然則伏羲在沼澤之區，又不疑也。《管子・輕重戊》曰：「伏羲作九九之數，以合天道。」八卦益以中宮，是為九宮。明堂九室，取象於是。明堂之制，四面環水，蓋湖居之遺制。伏羲之社會，從可推想矣。雷澤，蓋即〈五帝本紀〉舜之所漁。《山海經》謂在吳西，吳即虞，二說亦相符合。《漢志》謂在城陽，地在今山東濮縣。《左氏》大暤之後，有任、今山東濟寧縣。宿、今山東東平縣東。須句、今東平縣東南。顓臾，今山東費縣。見僖公二十一年。雖不中，當不遠。《帝王世紀》謂伏羲氏都陳，見下。蓋以《左氏》昭公十七年，梓慎言「陳大暤之虛」云然。[038] 然梓慎此言，與宋大辰之虛，鄭祝融之虛，衛顓頊之虛並舉，大辰必不能釋為國名，則梓慎所言，蓋天帝，非人帝。《御覽》又引《開山圖》曰：「仇夷山，四絕孤立，大吳之治，伏羲生處。」仇夷山蓋即仇池山。在今甘肅成縣。榮氏《注》，因謂伏羲生成紀，今甘肅秦安縣。徙治陳倉，今陝西寶雞縣。見《水經・渭水注》。《易・繫辭傳疏》引《帝王世紀》亦

---

[038]　史事：謂伏羲都陳、成紀之非。

云：包犧長於成紀。則去之彌遠矣。

　　《禮記・祭法》云：「厲山氏之有天下也，其子曰農，能殖百穀。」《國語・魯語》作烈山氏。《鄭注》曰：「厲山氏，炎帝也。起於厲山。或曰有烈山氏。」《韋注》曰：「烈山氏，炎帝之號也。起於烈山。《禮・祭法》以烈山為厲山也。」鄭氏猶為兩可之辭，韋氏則斷以烈為山名矣。烈山之地，即後世之賴國，地在今湖北隨縣。蓋徒據音讀附會。其實烈山即孟子「益烈山澤而焚之」〈滕文公上〉之烈山，乃農耕之民，開拓時之所有事。《左氏》昭公十八年，梓慎登大庭氏之庫。《注》云：「大庭氏，古國名，在魯城內，魯於其處作庫。」《疏》云：「先儒舊說，皆云炎帝號神農氏，一曰大庭氏。」《詩譜序》及《禮記》標題下《疏》，均謂鄭玄以大庭是神農之別號。《月令疏》引《春秋說》云「炎帝號大庭氏，下為地皇，作耒耜，播百穀，曰神農」，蓋諸儒之說所本。《史記・周本紀正義》云：「《帝王世紀》曰：炎帝自陳營都於魯曲阜。黃帝自窮桑登帝位，後徙曲阜。少昊邑於窮桑，以登帝位，都曲阜。顓頊始都窮桑，徙商丘窮桑在魯北。或云：窮桑即曲阜也。又為大庭氏之故國又是商奄之地。皇甫謐云：黃帝生於壽丘，在魯城東門之北。居軒轅之丘，於《山海經》云：此地窮桑之北，西射之南是也。」炎帝居陳，蓋以其繼大昊言之，與云顓頊徙商丘，均不足據，說已見前。《左氏》定公四年，祝鮀言伯禽封於少皞之虛；昭公二十九年，蔡墨謂少皞氏有四叔，世不失職，遂濟窮桑；則窮桑地確近魯。〈封禪書〉載管子之言：謂「古封泰山禪梁父者七十二家，而夷吾所記者，十有二焉：昔無懷氏封泰山，禪云云。虙羲封泰山，禪云云。神農氏封泰山，禪云云。炎帝封泰山，禪云云。黃帝封泰山，禪亭亭。顓頊封泰山，禪云云。帝嚳封泰山，禪云云。堯封泰山，禪云云。舜封泰山，禪云云。禹封泰山，禪會稽。湯封泰山，禪云云。成王封泰山，禪社首。」《正義》引《韓詩外傳》曰：「孔子升泰山，觀易姓而王，可得而數者七十餘人，不得而

數者萬數也。」今本無，然《書序疏》亦引之，司馬貞《補三皇本紀》，亦有此語，乃今本佚奪，非《正義》誤引也。萬數固侈言之，然古封泰山者甚多，則必非虛語。封禪後世為告成功之祭，古或每帝常行。千里升封，必非小國寡民所克舉，則古泰山之下，名國之多可知。謂自炎帝至顓頊，都邑皆近於魯，則可信也。《國語·晉語》，謂炎帝以姜水成。[039]《水經·渭水注》云：「岐水東徑姜氏城南，姜氏城，在今陝西岐山縣東。為姜水。《帝王世紀》曰：炎帝母女登遊華陽，感神而生炎帝於姜水，是其地。」《帝王世紀》又謂神農崩葬長沙。《御覽·皇王部》引。《路史》引作葬茶陵。長沙、茶陵皆湖南今縣。此蓋姜氏之族，後世西遷雍州；后稷生於姜嫄。大王妃曰大姜。武王妃曰邑姜。齊大公姜姓。雖或云避紂東海，或云隱屠朝歌，然《札記·檀弓》曰：「大公封於營丘，比及五世，皆反葬於周。君子曰：樂樂其所自生，禮不忘其本，古之人有言曰：狐死正丘首，仁也。」則大公之先，實居西方。云在東方，乃因其後來受封於東而附會也。又楚為祝融之後蹤跡在南；故傳說隨之而散布，非其朔也。

　　《祭法疏》引《春秋命歷序》云：「炎帝傳八世，合五百二十歲。」緯候之言，本不足據。《易·繫辭傳疏》引《帝王世紀》云：「神農氏在位一百二十年而崩。[040]納奔水氏女曰聽談。《校勘記》：《錢本》、《宋本》、《閩本》同。《監、毛本》作誅生帝臨魁。次帝承，次帝明，次帝直，次帝釐，次帝哀，次帝榆罔。凡八代，及軒轅氏。」則其說彌妄矣。古繫世之傳，蓋始於黃帝之族，《大戴記·帝系》即如此，諡安所得神農氏之世系邪？《呂覽·慎勢》云：「神農氏十七世有天下」，或當得其實也。《御覽》引《尸子》作七十世，蓋十七字倒誤。

---

[039]　史事：姜水必不在東。黃，姬水；炎，姜水。
[040]　史事：神農氏傳十七世。

第七章　五帝事蹟

▶ 第一節　炎黃之爭

　　《莊子·胠篋篇》云：「昔者容成氏、大庭氏、伯皇氏、中央氏、慄陸氏、驪畜氏、軒轅氏、赫胥氏、尊盧氏、祝融氏、伏羲氏、神農氏，當是時也，民結繩而用之。甘其食，美其服，樂其業，安其居。鄰國相望，雞狗之音相聞，民至老死而不相往來。若此之時，則至治已。」〈盜跖篇〉曰：「神農之世，臥則居居，起則於於。民知其母，不知其父。與麋鹿共處，耕而食，織而衣，無有相害之心。此至德之隆也。然而黃帝不能致德，與蚩尤戰於涿鹿之野，流血百里。」《商君書·畫策篇》曰：「神農之世，男耕而食，婦織而衣，刑政不用而治，甲兵不起而王。神農既歿，以強勝弱，以眾暴寡，故黃帝內行刀鋸，外用甲兵。」《戰國·趙策》曰：「宓羲、神農，教而不誅，黃帝、堯、舜，誅而不怒。」《春秋繁露·堯舜不擅移湯武不專殺篇》曰：「今足下以湯、武為不義，然則足下所謂義者，何世之君也？則答之以神農。」若是乎，自古相傳，咸以炎、黃之際，為世運之一大變也。案《戰國·秦策》：蘇秦言神農伐補遂，《呂覽·用民》，謂夙沙之民，自攻其君而歸神農。《說苑·政理篇》同。則神農之時，亦已有征誅之事。蓋神農氏傳世甚久，故其初年與末年，事勢迥不相同也。然此等爭戰，尚不甚劇，至炎、黃之際，而其變益亟。[041]

　　炎、黃二帝，實為同族。《國語·晉語》曰：「昔少典娶於有蟜氏，生黃帝、炎帝。黃帝以姬水成，炎帝以姜水成。成而異德，故黃帝為姬，

炎帝為姜，二帝用師，以相濟也。」《賈子・益壤》曰：「黃帝者，炎帝之兄。」〈制不定〉曰：「炎帝者，黃帝之同父母弟。」說雖不同。必有所本。《史記・五帝紀》曰：「黃帝者，少典之子也。軒轅之時，神農氏世衰，諸侯相侵伐，暴虐百姓，而神農氏弗能征，於是軒轅乃習用干戈，以征不享。諸侯咸來賓從。而蚩尤最為暴，莫能伐，炎帝欲侵陵諸侯，諸侯咸歸軒轅，軒轅乃修德振兵。治五氣，藝五種。撫萬民，度四方。教熊羆貔貅貙虎，以與炎帝戰於阪泉之野，三戰然後得其志。蚩尤作亂，不用帝命。於是黃帝乃征師諸侯，與蚩尤戰於涿鹿之野，遂禽殺蚩尤。而諸侯咸尊軒轅為天子，代神農氏。」既云神農氏世衰，諸侯相侵伐，暴虐百姓弗能征矣，又云炎帝欲侵陵諸侯，其事弗類。《史記》此文，略同《大戴禮記・五帝德》。而〈五帝德〉只有與炎帝戰於阪泉之文，更無與蚩尤戰於涿鹿之事。《賈子・益壤》云：「炎帝無道，黃帝伐之涿鹿之野。」〈制不定〉曰：「黃帝行道，而炎帝不聽，故戰涿鹿之野。」然則蚩尤、炎帝，殆即一人；涿鹿、阪泉，亦即一役；[042]《史記》自「炎帝欲侵陵諸侯」，至「三戰然後得其志」，凡五十六字，殆別採一說，而奪一日二字；抑或後人記識，與元文相混也。《周書・嘗麥篇》曰：「昔天之初，誕作二后，乃設建典，命赤帝分正二卿，命蚩尤宇於少昊，以臨四方。四疑當作西。蚩尤乃逐帝，爭於涿鹿之阿，九隅無遺。赤帝大懾，乃說於黃帝，執蚩尤，殺之於中冀，命之日絕轡之野。」〈史記篇〉曰：「昔阪泉氏用兵無已，誅戰不休，併兼無親，文無所立，智士寒心。徙居至於獨鹿，諸侯叛之，阪泉以亡。」《鹽鐵論・結和篇》曰：「軒轅戰涿鹿，殺兩暤、蚩尤而為帝。」褚先生《補史記建元以來侯者年表》，載田千秋上書曰：「父子之怒，自古有之。蚩尤叛父，黃帝涉江。」然則《周書》之赤帝，即《史記》之神農氏，為炎、黃二帝之共主。炎帝蓋即蚩尤，初居阪泉，故號阪泉氏。後與赤帝爭於涿鹿之

---

[042]　史事：阪泉涿鹿一役。

阿，亦即獨鹿，蓋逐赤帝而攘其地。其後又為黃帝所滅。蚩尤初為少昊，
為兩皞之一，兩皞者，《禮記・月令疏》曰：「東方生養，元氣盛大；西方
收斂，元氣便小；故東方之帝，謂之大皞；西方之帝，謂之少皞。」其說
當有所本。兩皞又一，當為大皞。赤帝時不知誰為之，蚩尤既代赤帝，當
別以人為兩皞，涿鹿之戰，與之俱死，《鹽鐵論》所云者是也。[043] 據田千
秋之說，蚩尤似即赤帝之子，然則赤帝豈即少典乎？書缺有間，難以質
言，然炎、黃之必為同族，則似無可疑也。

　　予昔嘗謂神農為河南農耕之族，黃帝為河北游牧之族，阪泉、涿鹿之
戰，乃河北游牧之族，侵略河南農耕之族。由今思之，殊不其然。昔所
以持是說者，乃因信阪泉、涿鹿在涿郡；又《史記》言黃帝教熊羆貔貅貙
虎，遷徙往來無常處，以師兵為營衛，類於游牧之族故也。其實遷徙往來
無常處，好戰之主類然，初不必其為游牧之族。若齊桓公，其征伐所至之
地，即甚廣矣，又可謂齊為行國乎？教熊羆貔貅貙虎，乃形容之辭，非實
有其事，《史記》固亦云黃帝藝五種，時播百穀草木矣，亦可據其文而斷
黃帝為耕農之族也。《易・繫辭傳疏》，《史記・五帝本紀正義》，引《帝王
世紀》，謂神農人身牛首。《述異記》云：「秦、漢間說：蚩尤氏耳鬢如劍
戟，頭有角。與軒轅鬥，以角觝人，人不能向，今冀州有樂名蚩尤戲，其
民兩兩三三，頭戴牛角而相觝。漢造角觝戲，蓋其遺制也。」《淮南子・
原道》、〈天文〉，云共工氏觸不周之山，天柱折，地維缺，《山海經・海外
北經》云：「共工之臣相柳氏，九首，以食於九山。相柳之所抵，厥為津
溪。」蚩尤、共工與神農俱姜姓。予昔因此，謂神農之族農耕，故重牛；
黃帝之族游牧，游牧之民，必兼事田獵，故有教熊羆貔貅貙虎之說。然古
無牛耕；農耕之族，亦並不鬥牛；此說亦殊牽強也。阪泉，《集解》引皇
甫謐云：在上谷。又引張晏云：涿鹿在上谷。此自因漢世縣名附會。漢

---

[043]　史事：亦即少昊赤帝少典？

涿鹿縣屬上谷，即今察哈爾涿鹿縣。服虔謂阪泉地名，在涿郡，今河北涿縣。自較謂在上谷者為近情。然以古代征戰之跡言之，仍嫌太遠。《御覽‧州郡部》引《帝王世紀》曰「《世本》云：涿鹿在彭城南」，今江蘇銅山縣。實最為近之。《戰國‧魏策》云「黃帝戰於涿鹿之野，而西戎之兵不起；禹攻三苗，而東夷之兵不至」；此為涿鹿在東方之明證。《集解》又引《皇覽》，渭蚩尤塚在壽張，後漢縣，今山東東平縣。其肩髀塚在鉅野，漢縣，今山東鉅野縣。亦距彭城不遠也。

　　《史記》云：「天下有不順者，黃帝從而征之。平者去之。披山通道，未嘗寧居。東至於海，登丸山及岱宗。西至於空同，登雞頭。南至於江，登熊、湘。北逐葷粥，合符釜山，而邑於涿鹿之阿。」丸山《集解》引徐廣曰：「一作凡。」《漢書‧地理志》作凡，在琅邪朱虛縣。今山東臨朐縣。岱宗即泰山。空桐：《集解》引應劭曰：「山名」，韋昭曰：在「隴右。」雞頭：《索隱》曰：「山名也。後漢王孟塞雞頭道，在隴西，一曰：崆峒山之別名。」《正義》引《括地誌》曰：「笄頭山，一名崆峒山，在原州平高縣西百里。」今甘肅固原縣。又曰：「空桐山，在肅州福祿縣東南六十里。」今甘肅高臺縣。熊、湘：《集解》引〈封禪書〉曰：「南伐至於召陵，登熊山。」召陵，今河南郾城縣。《地理志》曰：「湘山，在長沙益陽縣。」今湖南益陽縣。《正義》引《括地誌》，謂「熊耳山，在商州上洛縣西十里。今陝西商縣。齊桓公登之，以望江、漢。湘山，在岳州巴陵縣南十八里」。今湖南嶽陽縣。釜山，《括地誌》謂在懷戎縣北三里。今察哈爾懷來縣。泰山本古代登封之處。琅邪自非黃帝所不能至。隴右、巴陵，則相距大遠矣。《路史》云：「空同山，在汝之梁縣西南四十里。今河南臨汝縣。有廣成澤及廟。近南陽雉衡山。在今河南南召縣東。故馬融〈廣成贊〉云：「南據衡陰。」其說是也。〈殷本紀〉，殷後有空桐氏。古所謂江，不必指今長江。熊、湘雖不能指為何地，要不能西抵上洛，南至巴陵。釜山之在懷戎，則

又因涿鹿在上谷而附會。其所在亦不可考。然三代封略，北不盡恆山，則其地必在恆山之南也。邑涿鹿之阿，則仍蚩尤之舊居耳。此可見黃帝經略所及，不過今河南、山東；其本據，則仍在兗、徐之間也。

《史記》又云：「自黃帝至舜、禹，皆同姓而異其國號。故黃帝曰有熊。」《白虎通義·號篇》亦曰：「黃帝號有熊。」《集解》引皇甫謐曰：「有熊，今河南新鄭是也。」今河南鄭縣。案鄭為陸終之後，邧、鄶人之所居。陸終之先曰吳回，為高辛氏火正，命之曰祝融。其後裔孫曰鬻熊。鬻熊之後熊麗、熊狂等，咸以熊為氏。鬻熊蓋仍祝融異文。單呼則曰熊。黃帝之稱有熊，似不應以此附會也。《史記》又云：「黃帝崩，葬橋山。」陝西亦非黃帝所能至。〈封禪書〉載公孫卿之言曰：「黃帝郊雍上帝，雍，漢縣，今陝西鳳翔縣。宿三月。鬼臾區號大鴻，死葬雍，今鴻塚是也。其後黃帝接萬靈明廷，明廷者，甘泉也。漢甘泉官，在今陝西淳化縣西北。所謂寒門者，谷口也。在今陝西涇陽縣西北。黃帝採首山銅，今河南襄城縣南。鑄鼎於荊山下。今河南閡鄉縣南。鼎既成，有龍垂鬍髯下迎黃帝。黃帝上騎，群臣後宮從上者七十餘人。龍乃上去。餘小臣不得上，乃悉持龍髯。龍髯拔，墜，墜黃帝之弓。百姓仰望。黃帝既上天，乃抱其弓與鬍髯號，故後世因名其處曰鼎湖，其弓曰烏號。」明明極不經之語，偏能引地理以實之，真俗所謂信口開河者也。《遁甲開山圖》等，將帝王都邑，任意遷移，皆此等伎倆。《史記》之文，不知果為史西元文與否。然《漢書·地理志》：上郡陽周，今陝西安定縣。橋山在南，有黃帝塚。王莽自謂黃帝後，使治園位於橋山，謂之橋畤。見《漢書·王莽傳》。悠悠之說，遂成故實矣。史事之不實，可勝慨乎？

《易·繫辭傳》曰：「神農氏沒，黃帝、堯、舜氏作，通其變，使民不倦。神而化之，使民宜之。」「黃帝、堯、舜垂衣裳而天下治，蓋取諸乾坤？刳木為舟，剡木為楫，舟楫之利，以濟不通，蓋取諸渙？服牛乘馬，

引重致遠，以利天下，蓋取諸隨？重門擊柝，以待暴客，蓋取諸豫？斷木為杵，掘地為臼，臼杵之利，萬民以濟，蓋取諸小過？弦木為弧，剡木為矢，弧矢之利，以威天下蓋取諸睽？上古穴居而野處，後世聖人易之以宮室，上棟下宇，以待風雨，蓋取諸大壯？古之葬者，厚衣之以薪，葬之中野，不封不樹，喪期無數，後世聖人易之以棺槨，蓋取諸大過？上古結繩而治，後世聖人易之以書契，百官以治，萬民以察，蓋取諸夬？」《疏》言此九事者，皆黃帝制其初，堯、舜成其末，此難遽信。《疏》云：「《帝王世紀》載此九事，皆為黃帝之功。」《書序疏》則云：「垂衣裳而天下治，是黃帝、堯、舜之事。舟楫，服牛，重門，臼杵，弧矢，時無所繫，在黃帝、堯、舜時以否皆可通。至於宮室、葬與書契，皆先言上古、古者，乃言後世聖人易之，則別起事之端，不指黃帝、堯、舜。」《書疏》此說，乃為強伸《偽序》文籍起於伏羲時，雖不足論，然就《繫辭傳》文義論之，自為平允也。然黃帝以降，文物日臻美備，則可知矣。此史事之傳者，所以至黃帝而較詳也。

　　《呂覽‧蕩兵》曰：「人曰蚩尤作兵，蚩尤非始作兵也，利其械矣。未有蚩尤之時，民固剝林木以戰矣。」[044] 弦木為弧，剡木為矢，亦剝林木以戰之一端。《越絕書》言「軒轅、神農、赫胥之時，以石為兵；黃帝之時，以玉為兵」，《外傳記寶劍》。玉亦石。蓋未知用銅之時，兼用木石為兵，肅慎氏楛矢石砮其徵也。《管子‧地數》曰：「黃帝問於伯高曰：吾欲陶天下而以為一家，為之有道乎？伯高對曰：山之見其榮者，君謹封而祭之。修教十年，而葛盧之山，發而出水，金從之。蚩尤受而制之，以為劍鎧矛戟，是歲相兼者諸侯九，雍狐之山，發而出水，金從之。蚩尤受而制之，以為雍狐之戟，芮戈。是歲相兼者諸侯十二。」〈五行篇〉言黃帝得六相，蚩尤為其一。蓋蚩尤之後，有服屬於黃帝者也。南方之知用銅，早於北

---

[044]　兵：用石時亦剝林木以戰。

方，已見第三章。蚩尤之技，蓋亦受之於南，觀五刑始於蚩尤可知。北方銅與錫皆少於南方，[045] 故穆王及管子，皆有贖刑之制。《尚書·呂刑》、《管子·中小匡》。管子言美金以鑄戈劍矛戟，惡金以鑄斤斧鉏夷鋸欘，蓋以銅為兵器，以鐵為農器也。《左氏》僖公八年，「鄭伯朝於楚，楚子賜之金。既而悔之，與之盟，曰：無以鑄兵。」《吳越春秋》、《越絕書》，皆盛稱南方兵甲之利，可見北方之用銅，至東周時。尚遠在南方之後。然《管子》已有鹽鐵之篇，則北方之農器，已甚精利矣。此河域生業之所由日盛與？

▶ 第二節　黃帝之族與共工之爭

　　黃帝之後，依今文家舊說，繼位者為顓頊，依古文家言，則其間多一少昊，已見第六章第一節。古本無後世所謂共主。古書所謂某帝崩、某帝立者，皆後人追述之辭，不徒不必身相接，並不必其在當時，有王天下之實也。故黃帝、顓頊間，果有少昊與否，實無甚關係，而少昊、顓頊等事蹟如何，乃為言古史者所必究焉。《史記·五帝本紀》，略本《大戴禮記·五帝德》，於顓頊、帝嚳兩代，皆僅虛辭稱美，無甚實跡可指。綜各種古書觀之，則其時與共工之爭極烈，至堯、舜、禹之世而猶未已。又黃帝滅蚩尤後，不久，二族似仍通昏媾。故顓頊、帝嚳，皆與姜姓之族有關，此則其時之事，頗有關係者也。

　　少昊事蹟，見於《左氏》。昭公十七年（西元前 525 年），郯子來朝。公與晏。昭子問焉，曰：少皞氏鳥名官，何故也？郯子曰：「吾祖也，我知之矣。昔者黃帝氏以雲紀，故為雲師而雲名。炎帝氏以火紀，故為火師而火名。共工氏以水紀，故為水師而水名。大皞氏以龍紀，故為龍師而龍名。我高祖少皞、摰之立也，鳳鳥適至，故紀於鳥，為鳥師而鳥名。自顓

---

[045]　工業：北用銅不如南用鐵勝之。

頊以來，不能紀遠，乃紀於近，為民師而命以民事。」二十九年（西元前513 年），蔡墨言：「少皞氏有四叔：曰重，曰該，曰脩，曰熙；實能金木及水。使重為句芒，該為蓐收，脩及熙為玄冥。世不失職，遂濟窮桑。」窮桑近魯，已見第六章第二節。郯為今山東郯城縣。郯子言少昊、摯之立，爽鳩氏為司寇，而昭公二十年（西元前 522 年），晏子對齊景公，謂昔爽鳩氏始居此地，季薊因之，有逢伯陵因之，薄姑氏因之，而後大公因之，則古代，今山東省，確有一少昊其人，謂為子虛烏有者，武斷之論也。然古學家牽合黃帝之子青陽，則非是。

　　《史記·五帝本紀》曰：「黃帝居軒轅之丘，而娶於西陵之女，是為嫘祖。嫘祖為黃帝正妃。生二子，其後皆有天下。其一曰玄囂，是為青陽。青陽降居江水。其二曰昌意，降居若水，昌意娶蜀山氏女，曰昌僕。生高陽。高陽有聖德焉。黃帝崩，其孫昌意之子高陽立，是為帝顓頊。帝顓頊生子曰窮蟬。顓頊崩，而玄囂之孫高辛立，是為帝嚳。帝嚳高辛者，黃帝之曾孫也。高辛父曰蟜極，蟜極父曰玄囂，玄囂父曰黃帝。自玄囂與蟜極，皆不得在位，至高辛即帝位。」《史記》此文，與《大戴禮記·帝系篇》合，乃古系世之遺。古未必有後世之共主，然君位相襲，在一部落間，仍是分明。如忽都剌歿，蒙兀無共主，然也速該仍為尼倫全部之主是也。夏太康失國，少康中興亦如此。自太康至相，不過不為天下王，其為夏之君自若也。參看第八章第一節自明。少昊與大昊相對，乃東西二卿之名，已見第一節。《漢書·律曆志》，引劉歆所撰《世經》，據郯子之言，謂炮犧、共工、炎帝、黃帝、少昊相繼，由周人遷其行序，故《易》不載。又曰：「《考德》曰：少昊曰清。清黃帝之子青陽也，名摯。」顏師古《注》曰：「《考德》，考五帝之德也。」蓋即歆等所造。《後漢書·張衡傳》：衡條上司馬遷、班固所敘，與典籍不合者十餘事。《注》舉其一事曰：「〈帝系〉：黃帝產青陽、昌意。《周書》曰：乃命少皞清。清即青陽也。今宜實定之。」

案《周書》此語，見於〈嘗麥解〉。其文曰：「乃命少昊清司馬鳥師，以正五帝之官，故名曰質。天用大成。至於今不亂。」此文疑有奪誤。指清為少昊之名，實屬附會。而質摯同音，蓋又古學之家，據此而定少昊之名為摯者。郯子於黃、炎、共工、大皞，皆不言其名，獨於少皞稱其名曰摯，疑摯字乃治左氏者所旁註，而後誤入正文也。要之少昊確有其人，居東方之地，亦為當時名國，然謂其曾繼黃帝而為其部落之長，且為一時共主，則羌無故實也。[046]

自顓頊以至於禹，皆與共工劇爭。《淮南子·天文訓》曰：「昔者共工與顓頊爭為帝，怒而觸不周之山，天柱折，地維絕。」〈兵略訓〉曰：「顓頊嘗與共工爭為帝矣。」《史記·律書》曰：「顓頊有共工之陳，以平水害。」《淮南子·原道訓》曰：「昔共工之力，觸不周之山，使地東南傾。與高辛爭為帝，遂潛於淵，宗族殘滅，繼嗣絕祀。」《周書·史記》曰：「昔者共工自賢，自以無臣。久空大官，下官交亂，民無所附。唐氏伐之，共工以亡。」《書·堯典》言舜「流共工於幽州」。《淮南子·本經訓》曰：「舜之時共工振滔洪水，以薄空桑。舜乃使禹疏三江、五湖，闢伊闕，導瀍、澗。」《荀子·議兵篇》曰：「禹伐共工。」《戰國·秦策》載蘇秦之言同。〈成相篇〉曰：「禹勞心力抑下鴻，闢除民害逐共工。」可見其爭鬩之烈。《管子·揆度篇》言：「共工之王，水處十之七，陸處十之三，乘天勢以隘制天下。」《禮記·祭法篇》言：「共工氏之霸九州也，其子曰后土，能平九州，故祀以為社。」王霸為後人分別之辭，在當時實無以異，然則共工後雖敗亡，其初固為一強族也。

共工究何族乎？曰：共工者，炎帝之支派也。《山海經·海內經》曰：「炎帝之妻，赤水之子聽訞，《補三皇本紀》曰：「神農納奔水氏之女曰聽訞為妃。」《注》曰：「見《帝王世紀》及《古史考》。」郝懿行《山海經箋疏》

---

[046]　史事：少昊氏、爽鳩氏為司寇居齊，非繼黃帝酋長。

曰：「二書蓋亦本此經為說，其名字不同，今無可考矣。」生炎居。炎居生節並。節並生戲器。戲器生祝融。祝融降處於江水，生共工。共工生術器。術器首方顛，是復土壤，以處江水。共工生后土。后土生噎鳴。噎鳴生歲十有二。洪水滔天。鯀竊帝之息壤，以湮洪水。不待帝命。帝令祝融殺鯀於羽郊。鯀復生禹。帝乃令禹卒布土以定九州。」《山海經》誠荒怪，然世係為古人所重，雖與神話相雜，不得全虛。云炎帝生祝融，祝融生共工，可見其實為炎帝之族。而云鯀為祝融所殺，其後禹又攻共工，亦隱見二族相仇之跡也。〈大荒北經〉有禹攻共工國山。又云：「禹殺共工之臣相繇。」〈海內北經〉云：「禹殺共工之臣相柳。」此係一事兩傳。又〈大荒北經〉言：「大荒之中，有山名曰成都。載天。有人，珥兩黃蛇，把兩黃蛇，名曰夸父。后土生信，信生夸父。夸父不量力，欲追日景，逮之於禺谷。將飲河而不足也，將走大澤，死於此。應龍已殺蚩尤，又殺夸父，乃去南方處之，故南方多雨。」此一事兩說並載。后土，據〈海內經〉生於共工，應龍則〈大荒北經〉謂黃帝使攻蚩尤於冀州之野者也。亦隱見二族相爭之跡。

古有所謂女媧者，蓋創造萬物之女神？[047]《楚辭・天問》曰：「女媧有體，孰制匠之？」《注》曰：「傳言女媧人頭蛇身，一日七十化。」《說文・女部》：「媧，古之神聖女，化萬物者也。」〈天問〉之意，蓋謂萬物皆女媧所造，女媧誰所造邪？猶今詰基督教者，言天主造物，天主又誰所造也？《御覽・皇王部》引《風俗通》俗說天地開闢，未有人民。女媧摶黃土作人。劇務，力不暇供，乃引繩於泥中，舉以為人。故富貴者黃土人也，貧賤凡庸者絙人也。亦此一類神話。既可以造萬物，遂可以補天地，而其說，遂與共工、顓頊之爭相牽合焉。《淮南子・天文訓》言：「共工觸不周之山，天柱折，地維絕。天傾西北，故日月星辰移焉。地不滿東南，故水

---

[047] 史事：女媧乃造萬物女神。

潦塵埃歸焉。」言共工而不及女媧。〈覽冥訓〉曰：「往古之時，四極廢，九州裂。天不兼覆，地不周載。火濫炎而不滅，水浩洋而不息。猛獸食顓民，鷙鳥攫老弱。於是女媧煉五色石以補蒼天，斷鰲足以立四極，殺黑龍以濟冀州，積蘆灰以止淫水。蒼天補，四極正。淫水涸，冀州平。狡蟲死，顓民生。」言女媧而不及共工，可見其各為一說。《論衡·談天》、〈順鼓〉二篇，始將二事牽合為一，然猶云共工與顓頊爭。司馬貞《補三皇本紀》乃謂，女媧氏末年，「諸侯有共工氏。任智刑以強，霸而不王，與祝融戰，不勝，而怒。乃頭觸不周山崩，天柱折，地維缺。女媧乃煉五色石以補天，斷鰲足以立四極」云云。云與祝融戰者？古書言三皇，一說以為伏羲、神農、祝融，撰集古記者或以為女媧即祝融，乃改共工與顓頊爭為與祝融戰，而司馬氏雜採之也。《注》云「按其事出《淮南子》」，乃溯其本原之辭，非謂其文全據《淮南》。古神人本不分，人固可以附會為神，神亦可以降列於人，於是諸書遂列女媧於古帝王，附會為伏羲之妹，《風俗通義》。甚或謂其陵在任城，又或謂其治平利之中皇山矣。見《路史》引《太平寰宇記》、《元豐九域志》。案任城，今山東濟寧縣，地近雷澤。平利，今陝西平利縣。《遁甲開山圖注》謂伏羲生於成紀，徙治陳倉，地與平利相近，蓋因此而附會也。《路史》又引《長安志》，謂驪山有女媧治處，案《漢書·律曆志》，載張壽王之言，謂驪山女為天子，在殷、周間，《長安志》之說，蓋又因此附會。驪山，在今陝西臨潼縣東南。

　　《帝王世紀》謂顓頊始都窮桑，後徙商丘，乃因《左氏》衛顓頊之虛而云然，說不足信。見第六章第二節。《呂覽·古樂》曰：「帝顓頊生自若水，實處空桑，乃登為帝。」此言顓頊都邑最可信據者。《山海經·海內經》曰：「南海之內，黑水青水之間，有木，名曰若木，若水出焉。」《楚辭·離騷》曰：「飲余馬於咸池兮，總余轡乎扶桑。折若木以拂日兮，聊逍遙以相羊。」《說文·桑部》：桒，日初出東方湯谷所登榑桑。叒，木也。」王

筠曰：「《石鼓文》有❋字。蓋叒本作❋。若字蓋亦作❋，即❋之重文。加
❤者，如卥字之象根形。《說文》之叒木，他書作若木，蓋漢人猶多作❤
，是以八分書桑字作桒。《集韻·類篇》云：桑古作桒《說文》收若字於草
部，從草，右聲，似誤。」此說甚精。若水實當作桑水。《東山經》曰：「東
次二經之首曰空桑之山，北臨食水。」又曰：「《東山經》之首曰榦蟲山。
北臨乾昧，食水出焉，而東北流注於海。」空桑即窮桑，其地當近東海。
《史記·殷本紀》載〈湯誥〉曰：「東為江，北為濟，西為河，南為淮，四瀆
已修，萬民乃有居」，則古謂江在東方。青陽降居江水，昌意降居若水，
其地皆當在東。後人誤蜀山氏之蜀為巴蜀之蜀，《水經》乃謂若水出旄牛
徼外，至朱提為瀘江矣。[048] 旄牛、朱提，皆漢縣。旄牛，在今四川漢源
縣南。朱提，在今四川宜賓縣西南。《周書》謂阪泉氏徙居至於獨鹿，獨
從蜀聲，獨蜀一字，蜀山實獨鹿之山，亦即涿鹿之山。黃帝破蚩尤後，至
顓頊時，二族蓋復通婚媾，故〈大荒西經〉謂顓頊生老童，老童生祝融，
祝融固炎帝之族；〈大荒北經〉謂顓頊生歡頭，歡頭生苗民，苗民黎姓；
《潛夫論·五德志》，謂顓頊身號高陽，世號共工，苗民即蚩尤之後，共工
亦姜姓也。《呂覽》言顓頊實處空桑，而《淮南》言共工振滔洪水，以薄空
桑，則共工、顓頊之爭，仍在東方，必不能在河北也。

▶ 第三節　禹治水

帝嚳之後，繼之者為帝堯。《史記·五帝本紀》曰：「帝嚳娶陳鋒氏女，
生放勳，娶娵訾氏女，生摯。帝嚳崩，而摯代立，帝摯立，不善。崩，而
弟放勳立，是為帝堯。」「不善」，《索隱》曰：「古本作不著，猶不著明，
不善謂微弱，」又引衛宏曰：「摯立九年，而唐侯德盛，因禪位焉。」《正
義》引《帝王世紀》曰：「帝摯之母，於四人中班最在下，而摯於兄弟最

---

[048] 史事：昌意處若水，青陽處江水，皆在東：蜀山即獨鹿。昌意取蜀山女，故生顓頊，為姜姓。

長，得登帝位，封異母弟放勳為唐侯。摯在位九年，政微弱，而唐侯德
盛，諸侯歸之。摯服其義，乃率群臣造唐而致禪。唐侯自知有天命，乃
受帝禪。乃封帝於高辛。」《御覽・皇王部》引略同。末云：「事不經見，
漢故議郎東海衛宏之傳爾。」經傳所無之說，衛宏何由知之？其妄不待
言矣。

　　孔子刪《書》，斷自唐、虞，故自堯以後，史事傳者較詳。然〈堯典〉
等實亦後人追述，非當時實錄也。綜觀古書，此時代之大事，一為禹之治
水，一為堯、舜、禹之禪讓，今先述治水之事如下。

　　洪水之患，蓋遠起於炎、黃之際，《管子》言共工之王，水處十之七，
陸處十之三；《禮記》言共工氏之子后土，能平九州；《山海經》亦言共工
生術器，是復土壤，以處江水。[049] 已見第二節。而《國語・周語》，載太
子晉之言，謂「古之長民者，不墮山，不崇藪，不防川，不竇澤。昔共工
氏棄此道也，虞於湛樂，淫失其身。欲壅防百川，墮高堙卑，以害天下。
皇天弗福，庶民弗助，禍亂並興，共工用滅。其在有虞，有崇伯鯀，播其
淫心，稱遂共工之過。堯用殛之於羽山。其後伯禹念前之非度，釐改制
量。共之從孫四嶽佐之。高高下下，疏川導滯。鍾水豐物。封崇九山，決
汨九川，陂障九澤，豐殖九藪，汨越九原，宅居九隩，合通四海。克厭帝
心。皇天嘉之，祚以天下」云云。知自共工至禹，水患一線相承。共工與
顓頊爭，其距黃帝，當不甚遠。而《管子・揆度》言「黃帝之王，破增藪，
焚沛澤，逐禽獸」；又〈輕重戊〉言「黃帝之王，童山竭澤」；此即「益烈山
澤而焚之」之事，知當黃帝時，業以水為患矣，〈禹貢〉述禹所治水，遍及
江、河兩流域；諸子書言禹事者亦皆極意敷張；其實皆非真相。孔子言禹
卑宮室而盡力乎溝洫。[050]《論語・大伯》。《尚書・皋陶謨》今本分為《益

---

[049]　水利：古治水主填塞。
[050]　史事：禹治水真相。

稷》。載禹自道之言曰：「予決九川距四海，濬畎澮距川。」九川特言其多，四海者，中國之外；中國無定境，則四海亦無定在。《國語》「封崇九山，決汩九川」云云，與〈禹貢〉篇末，所謂「九州攸同，四隩既宅，九山刊旅，九川滌原，九澤既陂，四海會同」者，同為泛言無實之辭。知禹之治水，亦僅限於一隅；上文道山道水及九州情形，皆後人所附益也。《說文‧川部》「州，水中可居者。昔堯遭洪水，民居水中高土故曰九州」，此為州字本義。古無島字，洲即島也。州洲二字，異文同語，尤為易見，蓋吾族古本澤居，故以水中可居之地，為人所聚處之稱。古以三為多數，蓋亦以三為單位。三三而九，故井田以方里之地，畫為九區；明堂亦有九室。九州，初蓋小聚落中度地居民之法，後乃移以區畫其時所知之天下耳。《孟子》述水患情形曰：「草木暢茂，禽獸繁殖。五穀不登，禽獸逼人。獸蹄鳥跡之道，交於中國。」〈滕文公上〉。又曰：「龍蛇居之，民無所定。下者為巢，上者為營窟。」〈滕文公下〉。正《說文》所謂居水中高土者。兗州本吾族興起之地，〈禹貢〉於此獨有「降丘宅土」之文。〈禹貢〉固後人所文飾，然其中單辭隻義，亦未必無古代史實之存也。堯時所謂洪水者，斷可識矣。

　　《呂覽‧愛類》云：「上古龍門未開，呂梁未鑿，河出孟門，無有丘陵、沃衍、平原、高阜，盡皆滅之，名曰鴻水。」《淮南‧本經訓》亦云：「龍門未開，呂梁未鑿，江、淮流通，四海溟涬。」〈人間訓〉則云：「禹鑿龍門，闢伊闕。」龍門，已見前。第六章第一節。呂梁，在今江蘇銅山縣東南，見《水經‧泗水注》。後人或以陝西韓城縣之梁山說之。孟門近大行。《左氏》襄公廿二年，齊侯伐晉，取朝歌，入孟門，登大行。伊闕在今河南洛陽縣。地皆在河南、山、陝之間。夏都本在河、洛；後人又謂唐、虞、夏之都，皆在河東；因謂禹所施功，黃河為大，而河工之艱鉅者，實在龍門、砥柱在今山西平陸縣東。之間。此惑於傳說，而不察其實者也。

言堯、舜、禹都邑最古者，莫如《左氏》。《左氏》載子產之言曰：高辛氏有二子。實沈遷於大夏，唐人是因，至成王，滅唐而封大叔焉。昭西元年。又云：堯殛鯀於羽山，其神化為黃熊，以入於羽淵，實為夏郊，三代祀之。晉為盟主，其或者未之祀也乎？昭公七年。又祝謂唐叔，命以唐誥，封於夏虛，啟以夏政，定公四年。則堯、禹舊都，必在晉境。顧其所在，異說紛如。《漢書・地理志》：大原郡晉陽，今山西太原縣。故《詩》唐國，《左氏杜注》因之，謂大夏、夏虛皆晉陽，服虔則云：大夏在汾、澮之間，《詩・唐風鄭譜疏》。鄭氏《詩譜》，謂堯都晉陽，唐叔所封。南有晉水。子燮，改稱晉侯。堯後遷都平陽，今山西臨汾縣。近晉之曲沃。今山西聞喜縣。又云：魏者，虞舜、夏禹所都之地。魏都安邑，今山西夏縣。皇甫謐謂堯初封唐，在中山唐縣。今河北唐縣。後徙晉陽。及為天子，居平陽。舜所營都，或云蒲阪。今山西永濟縣。禹受禪，都平陽，或於安邑，或於晉陽。《詩・唐風鄭譜疏》。臣瓚則謂堯都永安，《漢書・地理志注》。今山西霍縣。異說雖多，要不外河、汾下流及霍山以北兩地。顧炎武《日知錄》謂：霍山以北，悼公以後，始開縣邑。《史記》屢言禹鑿龍門，通大夏。齊桓公伐晉，僅及高梁，今臨汾東北。而《史記・封禪書》述桓公之言，以為西伐大夏。則大夏必在河、汾下流。近人錢穆申其說。謂〈封禪書〉述桓公之言曰：西伐大夏，涉流沙，束馬縣車，上卑耳之山。《管子・小匡篇》則曰：逾大行與卑耳之溪，拘泰夏。今本訛作秦夏，此係據戴望《校正》改。西服流沙、西虞。卑耳，《索隱》云山名，在河東大陽。今山西平陸縣。《水經・河水注》：河水東過大陽縣南，又東，沙澗水注之，水北出虞山，有虞城。虞山，蓋即卑耳之山。沙澗水，本或作流沙水，即齊桓所涉。《史記・吳大伯世家》：虞仲封於周之北，故夏虛，即西虞，亦即大夏。《漢志》臨晉縣，今陝西大荔縣。應劭謂以臨晉水得名。《史記・魏世家》：秦拔我晉陽。《括地誌》謂在虞鄉縣西，今山

西虞鄉縣。《水經》涷水所徑，有晉興澤，亦在虞鄉。則涷水古名晉水。《注》又謂涷亦稱洮，則子產謂金天氏之裔臺駘，宣汾、洮以處大原，帝用嘉之，封諸汾川，沈、姒、蓐、黃，實守其祀，今晉主汾而滅之者，亦見昭西元年。所宣亦即涷水。《漢志》謂晉武公自晉陽遷曲沃，以大原晉陽說之，雖誤，其語自有所本。武公舊邑，實即虞鄉之晉陽也。又云：《尚書》言禹娶塗山，〈皋陶謨〉，今本《益稷》。《左氏》言禹會諸侯於塗山，哀公七年。世皆謂在今壽縣。考《水經‧伊水注》：伊水出陸渾縣今河南嵩縣。西南，王母澗之北。山上有王母祠。即古三塗山。《方輿紀要》：三塗山，在嵩縣南十里。即古所謂塗山者，王母即塗山氏女也。《山海經》：南望禪渚，禹父之所化。《水經注》：禪渚在陸渾縣東。則塗山、羽淵，地甚相近。鯀稱崇伯，崇即嵩也。又古書言禹葬會稽，世皆謂在今紹興。其實會稽為《呂覽‧有始覽》九山之一，八山皆在北，大山、王屋、首山、大華、岐山、大行、羊腸、孟門。大山，即霍大山。不得會稽獨在南。《吳越春秋》、《越絕書》皆謂禹上茅山，大會計，更名茅山曰會稽之山。《水經注》：會稽之山，古稱防山，亦曰茅山。防即舜封丹朱於房之房，亦即陟方乃死之方。以茅津、茅城推之。《左氏》文公三年，秦伯伐晉，自茅津濟，《水經‧河水注》：河水東過陝縣北，河北有茅城，故茅亭，為茅戎邑。陝縣今屬河南。地望正在大陽。然則禹之治水，當在蒲、今永濟縣，舊蒲州。解之間。其地三面俱高，唯南最下。河水環帶，自蒲、潼達於陝津、砥柱，上有激湍，下有闕流；又涷水驟悍，無可容遊；唐、虞故都，正在於此，此其所以為大患也。錢說見所著《西周地理考》。予謂錢氏之說辯矣。然謂古有所謂唐、夏者，在河、汾下流，不在永安、晉陽之地，則可。謂堯、禹故都，即在河、汾下流則不可。《太平御覽‧州郡部》引《帝王世紀》，謂「堯之都後遷涿鹿，《世本》謂在彭城」；而《孟子》謂「舜生於諸馮，遷於負夏，卒於鳴條，東夷之人也」。《離婁下》。《世本》、《孟

子》皆古書，可信，諸馮、負夏，諸家皆無確說，姑勿論。鳴條則實有古據。其地，當在山東。見第八章第三節。涿鹿為黃帝舊都，唐堯是因，虞舜稍遷而北，殊近事理。孟子、史公，言堯、舜、禹事，同本《書》說，以《書傳》對勘可知。《史記》謂舜耕歷山，漁雷澤，陶河濱，作什器於壽丘，就時於負夏。〈五帝本紀〉。《管》〈版法解〉。《墨》〈尚賢中下〉。《尸子》《御覽・皇王部》引《呂覽》《慎人》。《淮南王書》皆同，必非無據。諸家說此諸地，亦皆謂在兗、豫之域。歷山，《淮南高注》謂在濟陰城陽，即《漢志》堯塚所在，今山東濮縣也。雷澤，鄭玄謂即〈禹貢〉兗州雷夏澤。陶河濱，皇甫謐謂濟陰定陶有陶丘亭。定陶，山東今縣。壽丘在魯東門北，見第六章第二節。負夏，鄭玄云：衛地。皆見《史記・五帝本紀集解》。《史記》謂舜殛鯀於羽山，以變東夷亦本《大戴記・五帝德》。《漢志》謂在東海祝其，今江蘇贛榆縣。雖不中，固當不遠。然則自舜以前，都邑固皆在東方也。《周書・度邑解》云「自洛汭延於伊汭，居易無固，其有夏之居」，蓋堯遭洪水，使禹治之，用力雖勤，而沈災實未能澹。自禹以後，我族乃漸次西遷。自伊、洛渡河，即為汾、澮之域。唐、虞、夏支庶，蓋有分徙於是者。《周書・史記》解有唐氏、有虞氏、西夏則其國。《史記・晉世家》，謂唐叔封於河、汾之東。《集解》引《世本》，謂叔虞居鄂即大夏，《括地誌》：鄂在慈州昌寧縣。唐昌寧，今山西鄉寧縣。蓋即《周書》所謂西夏，見滅於唐氏者。故其地既稱唐，又稱夏。《管子》所謂西虞，則《周書》之有虞氏也。虞夏皆別稱西，明其國故在東。然則謂禹治水遍及江、河兩域者，固非，即謂僅在蒲、解之間者，亦尚非其實矣。

　　〈禹貢〉云：「禹敷土」；《詩・商頌・長髮》亦云：「禹敷下土方」；此即《山海經》所謂術器復土壤；復即《詩》「陶復陶穴」之復也。鯀竊帝之息壤，以湮洪水者。見第二節。《淮南・地形訓》，謂禹以息土填洪水，以為名山。〈時則訓〉亦謂禹以息壤湮洪水之州。莊逵吉曰：「《御覽》引此，

下有注曰：禹以息土填洪水，以為中國九州。州，水中可居者。」此語非後人所能造，必沿之自古。然則古人視禹之治水，亦與術器、鯀等耳。治水誠賤湮防，貴疏洩，然此乃後世事。於古則湮防本最易知之法；亦且疆域狹小，無從知水之源流；安有「疏九河，瀹濟、漯而注之海，決汝、漢，排淮、泗而注之江」等見解。其所習知者，溝洫疏治之法耳。即〈皋陶謨〉所謂「濬畎澮距川」者也。其或決溢，非防則湮。湮則〈禹貢〉所謂敷土，《國語》所謂「湮卑崇藪」也。防則《史記》所謂「鯀作九仞之城以障水」也。〈五帝本紀〉。後世疆域漸廣，治水之法亦漸精，乃以其所善者附諸禹，所惡者附諸鯀與共工。其實《書》稱禹之功曰：「暨益奏庶鮮食」，「暨稷播奏庶鮮食，艱食」，〈皋陶謨〉。今本《益稷》。亦正猶《禮記》〈祭法〉。《國語》，〈魯語〉。以句龍、后土並稱耳。〈禹貢〉九州，蓋後人就所知地理，為之敷衍。鑿龍門，闢伊闕等說，則西遷後所見奇蹟，以天工為人事，附之於禹也。禹治水之功，非後人侈陳失實，則沈災久而自澹。抑東方本文化之區，而逮乎商、周之間，轉落西方之後，水患未除，農功不進，似為其大原因。然則謂水災實未嘗除，特因西遷之後，紀載闕如，後人遂興微禹其魚之嘆，似尤近於實矣。

▶ 第四節　堯舜禪讓 [051]

世所傳堯、舜禪讓之說，出於儒家。儒家此義，蓋孔門《書》說，而孟子、史公同祖之。今之《尚書》，既非漢初經師所傳，亦非後來之古文字，實東晉之偽古文字也。今文所有諸篇雖真，其字句，則亦未必儘可信矣。《史記・五帝本紀》、〈夏本紀〉，多襲《尚書》，而字句時有異同。句之異同，由古人經文與經說不分。見第二章。字之異同，大率《尚書》古而《史記》則為漢時通用之語。論者多謂史公以今易古，以求易曉，其

實直錄古書，不加刪改，乃古人行文通例。[052] 今古之異，不徒訓詁，亦在語法。史公果求易曉，何不併《書》語而改之，而唯易其字也？然則今《尚書》與《史記》之異正未必《尚書》是而《史記》非矣。故今於儒家所傳堯、舜禪讓之事，即引《史記》之文如下。

　　〈五帝本紀〉曰：「堯曰：嗟四嶽，朕在位七十載，汝能庸命，踐朕位，嶽應曰：鄙德，忝帝位。堯曰：悉舉貴戚及疏遠隱匿者。眾皆言於堯曰：有矜在民間曰虞舜。堯曰：然，朕聞之。其何如？嶽曰：盲者子。父頑，母嚚，弟傲。能和以孝，烝烝治，不至奸。堯曰：吾其試哉。於是堯妻之二女，觀其德於二女。舜飭下二女於媯汭，如婦禮。堯善之。乃使舜慎和五典，五典能從。乃遍入百官，百官時序。賓於四門，四門穆穆，諸侯遠方賓客皆敬。堯使舜入山林川澤，暴風雷雨，舜行不迷。堯以為聖。召舜曰：女謀事至而言可績，三年矣，女登帝位。舜讓：於德不懌。正月上日，舜受終於文祖。文祖者，堯大祖也。於是帝堯老，命舜攝行天子之政，以觀天命。」又曰：「堯立七十年得舜，二十年而老，令舜攝行天子之政，薦之於天。堯闢位凡二十八年而崩。堯知子丹朱之不肖，不足授天下，於是乃權授舜。授舜則天下得其利而丹朱病，授丹朱則天下病而丹朱得其利。堯曰：終不以天下之病而利一人，而卒授舜以天下。堯崩，三年之喪畢。舜讓，闢丹朱於南河之南，諸侯朝覲者，不之丹朱而之舜；獄訟者，不之丹朱而之舜；謳歌者，不謳歌丹朱而謳歌舜。舜曰：「天也。夫而後之中國，踐天子位焉。」又曰：「舜子商均亦不肖。舜乃豫薦禹於天。十七年而崩。三年喪畢，禹乃亦讓舜子，如舜讓堯子，諸侯歸之，然後禹踐天子之位。堯子丹朱，舜子商均，皆有疆土，以奉先祀。服其服，禮樂如之。以客見天子，天子弗臣。示不敢專也。」〈夏本紀〉曰：「帝禹立，而舉皋陶，薦之，且授政焉。而皋陶卒。封皋陶之後於英、六。《集解》：「徐廣曰：

《史記》皆作英字，而以英布是此苗裔。」《索隱》：「《地理志》：六安國六縣，咎繇後偃姓所封國。英地闕，不知所在。」《正義》：「英蓋蓼也。《括地誌》云：光州固始縣，本春秋時蓼國，偃姓，皋陶之後也。《太康地誌》云：蓼國先在南陽故縣，今豫州郾縣界故胡城是。後徙於此。」六，今安徽六安縣。固始，今河南固始縣。郾，今河南郾城縣。或在許，今河南許昌縣。而後舉益，任之政。十年，帝禹東巡狩，至於會稽而崩。以天下授益。三年之喪畢，益讓帝禹之子啟，而闢居箕山之陽。《集解》：「《孟子》陽字作陰。」《正義》：「按陰即陽城也。《括地誌》云：陽城縣，在箕山北十三里。」案唐陽城縣，在今河南登封縣東南。禹子啟賢，天下屬意焉。及崩，雖授益，益之佐禹日淺，天下未洽，故諸侯皆去益而朝啟，曰：吾君帝禹之子也。於是啟遂即天子之位。」此儒家所傳堯、舜、禹禪繼之大略也。

禪讓之事，自昔即有疑之者。《三國·魏志·文帝紀注》引《魏氏春秋》曰：「帝升壇禮畢，顧謂群臣曰：舜、禹之事，吾知之矣。」《史記·五帝本紀正義》曰：「《括地誌》云：故堯城，在濮州-城縣東北十五里。-城，在今山東濮縣東。《竹書》云：昔堯德衰，為舜所囚也。又有偃朱故城，在縣西北十五里。《竹書》云：舜囚堯，復偃塞丹朱，使不與父想見也。」[053]《晉書·束皙傳》曰：「太康二年（西元 281 年），汲郡人不准，盜發魏襄王墓。或言安釐王塚。得竹書數十車。其《紀年》十二篇，紀夏以來，至周幽王為犬戎所滅，以事接之。三家分，仍述魏事。至安釐王之二十年（西元前 257 年）。蓋魏國之史書。大略與《春秋》皆多相應。其中經傳大異，則云：夏年多殷，益干啟位，啟殺之。大甲殺伊尹，文丁殺季歷。自周受命至穆王百年，非穆王壽百歲也。幽王既亡，有共伯和者，攝行天子事，非二相共和也。」杜預〈春秋經傳集解後序〉謂：「《紀年》稱仲

---

[053] 史事：囚堯偃朱之說。

王崩，伊尹放大甲於桐，乃自立。七年，大甲潛出自桐，殺伊尹。立其子
伊陟、伊奮，命復其父之田宅而中分之。」汲塚得書，當實有其事，然其
書實無傳於後。《晉書》所云，乃誤據後人偽造之語，《杜序》則為偽物。
蓋魏、晉之際，篡竊頻仍；又其時之人，疾兩漢儒者之拘虛，好為非堯、
舜，薄湯、武之論。造此等說者，其見解蓋正與魏文帝同，適有汲塚得書
之事，遂附託之以見意也。唐劉知幾據之，《史通·疑古篇》引汲塚書云：
舜放堯於平陽，益為啟所誅，大甲殺伊尹，文丁殺季歷。又引《汲塚瑣
語》云：舜放堯於平陽。案《瑣語》，《束皙傳》云「諸國卜夢妖怪相書也」，
安得有舜放堯事？唐人所謂汲塚書者，其不足信，概可見矣。又刺取古書
中言堯、舜、禹、湯、文、武、周公事可疑者，以作〈疑古〉之篇。其說
誠為卓絕。然《竹書》非可信之書；而知幾所疑，亦有未盡。予昔嘗作〈廣
疑古〉之篇自謂足以羽翼古人，由今思之，其說亦殊未允也。今先述舊
說，更以今所見者，辯之如下。

　　其（一）《書·皋陶謨》今本《益稷》。曰：「無若丹朱傲，唯慢遊是好，
傲虐是作，罔晝夜頟頟。罔水行舟。朋淫於家，用殄厥世。」《釋文》曰：
「傲字又作奡。」《說文·夰部》奡下引《虞書》曰：「若丹朱奡。」又引《論
語》「奡盪舟。」俞正燮《癸巳類稿·奡證》，謂《莊子·盜蹠篇》曰：「堯
殺長子。」《韓非子·說疑篇》曰：「記云：堯誅丹朱。」《書》稱「胤子朱」，
史稱「嗣子丹朱」，案謂〈堯典〉及《史記·五帝本紀》。則堯未誅丹朱。
然《呂氏春秋·去私篇》云：「堯有子十人」；〈求人篇〉云：「妻以二女，臣
以十子」；而《孟子》止言九男；〈萬章上〉：「帝使其子九男事之，二女女
焉。」《淮南·泰族訓》亦云：「堯屬舜以九子」；《書》云「殄厥世」；是堯
十子必失其一，而又必非丹朱。《管子·宙合篇》云：「若覺臥，若晦明，
若敖之在堯也。」即若丹朱敖之敖，與朱各為一人。罔水行舟，則《論語》
云「奡盪舟。」朋淫於家，則《漢書·鄒陽傳》曰：「不合則骨肉為仇敵，

朱、象、管、蔡是已。」乃朱與羿以傲虐朋淫相惡。殄厥世，則《論語》云「不得其死也」。予昔據此，疑羿實為舜所殺，然罔水行舟非盪舟，朋淫非骨肉為仇敵，殄厥世亦非不得其死。敖乃嶅之借。《說文·山部》：嶅，山多小石也。《爾雅》釋山作磝。堯，高也。敖在堯，猶言小石在高山。以之牽合人名，更無當矣。《韓子》之文曰：「堯有丹朱，舜有商均，啟有五觀，商《楚語》作湯。有大甲，武王《楚語》作文王。有管、蔡，此五王之所誅者，皆父子兄弟之親也。」《楚語》曰：「此五王者，皆元德也，而有奸子。」鄒陽之說本之，而易商均為象。朱、均與象，古書皆未傳其有爭奪相殺之事，如五觀、管、蔡者；大甲更終陟帝位；然則謂五王誅父子兄弟之親，所謂誅者，亦責問之意而已。以此疑堯之子為舜所殺，則見卵而求時夜矣。

其（二）《史記·伯夷列傳》曰：「夫學者載籍極博，猶考信於六藝。《詩》、《書》雖缺，然虞、夏之文可知也。堯將遜位，讓於虞舜；舜、禹之間，嶽牧咸薦；乃試之於位，典職數十年，功用既興，然後授政。示天下重器，王者大統，傳天下若斯之難也。而說者曰：堯讓天下於許由，許由不受，恥之逃隱；及夏之時，有卞隨、務光者，此何以稱焉？太史公曰：余登箕山，其上蓋有許由塚云。孔子序列古之仁聖賢人，如吳大 [054] 伯、伯夷之倫，詳矣。余以所聞，由、光義至高，其文辭不少概見，何哉？」宋翔鳳《尚書略說》曰：「《周禮疏序》引鄭《尚書注》云：四嶽，四時之官，主四嶽之事。始羲、和之時，主四嶽者，謂之四伯。至其死，分嶽事置八伯，皆王官，其八伯，唯驩兜、共工、放齊、鯀四人而已。其餘四人，無文可知矣。」案上文羲、和四子，分掌四時，即是四嶽，故云四時之官也。云八伯者？《尚書大傳》稱陽伯、儀伯、夏伯、羲伯、秋伯、和伯、冬伯，其一闕焉。《鄭注》以陽伯，伯夷掌之，夏伯，棄掌之，秋伯，咎

---

[054] 同「太」，呂著中作大。

絲掌之，冬伯，垂掌之，餘則義、和、仲、叔之後，〈堯典〉注言驩兜四人者？鄭以《大傳》所言，在舜即真之年，此在堯時，當別自有人，而經無所見，故舉四人例之。案唐、虞四嶽有三：其始義、和四子，為四伯。其後共、驩等為八伯。其後伯夷諸人為之。《白虎通·王者不臣篇》：先王老臣不名。親與先王戮力共治國，同功於天下，故尊而不名也。《尚書》曰：諮爾伯，不言名也。案班氏說《尚書》，知伯夷逮事堯，故在八伯之首而稱大嶽。《左氏》隱十一年，夫許，大嶽之胤也。申、呂、齊、許同祖，故呂侯訓刑，稱伯夷、禹、稷為三後。知大嶽定是伯夷也。《墨子·所染篇》、《呂氏春秋·當染篇》並云舜染於許由、伯陽，由與夷，夷與陽，並聲之轉。《大傳》之陽伯，《墨》、《呂》之許由、伯陽，與《書》之伯夷，正是一人。伯夷封許，故曰許由。《史記》堯讓天下於許由，元注本《莊子》。正傳會諮四嶽遜朕位之語，百家之言，自有所出。《周語》，太子晉稱共之從孫四嶽佐禹。又云：「胙四嶽國，命曰侯伯，賜姓曰姜，氏曰有呂。《史記·齊大[055]公世家》云：呂尚，其先祖嘗為四嶽，佐禹平水土。虞、夏之際，封於呂，姓姜氏，此云四嶽，皆指伯夷。蓋伯夷稱大嶽，遂號為四嶽，其實四嶽非指伯夷一人也。」案《書·堯典》言舜攝政：「流共工於幽州，放驩兜於崇山，竄三苗於三危，殛鯀於羽山，四罪而天下咸服。」如宋氏說，則四嶽之三，即在四罪之中。且共工、三苗皆姜姓，既見流竄，而許由亦卒不得在位，則四凶之流放，又甚似姬、姜之爭矣。此亦余昔所據以疑堯、舜禪讓之事者也，然鄭以驩兜等四人為四嶽，實臆說無確據；而四罪中有鯀，亦黃帝子孫也。又安能指為姬、姜之爭乎？

　　其（三）《史記》言舜崩於蒼梧之野，葬於江南九疑，各書皆同，唯《孟子》謂舜卒於鳴條。予謂孟子史公同用《書》說，《史記》此語，必遭後人竄改，此說是也。然昔時以鳴條近南巢，南巢即今安徽巢縣。霍山實古

---

[055]　大：同「太」，呂著中著中作「大」。

南嶽，後人移之衡山，乃並舜之葬地而移之零陵。湯居亳在陝西商縣，其放桀於南巢；周起豐鎬，王業之成，由成王之定淮徐；秦之並天下，楚亦遷於壽春，以為自秦以前，有天下者，皆自西北向東南，如出一轍也。今知中國民族，實起東南，而鳴條亦在古兗域，則昔之所疑，全無根據矣。《禮記·檀弓》：「舜葬於蒼梧之野」；《淮南·修務》：「舜南征三苗，道死蒼梧」；均未言蒼梧所在。即《史記》亦未言蒼梧、九疑究在何地。《續漢書·郡國志》，乃謂九疑在營道。其地為今湖南寧遠縣。舜之葬處，乃移至湘邊。案《山海經·海內東經》云：「湘水出舜葬東南陬，西環之，入洞庭下。」則所謂湘水者，不過環繞舜陵，絕非如今日之源流千里。〈海內經〉云：「南方蒼梧之丘，蒼梧之淵，其中有九嶷山，舜之所葬。」山在淵中，亦洲渚之類耳，絕非今之九疑也。《史記·秦始皇本紀》二十八年，浮江至湘山祠。逢大風，幾不得渡。上問博士曰：湘君何神？對曰：堯女，舜之妻，而葬此。此為今洞庭中山無疑。〈檀弓〉言舜葬蒼梧，三妃不從，三妃蓋二妃之誤。曰不從，正以其死在一地。若舜死營道，二女死今洞庭中，則相去千里，古本無輦柩從葬之法也。然則蒼梧、九疑，秦、漢間說，猶不謂在今洞庭中也。錢穆有《戰國時洞庭在江北辯》，謂《史記·蘇秦傳》，言秦之攻楚曰：漢中之甲，乘船下巴，乘夏水而下漢，四日而至五渚。《戰國·秦策》，張儀說秦王，言秦破荊襲郢，取洞庭、五都。《史記集解》引其辭，五都亦作五渚。《索隱》引劉伯莊，謂五渚在宛、鄧之間，臨漢水，則洞庭在江北明矣。此說甚辨。然則傳說之初，並在北方而不在今之洞庭也。然鳴條果在兗域，則荊、豫間之傳說，猶為後起矣。

　　其（四）《史記·秦本紀》曰：「秦之先，帝顓頊之苗裔，孫曰女脩。孫上疑有奪字。女脩織，玄鳥隕卵，女脩吞之，生子大業。大業娶少典之子，曰女華。女華生大費。與禹平水土，佐舜調馴鳥獸，鳥獸多馴服，是為柏翳。」《正義》曰：「《列女傳》云：陶子生五歲而佐禹。曹大家《注》云：

陶子者，皋陶之子伯益也。按此即知大業是皋陶。」《索隱》曰：「尋檢《史記》上下諸文，伯翳與伯益是一人不疑，而〈陳杞世家〉，即敘伯翳與伯益為二，未知太史公疑而未決耶？抑亦繆誤耳？」案〈陳杞世家〉敘唐虞之際有功德之臣十一人：曰舜，曰禹，曰契，曰后稷，曰皋陶，曰伯夷，曰伯翳，曰垂、益、夔、龍。〈五帝本紀〉則曰：禹、皋陶、契、后稷、伯夷、夔、龍、垂、益、彭祖，自堯時而皆舉用，未有分職；次記命十二牧，次載命禹、棄、契、皋陶、垂、益、伯夷、夔、龍之辭；而終之曰：「嗟女二十有二人」；明二十二人，即指禹、皋陶、契、后稷、伯夷、夔、龍、垂、益、彭祖及十二牧。翳益即為一人；〈陳杞世家〉，伯翳與益衍其一；而〈五帝本紀〉又佚命彭祖之辭；遂令後人滋疑耳。予昔據此，謂皋陶卒而禹舉益，既行禪讓，何以所禪者反父子相繼？然此實更不足疑也。

其（五）《淮南子‧齊俗訓》云：「有扈氏為義而亡。」高《注》曰：「有扈，夏啟之庶兄也，以堯、舜舉賢，禹獨與子，故伐啟。啟亡之。」予昔據此，謂啟之繼世，亦有兵爭。然《周書‧史記篇》曰：「弱小在強大之間，存亡將由之，則無天命矣。不知命者死，有夏之方興也，扈氏弱而不恭，身死國亡。」則有扈為義，乃徐偃、宋襄之流，與禪繼之爭無涉，《高注》實臆說也。

先秦諸子之文，言堯、舜禪讓，有類於後世爭奪相殺之事者甚多。然皆為寓言。如《韓非子‧說疑篇》曰：「舜逼堯，禹逼舜，湯放桀，武王伐紂，此四王者，人臣之弒其君者也。」〈忠孝篇〉曰：「堯為人君而君其臣，舜為人臣而臣其君，湯、武人臣而弒其主，刑其屍。」又曰：「瞽瞍為舜父而舜放之，象為舜弟而舜殺之。放父殺弟，不可為仁。妻帝二女，而取天下，不可為義。仁義無有，不可謂明。」其視堯、舜、禹、湯、文、武，直卓、懿之不若。然〈五蠹篇〉曰：「堯之王天下也，茅茨不翦採椽不斲，糲粱之食，藜藿之羹，冬日麑裘，夏日葛衣，雖監門之服養，不虧於

此矣。禹之王天下也，身執耒臿，以為民先，股無胈，脛不生毛，雖臣虜之勞，不苦於此矣。以是言之，夫古之讓天子者，是去監門之養，而離臣虜之勞也。故古傳天下而不足多也。」則立說迥異矣，何也？一以著奸劫弒臣之戒，一以明爭讓原於羨不足之情，皆藉以明義，非說史實也。儒家言堯、舜、禹之事者，莫備於《孟子・萬章上》。此篇又辯伊尹、百里奚、孔子之事，亦皆可作如是觀。夫以後世事擬古事者，必不如以古事擬古事之切。後世但有董卓、司馬懿之倫，而謂古獨有天下為公之堯、舜，誠覺其不近於情。然秦、漢後之事勢，與古迥殊，謂據卓、懿之所為，可以測堯、舜、禹、湯、文、武，則亦繆矣。古讓國者固多，如伯夷、叔齊、《史記・伯夷列傳》。吳太伯、《史記・吳太伯世家》。魯隱公、《春秋》隱西元年、十一年。宋宣公、隱公三年。曹公子喜時、成公十六年。吳季札、襄公二十九年。邾婁叔術、昭公三十一年。楚公子啟哀公八年。之倫皆是。固非若迂儒之所云，亦非如造《竹書》者之所測也。《論衡》聖人重疑之言，〈奇怪篇〉。《史通》輕事重言之論，〈疑古篇〉。可謂最得其實矣。

〈五帝本紀〉云：「虞舜者，名曰重華。重華父曰瞽叟，瞽叟父曰橋牛，橋牛父曰句望，句望父曰敬康，敬康父曰窮蟬，窮蟬父曰帝顓頊，顓頊父曰昌意。以至舜七世矣。[056]自從窮蟬以至帝舜皆微為庶人。」《左氏》昭公九年。史趙云：「自幕至於瞽瞍，無違命舜重之以明德。寘德於遂。遂世守之，及胡公不淫。故周賜之姓，使祀虞帝。」《國語・魯語》云：「幕能帥顓頊者也，有虞氏報焉。杼能帥禹者也，夏后氏報焉。上甲微能帥契者也，商人報焉。高圉、大王能帥稷者也，周人報焉。」《鄭語》云：「夫能成天地之大功者，其子孫未嘗不章，虞、夏、商、周是也。虞幕能聽協風，以成樂物生者也；夏禹能單平水土，以品處庶類者也；商契能和合五教，以保於百姓者也；周棄能播殖百穀，以衣食民人者也；其後皆為王公

---

[056]　事：舜之先世。

侯伯。」言舜之先，名號不同，貴賤亦異。《三國‧蜀志‧秦宓傳》，謂「宓見〈帝系〉之文，五帝皆同一族，宓辨其不然之本」。說雖不可得聞，竊疑即本於此。傳言譙允南少時，數往諮訪，紀錄其言於《春秋然否論》。譙氏尊信古文，竊疑宓亦當信《左》、《國》也。《左氏》、《國語》之文，幕必舜之先世，而賈逵、韋昭咸以幕為虞思，蓋亦取與〈帝系〉相調和，賈說見《史記‧陳杞世家集解》。《集解》又引鄭眾說，則以幕為舜之先。然古人名號不同者甚多，古事傳者亦互異，古君民相去無幾，耕稼陶漁之事，本未必不可躬親。況舜又失愛於父，又安保其不舊勞於外，爰暨小人乎？此實與微為庶人不同，然自後世言之，則以為微為庶人，且並窮蟬以下，亦皆曰微為庶人矣。〈夏本紀〉云：「禹之曾大父昌意及父鯀，皆不得在帝位，為人臣。」為人臣與微為庶人不同，然古之傳者，未必知致謹於是。自窮蟬至帝舜，或皆為人臣，而後乃誤為庶人，亦事所可有者也。要之古事傳者，多非其真；古人措辭．又不甚審諦；觀其大體則可，斤斤較計於片言隻字之間，必無當也。似不必曲為調停，更不應以此而疑〈帝系〉之不實也。《世本》舜姓姚。《左氏疏》引。《左氏》哀西元年，述夏少康事，亦云虞思妻之以二姚，而《史記‧陳杞世家》言舜居媯汭，其後因姓媯氏。《左氏杜注》，謂武王乃賜胡公姓曰媯。《疏》因詆馬遷為妄。然古人多從母姓。黃帝二十五子，得姓者十有四人，《史記‧五帝本紀》。即其一證。又安知舜後無姚、媯二姓乎？舜、禹同事堯，而〈夏本紀〉曰：「禹之父曰鯀，鯀之父曰帝顓頊。」一為顓頊孫，一為顓頊七世孫，相去未免大遠。《三代世表索隱》引《世本》、皇甫謐，並與《本紀》同。《墨子‧尚賢中》云「昔者伯鯀，帝之元子」，似亦以為顓頊子。《漢書‧律曆志》、《淮南‧原道訓高注》則以鯀為顓頊五世孫。《離騷》王逸《注》引〈帝系〉曰：「顓頊五世而生鯀。」則〈帝系〉本有異同也。遂，《春秋》莊公十三年（西元前 681 年），為齊所滅。《杜注》云：「遂國在濟北蛇丘縣東北。」蛇丘，

在今山東肥城縣南。此亦舜居東方之一證。《左氏》昭公三年，晏子曰：「箕伯、直柄、虞遂、伯戲，其相胡公、大姬，已在齊矣。」此以四人並舉，並未言其世次，亦未及其受封之事。昭公九年，《杜注》云「遂、舜後，蓋殷之興，存舜之後而封遂」，已近臆度。《陳杞世家索隱》引宋忠云「虞思之後箕伯、直柄中衰，殷湯封遂於陳以為舜後」，則彌為穿鑿矣。遂封於陳，何時更徙蛇丘邪？

▶ 第五節　堯舜禹與三苗之爭

堯、舜、禹雖以禪讓聞，然其時各族之間，相爭頗烈。《史記‧五帝本紀》述舜攝政後事曰：「歲二月東巡守，至於岱宗。五月南巡守。八月西巡守。十一月北巡守。歸至於祖禰廟，用特牛禮。」又曰：「讙兜進言共工。堯曰：不可。而試之工師。共工果淫闢。四嶽舉鯀治鴻水，堯以為不可。嶽強請試之，試之而無功，故百姓不便。三苗在江、淮、荊州，數為亂。於是舜歸而言於帝。請流共工於幽陵，以變北狄；放讙兜於崇山，以變南蠻；遷三苗於三危，以變西戎；殛鯀於羽山，以變東夷。四罪而天下咸服。」云歸言於帝，乃承上文巡守言之。可知四族為當時強國。共工與鯀，均已見前。讙兜古書言者較少，似其勢較弱。其為堯、舜、禹之勁敵者，則三苗也。

三苗之事，見於《書》之〈呂刑〉。〈呂刑〉曰：「王曰：若古有訓：蚩尤唯始作亂，延及於平民，罔不寇賊鴟義奸宄，奪攘矯虔。苗民弗用靈，制以刑，唯作五虐之刑曰法。殺戮無辜。爰始淫為劓、刵、椓、黥。越茲麗刑並制，罔差有辭。民興胥漸，泯泯棼棼，罔中於信，以覆詛盟。虐威庶戮，方告無辜於上。上帝監民，罔有馨香德，刑發聞唯腥。皇帝哀矜庶戮之不辜，報虐以威，遏絕苗民，無世在下。乃命重、黎，絕地天通，罔有降格。群後之逮在下。明明棐常，鰥寡無蓋。皇帝清問下民，鰥寡有辭

於苗。德威唯畏，德明唯明。乃命三后，恤功於民。伯夷降典，折民唯刑。禹平水土，主名山川。稷降播種，農殖嘉穀。三后成功，唯殷於民。士制百姓於刑之中，以教祗德。穆穆在上，明明在下。灼於四方，罔不唯德之勤。故乃明於刑之中，率乂於民棐彝。」案《國語‧楚語》：「昭王問於觀射父曰：《周書》所謂重、黎實使天地不通者，何也？若無然，民將能登天乎？對曰：非此之謂也。古者民神不雜，及少皞之衰也，九黎亂德，民神雜糅。顓頊受之，乃命南正重司天以屬神，命火正黎司地以屬民。使復舊常，無相侵瀆。是謂絕地天通。其後三苗復九黎之德，堯覆育重、黎之後不忘舊者，使復典之。以至於夏、商。故重黎氏世敘天地，而別其分主者也。其在周，程伯休父其後也。當宣王之時，失其官守，而為司馬氏。寵神其祖，以取威於民，曰：重實上天，黎實下地；遭世之亂，而莫之能御也。不然，夫天地成而不變，何比之有？」此言實與《尚書》合。然則鄭玄謂「自皇帝哀矜庶戮之不辜，至罔有降格，皆說顓頊之事；皇帝清問以下，乃說堯事」；見《疏》。其說是也。《禮記‧緇衣疏》引《甫刑鄭注》曰：「苗民，謂九黎之君也。九黎之君，於少昊氏衰，而棄善道，上效蚩尤重刑，必變九黎言苗民者？有苗九黎之後。顓頊代少昊，誅九黎，分流其子孫，為居於西裔者三苗者疑當作之，或為字當在者字下。至高辛之衰，又復九黎之惡，堯興，又誅之。堯末，又在朝。舜時，又竄之。後王深惡此族三生凶惡，故著其氏而謂之民，民者，冥也，言未見仁道。」亦隳栝《尚書》、《國語》為說。可見此族與顓頊、堯、舜，相爭之烈也：

　　《山海經‧大荒西經》曰：「大荒之中，有山名曰日月，山天樞也。吳姖天門，日所出入。有神，人面無臂，兩足反屬於頭。山名曰噓。顓頊生老童，老童生重及黎。帝令重獻上天，令黎卭下地。下地是生噎。處於西極，以行日月星辰之行次。」「令重獻上天，令黎卭下地」，即《楚語》所謂「重寔上天，黎寔下地」者，可見此語實自古相傳，非司馬氏之自神其

祖也。《經》又云：「有人，名曰吳回，奇左，是無右臂。」又云：「大荒
之山，日月所入。有人焉，三面，是顓頊之子，三面一臂。」案《史記‧
楚世家》，「謂顓頊生稱，稱生卷章，卷章生重黎，重黎為帝嚳高辛火正，
帝嚳命曰祝融。共工氏作亂，帝嚳使重黎誅之而不盡。帝乃以庚寅日誅重
黎而以其弟吳回為重黎後，復居火正為祝融。」卷章疑老童形訛。《史記》
之世系，實多稱一世。「下地是生噎」句當有訛。〈海內經〉炎帝之後有祝
融，祝融生共工，共工生后土，后土生噎鳴。見第七章第二節。噎鳴似即
噎。炎帝者，祝融之異名，非神農。〈大荒北經〉又謂顓頊生苗民，苗民
黎姓，則三苗九黎，實顓頊之後矣。蓋古代或從母姓，昌意取蜀山氏女而
生顓頊，蜀山即涿鹿之山，實蚩尤氏故國，蚩尤姜姓，故顓頊之後，亦為
姜姓也。

　　三苗之國，世皆以為在南方。以《國策》、《史記》，並謂其在洞庭、
彭蠡之間也。近人錢穆，撰《古三苗疆域考》，曰：〈魏策〉云：三苗之居，
左有彭蠡之波，右有洞庭之水，汶山在其南，衡山在其北。以殷紂之國，
左孟門，右漳、釜例之，左當在西，右當在東。《史記》作左洞庭，右彭
蠡，無汶山、衡山之文；《韓詩外傳》則作衡山在南，岐山在北；顯有改
易之跡。〈禹貢〉：岷山之陽，至於衡山。衡山者，《漢志》南陽郡雉縣有
衡山，雉縣，在今河南南召縣南。《水經》謂之雉衡山，在〈禹貢〉荊州之
北，故曰荊及衡附唯荊州。《吳越春秋‧吳大伯傳》：大伯、仲雍，託採
藥於衡山，遂之荊蠻，亦即此。汶山者，《齊語》：桓公伐楚，濟汝，逾
方城，望汶山。《管子‧小匡》、〈霸形〉同。《淮南子‧地形訓》：汝水出
猛山。猛或即汶之聲轉。錢氏謂《楚辭‧天問》，「桀伐蒙山」之蒙山，亦
即此。然則洞庭、彭蠡，殆非今之洞庭、鄱陽。彭蠡為水湍回之稱，《呂
覽‧愛類》，謂禹為彭蠡之障，干東土是也。《淮南子‧人間訓》云：修彭
蠡之防。洞則通達之稱。《山海經‧海內東經》云：湘水出舜葬東南陬，

西環之，入洞庭下。《注》云：洞庭，地穴也。在長沙巴陵。今吳縣南大湖中有包山，下有洞庭。穴道潛行水底，云無所不通。號為地脈。《水經・沔水注》云：大湖有苞山。《春秋》謂之夫椒山。有洞室，入地潛行，北通琅邪東武縣。今山東諸城縣。俗謂之洞庭。旁有青山，一名夏架山。山有洞穴，潛通洞庭。《爾雅》、《說文》皆云：榮，桐木。《說文》又云：桐，榮也。東冬與庚青通轉，桐即洞，榮即滎。〈禹貢〉：濟入於河，溢為滎，潛行復出，與洞庭地穴意類。蓋古大河兩岸，水泉伏湧，隨地成澤，皆稱洞庭。故《淮南》謂堯使羿射修蛇於洞庭，〈本經訓〉。《莊子》亦謂黃帝張咸池之樂於洞庭之野也。〈天運〉。《書・牧誓》有髳，《春秋》河東有茅戎，蓋三苗之族。予案錢說甚辯。然《史記》先言三苗在江、淮、荊州，繼言遷三苗於三危，以變西戎，則其族似初在南，後乃徙於西。三苗姜姓，姜為炎帝之族，其初固當在東南。後來姜姓之族，多在西方，錢穆《西周地理考》云：太史公曰：余登箕山，其上蓋有許由塚。箕山，《方輿紀要》在平陸縣東北，《左氏》僖公三十三年，狄伐晉，及箕。成公十三年呂相絕秦圍我箕郜是其地。其後許封河南，箕山之名，乃南遷潁陽。《水經・陰溝水注》引《世本》：許、州、向、申，姜姓也。炎帝後。《左氏》隱公十一年，王與鄭人蘇忿生之田，有向、州，《杜注》屬河內。《莊子・讓王》：堯以天下讓許由，又讓子州支父，即此州。〈逍遙遊〉：堯見四子藐姑射之山，汾水之陽，四子亦指四嶽。霍大山，亦曰大嶽。〈崧高〉之詩曰：唯嶽降神，生甫及申。甫即呂，其後呂尚封於東方，泰山因之亦得嶽稱。而晉仍有呂甥，其後有呂相。蓋亦因洪水而西遷，未必盡舜、禹之所竄逐也。

　　三危之名，見於〈禹貢〉。〈禹貢〉雍州曰：「三危既宅，三苗丕敘。」道川曰：「道黑水，至於三危，入於南海。」雍州之界，為黑水、西河；梁州之界，為華陽、黑水。說黑水者，自當以《山海經》為最古，然不易求

其所在。[057]《南山經》曰：「雞山，黑水出焉。而南流注於海。」《史記·夏本紀集解》：鄭玄引《地說》云：「三危山，黑水出其南。」又云：「鄭玄曰：《地理志》，益州滇池有黑水祠，而不記此山水所在。〈禹貢疏〉云：「鄭云：今中國無也。」《地記》云：三危山，在鳥鼠之西南。」《左氏》昭公九年，允姓之奸，居於瓜州。《杜注》云：「允姓，陰戎之祖，與三苗俱放三危者。瓜州，今敦煌。」今甘肅敦煌縣。此兩說，後人多祖述之。《水經》：「江水東過江陽縣，今四川瀘縣。洛水從三危山，東過廣魏洛縣南，今四川廣漢縣。東南注之。」《注》曰：「《山海經》曰：三危山在敦煌南，與岷山相接，南帶黑水。」《禹貢·山水澤地所在》云：「三危山，在敦煌縣南。《山海經》云：三危之山，三青鳥居之。是山也，廣圓百里，在鳥鼠山西。《尚書》所謂竄三苗於三危者也。」皆是也。然黑水所在，卒不可得。昔人或以金沙江當之，此江古稱瀘水，瀘即黑；又《漢志》所謂黑水祠，即在此江流域；其說自古。然無解於入於南海之文。又或以瀾滄江、怒江當之，以解入於南海則得矣，然此兩江，安能為雍州西界？若謂怒江蕃名哈喇烏蘇，哈喇譯言黑，則此為蒙古語，恐系明代蒙古人居青海後始有，不可以釋〈禹貢〉也。又有謂雍州黑水，梁州黑水，當分為二者，則無解於〈禹貢〉本文，絕無可分為二之跡。予昔亦主金沙江之說。釋入於南海之海，為夷蠻戎狄謂之四海之海，謂雍州西南界，抵今青海之江北岸，梁州西界，抵今西康之江東岸，三危則為江、河上源間之山，正在鳥鼠之西南，與岷山相接。揆之於理，似頗可通。然作〈禹貢〉者，所知必不能如是之遠，況欲以釋〈堯典〉邪？且《漢志》犍為南廣今四川珙縣西南。自有黑水，至僰道今四川宜賓縣西南。入江。滇池黑水祠，所祠恐即此水，未必為今金沙江，如是，則徒據瀘水之名以相附會，證佐亦未免大孤矣。《御覽》引《張掖記》云：「黑水出縣界雞山，亦名玄圃。昔有娀氏

---

[057] 理：黑水。

女簡狄，浴於玄邱之水，即黑水也。」移《南山經》之雞山於張掖，滅裂自不待言。然簡狄浴於玄邱，其說當有所本。《楚辭・天問》曰：「黑水玄趾，三危安在？」則黑水、三危，亦神話中地名。古言地理者，多雜以荒唐之辭，未易鑿求所在，讀《山經》、《呂覽》、《淮南》等書可知。作〈禹貢〉者，於西南地理，蓋亦初不審諦，即據此等不經之說，姑為編次耳。〈堯典〉之三危，自系實有其地，今既未易鑿求，則姑順遷於四裔之文，謂在堯、舜都邑之西可也。《後漢書・羌傳》云：「西羌之本，出自三苗。其國近南嶽。及舜流四凶，徙之三危，河關之西南羌地是也。」亦臆說無據。漢河關縣，在今甘肅導河縣西南。

《史記・五帝本紀》云：「昔高陽氏有才子八人，世得其利，謂之八愷。高辛氏有才子八人，世謂之八元。此十六族者，世濟其美，不隕其名。至於堯，堯未能舉。舜舉八愷，使主后土，以揆百事，莫不時序。舉八元，使布五教於四方；父義，母慈，兄友，弟恭，子孝，內平，外成。昔帝鴻氏有不才子，掩義隱賊，好行凶慝，天下謂之渾沌。少皞氏有不才子，毀信惡忠，崇飾惡言，天下謂之窮奇。顓頊氏有不才子，不可教訓，不知話言，天下謂之檮杌。此三族，世憂之，至於堯，堯未能去。縉雲氏有不才子，貪於飲食，冒於貨賄，天下謂之饕餮，天下惡之，比之三凶。舜賓於四門，乃流四凶族。遷於四裔，以御螭魅，於是四門闢，言無凶人也。」《左氏》文公十八年略同。《史記》上文云：「堯乃試舜五典，百官皆治。」下文云：「舜入於大麓，烈風雷雨不迷，堯乃知舜之足授天下。」蓋《書》「慎徽五典，五典克從；納於百揆，百揆時序；賓於四門，四門穆穆；納於大麓，烈風雷雨弗迷」之傳。《大戴記・四代》，謂舜取相十有六人，蓋亦據《書》說也。古者官人以族，八愷必禹之族，八元必契之族矣。四凶亦必即四罪。[058] 唯諸儒以渾沌當驩兜，窮奇當共工，檮杌當鯀，饕餮當三

---

[058]　事：八愷舜族，八元禹族，四凶即四罪。

苗，《書疏》引鄭玄，《釋文》引馬融、王肅，《史記集解》引賈逵服虔及《左氏》杜預《注》皆同。殊無確據。《淮南子·修務訓高注》以渾敦、窮奇、饕餮為三苗，則更必不然耳。

《偽古文尚書·大禹謨》曰：「帝曰：諮禹，唯時有苗弗率，汝徂征。禹乃會群後，誓於師曰：濟濟有眾，咸聽朕命。蠢茲有苗，昏迷不恭。侮慢自賢，反道敗德。君子在野，小人在位。民棄不保，天降之咎，肆予以爾眾土，奉辭伐罪。爾尚一乃心力，其克有勳。三旬，苗民逆命。益贊於禹曰：唯德動天，無遠弗屆。滿招損，謙受益，時乃天道。帝初於歷山，往於田，日號泣於旻天，於父母，負罪引慝。祇載見瞽瞍，夔夔齊慄。瞽瞍亦允若。至誠感神，矧茲有苗？禹拜昌言曰：俞。班師振旅，帝乃誕敷文德舞干羽於兩階。七旬，有苗格。」王鳴盛《尚書後案》曰：「禹奉舜命征三苗，作誓，又偃兵修政。舞干羽，三苗自服，古書所載甚多。就予所見：在《戰國策》卷二十二〈魏策〉一篇，又卷二十三〈魏策〉二篇，《墨子》卷四〈兼愛下篇〉，又卷五〈非攻下篇〉，《韓非子》卷十九〈五蠹篇〉，《荀子》卷十〈議兵篇〉，又卷十八〈成相篇〉，《賈子新書》卷四〈匈奴篇〉，《淮南子》卷十〈繆稱訓〉，又卷十一〈齊俗訓〉，又卷十三〈氾論訓〉，桓寬《鹽鐵論》卷九〈論功篇〉，劉向《說苑》卷一〈君道篇〉，《古文苑》卷十五揚雄〈博士箴〉。此事散見群書，晉人掇入《大禹謨》，以己意潤飾之。」案此事傳者之眾如此，可見當時爭競之烈也。

三苗之苗系國名，後世所謂苗族，則是蠻字之轉音，此本極易見之事。近世或混二者為一，因謂苗族先入中國，後為漢族所逐，此真不值一噱，然予昔者亦沿其誤。予說謂三苗系國名，九黎則民族之名，[059] 故《鄭注甫刑》，謂苗民為九黎之君；《淮南子高注》，亦別列一說云：「放三苗國民於三危。」〈修務訓〉。《郭注山海經》亦曰：「堯以天下讓舜，三苗之君

---

[059]　族：予誤以三苗為黎族，黎蓋即重黎之黎，族分為九，曰九黎。

非之。帝殺之，有苗之民，叛入南海，為三苗國。」〈海外南經〉。其實苗民二字，鄭解極確，高誘、郭璞，皆附會不通之說也。予又引《後漢書・南蠻傳》：建武十二年（西元36年），「九真徼外蠻里張遊，率其種人，慕化內屬，封為歸漢里君。」《注》曰：「里，蠻之別號，今呼為俚人。」謂里、俚皆即黎。其實九真與古三苗，相去數千里也。黎蓋即重黎之黎。《左氏》昭公二十九年：「顓頊氏有子曰犂，為祝融。」異文同語。其族蓋分九派，故曰九黎。〈堯典〉之「黎民於變時雍」亦即此。援秦人黔首之義以釋之，已非其實，況更牽合後世之黎族邪？

第八章　夏殷西周事蹟

▶ 第一節　夏后氏事蹟

夏后氏事蹟，略見《史記・夏本紀》。〈夏本紀〉曰：「夏後帝啟，禹之子。其母，塗山氏之女也。有扈氏不服，啟伐之。大戰於甘，遂滅有扈氏。天下咸朝。夏後帝啟崩，子帝大康立。帝大康失國，昆弟五人，須於洛汭，作〈五子之歌〉。大康崩，弟中康立，是為帝中康。帝中康時，羲、和湎淫，廢時亂日，胤往征之，作〈胤征〉。中康崩，子帝相立。帝相崩，子帝少康立。帝少康崩，子帝予立。《索隱》曰：「《系本》云：季佇作甲者也。《左傳》曰，杼滅豷於戈。《國語》云：杼能帥禹者也。」案見〈魯語〉。帝予崩，子帝槐立。《索隱》曰：「《系本》作帝芬。」帝槐崩，子帝芒立。帝芒崩，子帝洩立。帝洩崩，子帝不降立。《索隱》曰：「《系本》作帝降。」帝不降崩，弟帝扃立。帝扃崩，子帝廑立。帝廑崩，立帝不降之子孔甲，是為帝孔甲。帝孔甲立，好方鬼神事，淫亂。夏后氏德衰，諸侯畔之。孔甲崩，子帝皋立。帝皋崩，子帝發立。帝發崩，子帝履癸立。是為桀。《索隱》：「《系本》：帝皋生髮及桀。此以發生桀，皇甫謐同也。」帝桀之時，自孔甲以來，而諸侯多畔夏，桀不務德而武，傷百姓。百姓弗堪。乃召湯而囚之夏臺。已而釋之。湯修德，諸侯皆歸湯。湯遂率兵以伐夏桀。桀走鳴條。遂放而死。湯乃踐天子位，代夏朝天下。」《史記》此文，蓋據《尚書》及〈帝系〉，其中「帝大康失國，昆弟五人，須於洛汭，作〈五子之歌〉，帝中康時，羲、和湎淫，廢時亂日，胤往征之，作〈胤征〉」諸語，崔適《史記探原》，謂後人據《書序》竄入，其說是也。五觀、羿、浞之亂，《尚書》無文《繫世》但記人君生卒統緒，故《史

記》於此，亦不之及。《大戴禮記·少間篇》：「禹崩，十有七世，乃有末孫桀即位」；《國語·周語》：「孔甲亂夏，四世而隕」；世數皆與《史記》合。

　　有扈之事，[060] 已見第七章第四節引《周書》及《淮南子》。又《楚辭·天問》曰：「該秉季德，厥父是臧。胡終弊於有扈，牧夫牛羊？」王逸《注》曰：「該，苟也。秉，持也。父，謂契也。季，末也。臧，善也。言湯能苟持先人之末德，修其祖父之善業，故天祐之，以為民主也。有扈，澆國名也。澆滅夏後相，相之遺腹子少康，後為有仍牧正，典主牛羊，遂攻殺澆，滅有扈。」又曰：「有扈牧豎，云何而逢？擊床先出，其命何從？恆秉季德，焉得夫樸牛？」《注》曰：「言有扈氏本牧豎之人耳，因何逢遇，而得為諸侯乎？啟攻有扈之時，親於其床上擊而殺之，其先人失國之原，何所從出乎？恆，常也。季，末也。樸，大也。言湯常能秉持契之末德，修而弘之，天嘉其志，出田獵得大牛之瑞也。」其說恐非。該與恆當俱是人名。該為有扈所斃，為牧牛羊，其後曰恆，轉大，逢大也。得樸牛之瑞也。《史記·秦本紀》：襄公[061] 二十七年（西元前 739 年），「伐南山大梓，豐大特。」《集解》引徐廣曰：「今武都故道今甘肅成縣。有怒特祠，圖大牛。上生樹木，有牛從木中出。後見於豐水之中。」《正義》引《括地誌》曰：「大梓樹，在岐州陳倉縣南十里倉山上。」陳倉，今陝西寶雞縣。又引《錄異傳》曰：「秦文公時，雍南山有大梓樹。文公伐之，輒有大風雨，樹生合不斷。時有一人病，夜往山中，聞有鬼語樹神曰：秦若使人被髮，以朱絲繞樹伐汝，汝得不困邪？樹神無言。明日，病人語聞。公如其言伐。樹斷，中有一青牛出，走入豐水中。其後牛出豐水中，使騎擊之。不勝。有騎墮地覆上，髮解，牛畏之，不出。故置髦頭，漢、魏、晉因之。武都立怒特祠，是大梓牛神也。」案《後漢書·羌傳》，言其「被髮覆

---

[060]　史事：夏滅有扈。
[061]　當為文公。

面」。則《錄異傳》之說，當出羌中。《漢書・地理志》:「右扶風，鄠縣古國。有扈谷亭。扈，夏啟所伐。酆水出東南。」鄠，即今陝西鄠縣。禹之都，鄭玄以為在魏，皇甫謐謂或在平陽，皆不足據。已見第七章第三節。《漢書・地理志》:「潁川郡，陽翟，夏禹國。」今河南禹縣。應劭曰:「夏禹都也。」臣瓚曰:「《世本》禹都陽城，今河南登封縣。《汲郡古文》亦云居之，《禮記・緇衣疏》，謂《世本》及《汲郡古文》皆云禹都咸陽，咸陽乃陽城字誤。不居陽翟也。」《世本》古書，較可信據。[062]《汲郡古文》，則依《世本》偽造。禹都當在河、洛之間，鄠縣非其兵力所及。〈夏本紀〉:「太史公曰:禹為姒姓。其後分封，用國為姓，故有夏后氏有扈氏、有男氏、斟尋氏、彤城氏、褒氏、費氏、杞氏、繒氏、辛氏、冥氏、斟氏、戈氏。」斟尋氏，《集解》引徐廣曰:「一作斟氏、尋氏。」《索隱》曰:「《系本》男作南，尋作鄩，費作弗，而不云彤城及褒。斟戈氏《左傳》、《系本》皆云斟灌氏。」鄩，蓋即《左氏》昭公二十三年「郊鄩」之鄩，《杜注》云:河南鞏縣西南有地名鄩中，《水經・洛水注》:洛水北徑偃師城東北歷鄩中者也。羌即姜，本東方之族。竊疑是時，姜姓、姒姓，皆因水患，西遷河、洛之間，後乃更西向而入陝西。甘，當即《左氏》王子帶邑，見僖公二十四年。在今洛陽東南。《甘誓・偽孔傳》云:「有扈與夏同姓。」《疏》云:「孔與鄭，王與皇甫謐等，皆言有扈與夏同姓，並依《世本》之文。」皆無為啟庶兄之說。高誘之云，未知何據。《甘誓》之文，《墨子・明鬼》引之作《禹誓》。《莊子・人間世》云:「禹攻有扈。」《呂覽・召類》亦云:「禹攻曹、魏、屈、驁、有扈，以行其教。」〈先己〉則云:「夏後柏啟與有扈戰於甘。」竊疑禹先滅有扈，以封其同姓，至啟時復叛也。自伊、洛之域，渡河而北，則入河東;更渡河而西，即達雍、梁之境;此皆地理自然之勢。禹之遺跡，在西方者甚多，蓋皆褒、扈等西遷時，傳說隨之

[062]　史事:夏都所在。

而散布者也。褒，今陝西褒城縣。《史記·六國表》云：「禹興於西羌。」《夏本紀正義》引揚雄〈蜀王本紀〉云：「禹本汶山郡廣柔縣人也，生於石紐。」又引《括地誌》，謂其地在茂州汶川縣。此說亦見《水經·沫水注》。廣柔，漢縣，唐時為汶川，故城在今四川汶川縣西北。《河水注》云：「洮水東徑臨洮縣故城北，禹治洪水，西至洮水之上。見長人，受黑玉書於斯水上。」又云：「大夏川水，東北徑大夏故城。王莽之順夏。《晉書·道地記》，縣有禹廟，禹所出也。」《江水注》云：「江州縣，江之北岸，有塗山，有夏禹廟、塗君祠，廟銘存焉。常璩、庾仲雍，並言禹娶於此。」臨洮，今甘肅岷縣。大夏，今甘肅臨夏縣。江州，今四川江北縣。

　　五觀之亂，與羿代夏政相因，然非一事也。《楚語》曰：「啟有五觀。」韋《注》曰：「啟子大康昆弟也。」《漢書·古今人表》：「大康，啟子，昆弟五人，號五觀。」《潛夫論·五德志》亦曰：「啟子大康、仲康更立，兄弟五人，皆有昏德，不堪帝事，降在洛汭，是為五觀。」《偽古文尚書·五子之歌》曰「太康尸位以逸豫，滅厥德，黎民咸貳。乃盤遊無度，畋於有洛之表，十旬弗反。有窮后羿，因民弗忍，距於河。厥弟五人，御其母以從，徯於洛之汭。五子咸怨，述大禹之戒以作歌」，則並大康而六矣。《墨子·非樂》曰：「於《武觀》曰：啟乃淫溢康樂，野於飲食。將將銘莧磬以力。湛濁於酒，渝食於野。萬舞翼翼。章聞於天，天用弗式。」《楚辭·離騷》曰：「啟〈九辯〉與〈九歌〉兮，夏康娛以自縱。不顧難以圖後兮，五子用失乎家巷。」〈天問〉曰：「啟棘賓商，九辯九歌。」又曰：「何勤子屠母，而死分竟地？」揚雄〈宗正箴〉曰：「昔在夏時，大康不共。有仍二女，五子家降。」綜觀諸文，則失德自啟，而亂成於大康。蓋始荒於飲食歌舞，又有嬖妾蠱惑，諸子爭立之事。終至潛蹤家巷，夷於氓庶。與荒於遊田，了無干涉也。《左氏》昭西元年，「夏有觀扈」。《杜注》云：「觀國，今頓丘衛縣。」衛本漢東郡觀縣。觀與畔是為兩縣。《漢書》刻本，

誤以畍觀二字連書，中未空格，後人遂誤畍觀為一縣，非也。後漢光武更
名。晉屬頓丘。後魏曰衛國縣。今山東觀城縣。《漢志注》引應劭曰：「夏
有觀、扈。」《水經‧河水注》「浮水故瀆，東南經衛國邑城北。又東，經
衛國縣故城南」，亦引應說。又〈淇水注〉：「徑頓丘北，又屈徑頓丘故城
西，頓丘，漢縣。晉為郡。故城在今河北清豐縣西南。《古文尚書》以為
觀地矣。」應劭、杜預，蓋並用古文書說也。此說似即因漢世縣名附會，
無確據。《周書。嘗麥》曰：「其在殷之五子，忘伯禹之命，假國無正，
用胥興作亂。遂凶厥國。皇天哀禹，賜以彭壽，思正夏略。」殷，朱右曾
《集訓校釋》改為啟，云形近而訛，其實啟殷形並不近；且下文明言忘伯
禹之命，訛為夏則可矣，何由訛為殷乎？殷，蓋即後來之毫殷，五觀據之
以作亂。[063]《左氏》哀公六年引《夏書》曰：「唯彼陶唐，帥彼天常，有此
冀方。今失其行，亂其紀綱，乃滅而亡。」賈、服、孫、杜，皆以為指夏
桀。唯王肅云大康時。見《疏》。《偽書》與肅說多同，蓋亦謂夏都河東，
故云大康畋於洛表，羿距於河。蓋謂大康渡河而南，而羿據河拒之，阻其
北返，非其實也。

　　羿代夏政之事，見於《左氏》。[064]《左氏》襄公四年，載魏絳之言曰：
「昔有夏之方衰也，后羿自鉏遷於窮石。因夏民以代夏政，恃其射也，不
修民事，而淫於原獸，棄武羅、伯因、熊髡、尨圉而用寒浞。寒浞，伯明
氏之讒子弟也。伯明後寒棄之，夷羿收之。信而使之，以為己相。浞行媚
於內，而施賂於外。愚弄其民，而虞羿於田，樹之詐慝，以取其國家。羿
猶不悛。將歸自田，家眾殺而烹之。以食其子。其子不忍食諸，死於窮
門。靡奔有鬲氏。浞因羿室，生澆及豷。恃其讒慝詐偽，而不德於民。使
澆用師，滅斟灌及斟尋氏。處澆於過，處豷於戈。靡自有鬲氏，收二國之

---

[063]　史事：五觀在殷。
[064]　史事：羿浞之亂。

燼，以滅浞而立少康，少康滅澆於過，後杼滅豷於戈。有窮由是遂亡。失人故也。昔周辛甲之為大史也，命百官，官箴王闕。於虞人之箴曰：芒芒禹跡，畫為九州，經啟九道，民有寢廟，獸有茂草，各有攸處，德用不擾。在帝夷羿，冒於原獸。忘其國恤，而思其麀牡，武不可重，用不恢於夏家。獸臣司原，敢告僕夫。《虞箴》如是，可不懲乎？」哀西元年，載伍員之言曰：「昔有過澆，殺斟灌以伐斟鄩，滅夏後相。后緡方娠，逃出自竇歸於有仍，生少康焉。為仍牧正。惎澆能，戒之。澆使椒求之，逃奔有虞，為之庖正，以除其害，虞思於是妻之以二姚而邑諸綸。有田一成，有眾一旅。能布其德，而兆其謀。以收夏眾，撫其官職。使女艾諜澆，使季杼誘豷。遂滅過、戈，復禹之績。祀夏配天，不失舊物。」《史記·吳世家》載伍員之言略同。《楚辭·離騷》曰：「羿淫遊以佚田兮，又好射夫封狐。固亂流其鮮終兮，浞又貪夫厥家。澆身被服強圉兮，縱慾而不忍。日康娛以自忘兮，厥首用夫顛隕。」〈天問〉曰：「帝降夷羿，革孽夏民。胡射夫河伯，而妻彼雒嬪。馮珧利決，封豨是射。何獻蒸肉之膏，而後帝不若？浞娶純狐，眩妻爰謀，何羿之射革，而交撲吞之？唯澆在戶，何求於嫂？《注》：「言澆無義，淫佚其嫂，往至其戶，佯有所求，因與行淫亂也。」何少康逐犬，而顛隕厥首？《注》：「言夏少康因田獵放犬逐獸，遂襲殺澆而斷其頭。」女岐縫裳，而館同爰止。《注》：「女岐，澆嫂也。言女岐與澆淫佚，為之縫裳，於是共舍而宿止也。」何顛易厥首，而親以逢殆？」《注》：「言少康夜襲，得女岐頭，以為澆，因斷之。」案此注恐誤。伍員、屈原皆楚人，故所言頗相會，女岐蓋即女艾也。

　　《左氏》杜《注》曰：「羿代相，號曰有窮鉏，羿本國名。寒國，北海平壽縣東有寒亭。今山東濰縣。有鬲，國名，今平原鬲縣。今山東德縣。樂安壽光縣有灌亭。今山東壽光縣。北海平壽縣南有斟亭。今山東濰縣。東萊掖縣北有過鄉。今山東掖縣。戈在宋、鄭之間。案據《左氏》哀公十二

年宋、鄭之間有隙地曰戈為說。梁國有虞縣。今河南虞城縣。」《疏》曰「杜地名言有者，皆是疑辭」，則杜亦本不自信。然後之言地理者多因之。遂若羿、浞之亂，綿延青、兖，喋血千里矣。此絕非其實。《左氏》謂羿因夏民，又謂其不恢於夏家；即《楚辭》亦謂其射河伯，妻雒嬪；則羿都必在河、洛之域。《漢志》：北海郡平壽，應劭曰：「故斟尋。禹後，今斟城是也。」臣瓚曰：「斟尋在河南，不在此也。《汲郡古文》云：大康居斟尋，羿亦居之，桀亦居之。《尚書序》云：大康失邦，昆弟五人，須於洛汭，此即大康所居為近洛也。又吳起對武侯曰：昔夏桀之居，左河、濟，右大華，伊闕在其南，羊腸在其北，河南城為近之。又《周書‧度邑篇》曰：吾將因有夏之居，南望過於三塗，北瞻望於有河。有夏之居，即河南是也。」《書序》及《汲郡古文》，雖不足信，《周書》、《國策》，自可據依。斟鄩說已見前。斟戈，《索隱》云「《左氏》、《世本》皆作斟灌」，則戈灌一地。竊疑戈即斟灌，過即斟鄩寒浞滅二國後，以分處其二子，地亦在河、洛之域也。《夏本紀正義》引《括地誌》，謂自禹至大康，與唐、虞皆不易都城。案《御覽州郡部》引《世紀》云：「少康中興，復還舊都，故《春秋傳》曰：復禹之績，不失舊物是也。」故禹城，在洛州密縣界。今河南密縣。故鉏城，在滑州衛南縣東。今河南滑縣。故鄩城，在洛州鞏縣西南。今河南鞏縣。又引《晉地記》云：「河南有窮谷，蓋本有窮氏所遷。」固亦以為在河、洛之域。《路史‧國名紀》亦以鉏在衛南，謂即《左氏》襄公十一年城椰之椰又謂安豐有窮谷、窮水，今安徽霍丘縣境。即《左氏》昭公二十七年，楚師救潛，與吳師遇處，實羿之故國。其說殊較《杜注》為勝。《水經‧河水注》：「大河故瀆，西流經平原鬲縣故城西，《地理志》曰：鬲津，故有窮后羿國也。應劭曰：鬲，偃姓，皋陶後。」《路史‧國名紀》云「羿，偃姓。《世紀》云不聞其姓，失之」，蓋本諸此。謂窮在平原不足據，云偃姓，當有所受之。鬲蓋羿同姓國，故羿亡而靡奔之，藉其力為羿

報仇。其立少康，則以羿身死世殄，無可扶翼之故。靡蓋有窮之忠臣，非夏后氏之遺老也。《史記》謂禹初授政皋陶，皋陶卒，復以授其子益。《楚辭·天問》日：「啟代益作後，卒然離蠥。何啟唯憂，而能拘是達？」《注》日：「離，遭也。蠥，憂也。言天下皆去益而歸啟，益卒不得立，故日遭憂也。」《漢書·律曆志》：張壽王言伯益為天子，代禹，則禹、益二族，權力實相頡頏。窮、潛地近英、六，蓋偃姓聚居之所。以此為羿之故國，揆以事理，殊為近之。河南之窮，衛南之柤，或其代夏時之遺跡也。《說文·羽部》：羿，羽之羿風，亦古諸侯也。一日射師。」《弓部》：「羿，帝嚳射官，夏少康滅之。《論語》日：羿善射。」二字實即一字。《淮南·本經》謂：「堯之時，十日並出，焦禾稼，殺草木。猰貐，鑿齒，九嬰，大風，封豨，修蛇，併為民害。堯乃使羿殺鑿齒於疇華之野，殺九嬰於凶水之上，繳大風於青丘之澤，上射十日，而下殺猰貐，斷修蛇於洞庭，禽封豨於桑林。」則羿之族特長於射，自嚳至堯皆當征討之任，宜其強不可御。五觀之亂，彭壽是戡。彭壽，疑即舜時之彭祖，因其壽考，乃以是稱之。彭城實堯、禹之舊都，然則夏室西遷之初，東方諸侯，聲勢固猶甚盛也。

　　羿、浞之事，〈夏本紀〉一語不及，而後想見滅，少康流離中興，《紀》亦但云「帝相崩，子帝少康立」，一似其安常處順者，《正義》以此議其疏，其實非也。古人著書，信以傳信，疑以傳疑。所據不同，初不以之相訂補，亦不使之相羼雜。[065]〈夏本紀〉之所據，蓋《繫世》之倫，〈吳世家〉之所據，則《國語》之類，其文字各不相涉也。或謂《繫世》雖但記統緒，然於君身禍變，亦不能略。如〈秦始皇本紀〉後，重錄秦君生、卒、葬處，然於厲、躁、簡公、出子之不寧，亦無所諱飾是也。後想見滅，

---

[065] 經籍：古各傳所傳不攪，《夏本紀》蓋據《繫世》，故不以羿浞之亂攪之，羿浞見《左》襄四哀元，《史記·吳世家》略同。

安得云崩，豈如孔子修《春秋》，內大惡諱與？殊不知口說流傳，多非實在。《左氏》之女艾，即《楚辭》之女岐。〈天問〉又曰：「女岐無合，夫焉取九子？」《注》曰「女岐，神女，無夫而生九子」，以此推之，則《左氏》之二姚，亦即《離騷》所云「及少康之未家兮，留有虞之二姚」者，同皆神話中人物也。不寧唯是。后緡逃出自竇，亦顯見其為齊東野人之言矣。夏史之傳，蓋本皆神話傳說。魏絳、伍員，驊栝而為之辭，雖似雅馴，仍不掩其荒陋之跡。然則其所言者，又安能盡據為信史乎？君位與王位不同，魏絳言羿代夏政，王符謂大康不堪帝事，所失者王位而已，其為夏邑之君，固自若也。[066]《三國·魏志·四裔傳注》引《魏略》，謂氐雖都統郡國，然亦自有王侯，在其墟落間。則外臣於人，固無妨內君其眾。少康雖為牧正於仍，為庖正於虞，自夏人言之，固可云君位迄未嘗曠。又曷怪繫世之書，謂其繼父而立也？況夫伍員之言，亦未必盡信邪？

▶ 第二節　殷先世事蹟

《史記·殷本紀》曰：「殷契母曰簡狄，有娀氏之女，為帝嚳次妃。三人行浴。見玄鳥墮其卵。簡狄取吞之。因孕，生契。契長而佐禹治水，有功帝舜乃命契曰：百姓不親，五品不訓，汝為司徒，而敬敷五教。五教在寬。封於商。賜姓子氏。契興於唐、虞、大禹之際，功業著於百姓。百姓以平。契卒，子昭明立。昭明卒，子相土立。相土卒，子昌若立。昌若卒，子曹圉立。曹圉卒，子冥立。冥卒，子振立。振卒，子微立。微卒，子報丁立。報丁卒，子報乙立。報乙卒，子報丙立。報丙卒，子主壬立。主壬卒，子主癸立。主癸卒，子天乙立。是為成湯。」曹圉，《索隱》曰：「《系本》作糧圉。」《祭法疏》引《世本》作遭圉。且云：「遭圉生根圉，根圉生冥。」則較《本紀》多一世。案《國語·周語》云：「玄王勤商，十四世

而興。」《荀子‧成相》云：「契玄王，生昭明，居於砥石，遷於商。十有四世，乃生天乙是成湯。」與《國語》合，則《世本》似誤也。〈魯語〉曰：「上甲微能帥契者也，商人報焉。」又言：「冥勤其官而水死。」《禮記‧祭法》同。此外事蹟無考。

　　〈殷本紀〉又曰：「自契至湯八遷。湯始居亳，從先王居。作《帝誥》。」《書序》同。「作《帝誥》」三字，蓋後人所竄，造《書序》者即據《史記》以為資也。《偽孔傳》曰：「契父帝嚳都亳，湯自商丘遷焉，故曰從先王居。」《疏》曰：「《商頌》云：帝立子生商，是契居商也。《世本》云：昭明居砥石。《左傳》稱相土居商丘。及今湯居亳。事見經傳者，有此四遷。其餘四遷，未詳聞也。鄭玄云：契本封商，國在大華之陽。皇甫謐云：今上洛商是也。今陝西商縣。襄九年《左傳》云：陶唐氏之火正閼伯居商丘，相土因之。杜預云：今梁國睢陽，宋都是也。其砥石，先儒無言，不知所在。」又曰：「鄭玄云：亳，今河南偃師縣有湯亭，今河南偃匿師縣。《漢書音義》臣瓚者云：湯居亳，今濟陰亳縣是也。今亳有湯塚，巳氏有伊尹塚。亳，今安徽亳縣。巳氏，在今山東曹縣東南。杜預云：梁國蒙縣北有亳城。城中有成湯塚。其西又有伊尹塚。蒙在今河南商丘縣東北。皇甫謐云：孟子稱湯居亳，與葛為鄰。葛伯不祀，湯使亳眾為之耕。葛即梁國寧陵之葛鄉也。寧陵今河南寧陵縣。若湯居偃師，去寧陵八百餘里，豈當使民為之耕乎？亳今梁國谷熟縣是也。谷熟，在今河南商丘縣。諸說不同，未知孰是。」案經傳之文，皆出後人追敘。其稱謂略有一定。古書從無稱五帝為王，三王為帝者。帝嚳亦五帝之一安得忽稱先王？偽傳之非，不言可喻。《水經‧谷水注》：「陽渠水又東徑亳殷南，昔盤庚所遷。改商曰殷，始此也。班固曰：屍鄉，故殷湯所都者也，故亦曰湯亭。薛瓚《漢書注》，皇甫謐《帝王世紀》並以為非，以為帝嚳都矣。」案《御覽‧州郡部》引《帝王世紀》曰：「帝嚳氏都亳，今河南偃師是也。或言在梁，非也。又

云:《世本》言夏後在陽城,本在大梁之南,於戰國,大梁魏都,今陳留浚儀是也。」以大梁為古都,於逐漸西遷之跡頗相合。至鄭玄之說,則本於《漢志》。王鳴盛《尚書後案》申之曰:薄縣,漢本屬山陽郡。後漢分其地置蒙、谷熟二縣,與薄並改屬梁國。晉又改薄為亳,且改屬濟陰,故臣瓚所謂湯都在濟陰亳縣者,即其所謂在山陽薄縣者也。案《漢書‧地理志》:山陽郡薄縣下《注》引臣瓚曰:「湯所都。」其「湯居亳,今濟陰亳縣是也」之說:見河南郡偃師縣下。亦即司馬彪所謂在梁國薄縣,《續漢書‧郡國志》。杜預所謂在蒙縣北亳城者也;而亦即皇甫謐所分屬於蒙、谷熟者也。本一說也,孔穎達《書詩疏》,案指《詩‧商頌疏》。皆認為異說,其誤已甚。又《書‧立政》:「三亳阪尹。」《疏》云:「鄭玄以三亳阪尹,共為一事。云湯舊都之民,服文王者,分為三邑。其長居險,故言阪尹。蓋東成皋,漢縣,今河南汜水縣。南轅轅,山名,在今河南偃師縣東南。西降谷也。」王鳴盛云:降谷,即《續漢書‧地理志》:谷城縣之函谷。案谷城,在今河南洛陽縣西北。皇甫謐以為三亳,三處之地,皆名為亳。蒙為北亳,谷熟為南亳,偃師為西亳。王氏亦力斥之,謂其巧於立說,其說是矣。然於偃師去寧陵八百里,豈當使民為之耕之難,不能解也。又《詩‧商頌譜疏》,謂鄭以湯取契之所封,以為代號。服虔、王肅則不然。襄九年《左傳》曰:「閼伯居商丘,相土因之。」服虔曰:「湯以為號。」又《書序》王肅《注》云:「契孫相土居商丘,故湯因以為國號。」《左氏》襄公九年《疏》引《釋例》曰:「宋、商、商丘,三名一地。」偽孔、杜預,多同王肅,然則《湯誓偽傳》,謂「契始封商,湯遂以為天下號」者,意亦不謂其在大華之陽,乃《疏》強分商與商丘為兩地,轉謂《偽傳》、杜預之說,同於鄭玄。又閼伯居商丘之語,亦見於《史記‧鄭世家集解》引賈逵曰:「在漳南。」《水經‧瓠子河注》:「河水舊東決,徑濮陽城東北,故衛也,今河北濮陽縣。帝顓頊之虛。昔顓頊自窮桑徙此,號曰商丘,或謂之帝丘,

本陶唐氏火正闕伯之所居，亦夏伯昆吾之邦，相土因之。」蓋依賈說，則
杜以商丘、帝丘為二，賈自以商丘、帝丘為一也。《義疏》於此，亦無所
疏通證明，支離滅裂甚矣。

　　欲明成湯先世事蹟，必先明其所謂八遷者，《義疏》僅數其四，既為
不具。[067] 且數契居商為一遷。夫契本封商不可云遷也。今案揚雄〈兗州
牧箴〉云：「成湯五徙，卒都於亳。」然則湯身凡五遷，自此以前，共得三
耳。三者？《水經・渭水注》引《世本》曰：「契居蕃」，蓋自商丘而遷，一
也。《荀子・成相篇》曰：「契玄王，生昭明，居於砥石，遷於商。」云居
於砥石。與《書疏》引《世本》合，二也。居於商，蓋即相土事，〈成相〉
皆三七言句，為言數所限，故言之不具，三也。成湯五徙者？湯始居亳，
蓋自商丘而遷，一也。《呂覽・慎大覽》曰：「湯立為天子，夏民大說，親
郼如夏。」〈具備篇〉曰：「湯嘗約於郼薄矣。」郼即韋。《詩・商頌・長髮》
曰：「韋、顧既伐，昆吾、夏桀。」蓋湯伐韋之後，嘗徙居其地，二也。《周
書・殷祝》曰：「湯將放桀，於中野。《尚書大傳》作居中野，案居字是也。
士民聞湯在野，皆委貨，扶老攜幼奔，國中虛。桀請湯曰：國所以為國者
以有家，家所以為家者以有人也。今國無家，無人矣。無人矣上，當奪家
字。君有人，請致國，君之有也。君之有也上，亦當奪國字。湯曰：否。
昔大帝作道，明教士民。今君王滅道殘政，士民惑矣，吾為王明之。士民
復致於桀，曰：以薄之君，濟民之殘，何必君更？桀與其屬五百人南徙千
里，止於不齊。不齊士民，往奔湯於中野。桀復請湯：言君之有也。湯曰：
否。我為君明之。士民復重請之。桀與其屬五百人徙於魯。魯士民復奔
湯。桀又曰：國，君之有也。吾則外人有言，彼以吾道是邪？我將為之。
湯曰：此君王之土也，君王之民也。委之何？湯不能止桀。湯曰：欲從者
從之。桀與其屬五百人去居南巢。」此以湯之放桀，文致為禪讓之事，言

[067] 史事：商八遷。其後之遷徙。

湯三讓然後取桀之國也。文致為禪讓非，云取桀之國則實矣。是三遷也。
《春秋繁露・三代改制質文篇》曰：「湯受命而王，作官邑於下洛之陽。」
此蓋滅桀後所作新邑。既作之，必嘗居之，是四遷也。《風俗通・三王篇》
曰：「湯者，攘也，言其攘除不軌改亳為商，成就王道，天下熾昌。」改亳
為商，即揚雄所謂卒都於亳，乃湯最後定居之事也。是五遷也。

　　八遷之可考者如此，而商先世之地，亦有可得而言者。契之本封，鄭
玄、皇甫謐之言，蓋因後世地名而誤。湯之所居，《管子・地數》、〈輕重
甲〉、《荀子・議兵》、《呂覽・具備》、《墨子・非攻下篇》皆作薄。唯〈非
命上篇〉及《孟子》書作亳。《說文》亳字下不言湯所都，然《史記・六國
表》，以「湯起於亳」，與「禹興於西羌，周以豐鎬伐殷，秦用雍州興，漢
之興自蜀漢」並言，則漢人久混薄、亳為一。故緯候有「天乙在亳，東觀
於洛」之文。《詩・商頌玄鳥疏》引〈中候雒予命〉。以吾族原起東南言之，
自以謂在東方為是。商丘、帝丘，賈逵合為一，杜預析為二。案《左氏》
僖公三十一年，衛遷於帝丘。衛成公夢康叔曰：相奪予享。此即昭公十七
年所云衛顓頊之虛者。而《太平御覽》引《世本》曰：「相徙商丘，顓頊之
虛」，則亦以商丘、帝丘為一。《世本》古書，較可信據，賈說自優於杜
也。蕃，《水經注》以鄭西之巒都城當之，此鄭謂西鄭，今陝西華縣。恐
非。王國維謂為魯國之蕃縣，見《觀堂集林・說自契至於成湯八遷》。蕃，
今山東滕縣。其地近亳，當是。王氏又謂《左氏》莊公十一年「公子御說
奔亳」之亳，即漢之薄縣。案古書傳於今者，多出春秋、戰國人手，必以
其時之地名述古事。《史記・貨殖列傳》言：「堯作遊成陽，舜漁於雷澤，
湯止於亳。」其說頗古，其地固與蕃縣密邇也。唯砥石不可考，近人丁山
云：漢常山郡薄吾縣，今河北平山縣。戰國時謂之番吾，即蕃。《史記・
五帝本紀》：青陽降居江水，《大戴記・帝系》作泜水。《山海經・北山經》：
敦與之山，泜水出於其陰，而東流注於彭水。《郭注》云：今泜水出中丘

縣西窮泉谷，東注於堂陽縣，人漳。《漢志》：常山郡元氏縣，沮水首受中邱窮泉谷，東至堂陽入橫河。又常山郡房子縣贊皇山，石濟水所出，東至廮陶入泜，中邱，今河北內邱縣。堂陽，今河北新河縣。元氏，今河北元氏縣。房子，今河北高邑縣。廮陶，今河北寧晉縣。以互攝通稱之例言之，頗疑泜與石濟下游，古有泜氏石之名，即昭明所居。見所著由〈三代都邑論其民族文化〉，載《歷史語言研究所集刊》。案此說稍嫌鑿空。且紂都朝歌，今河南淇縣。臺在沙丘，今河北平鄉縣。而《孟子》言紂之罪曰：「壞宮室以為汙池，棄田以為園囿；園囿汙池，沛澤多而禽獸至。」則紂之世，朝歌以往，尚為曠廢之區，昭明安得建國其地？竊疑砥石亦當去商不遠也。

　　王國維《說亳》曰：「昆吾之墟，地在衛國。案見下節。《左傳》、《世本》，說當可據。韋國，《鄭箋》以為豕韋。《續志》：東郡白馬今河南滑縣。有韋鄉白馬之津，在滑縣北。《史記·曹相國世家》謂之圍澤。是韋與昆吾，實為鄰國。」案此所舉證亦頗古，湯所居郼，蓋即其地。桀都別見下節，作官邑於下洛之陽，蓋即偃師之地，其卒歸於亳，則疑即漢之薄縣，故應劭云改亳為商也。

▶ 第三節　夏殷興亡

　　殷湯代夏之事，《史記·殷本紀》述之曰：「湯征諸侯。葛伯不祀，湯始伐之。當是時，夏桀為虐政，淫荒，而諸侯昆吾氏為亂；湯乃興師。率諸侯。伊尹從湯。湯自把鉞，以伐昆吾，遂伐桀。於是湯曰：吾甚武，號曰武王。桀敗於有娀之墟，桀奔於鳴條。夏師敗績。湯遂伐三㚇，俘厥寶玉。於是諸侯畢服。湯乃踐天子位。平定海內。湯歸至於泰卷陶，還亳。」《孟子·滕文公下篇》曰：「湯始征，自葛載。十一征而無敵於天下。」《注》曰：「載始也。一說言當作再字。再十一征，言湯再征十一國，凡征

二十二國也。」案〈梁惠王下篇〉引《書》曰「湯一征，自葛始」，則一說非也。十一征不可考。《詩‧商頌‧長髮》曰：「武王載斾，有虔秉鉞。如火烈烈，則莫我敢遏。韋、顧既伐，昆吾、夏桀。」湯用兵之事可考者，如此而已。

　　葛為漢寧陵縣葛鄉，韋為漢白馬縣韋鄉，已見上節。顧地無考。王國維《說亳》曰：「顧，《漢書‧古今人表》作鼓。與昆吾《鄭語》均以為己姓之國。帝丘有戎州己氏，而梁國蒙薄之北，漢亦置己氏縣。疑當在昆吾之南，蒙薄之北。」其說亦頗近之。昆吾有二：一《左氏》昭公十二年，楚靈王曰：「昔我皇祖伯父昆吾，舊許是宅。」為今河南許昌縣。一哀公十七年，衛侯夢於北官，見人登昆吾之觀。杜《注》曰：「衛有觀，在古昆吾之墟，今濮陽城中。」則今河北濮陽縣也。《國語‧鄭語》韋《注》曰：「昆吾，衛是也。其後夏衰，昆吾為夏伯，遷於舊許。」故說者多以此時之昆吾在今許昌。然觀上節引《呂覽》之言，則湯居韋頗久，濮陽地與韋近，韋說恐未必然也。桀之居：吳起對魏武侯曰：「左河、濟，右大華，伊闕在其南，羊腸在其北。」見《戰國‧魏策》、《史記‧吳起列傳》。伊闕，見第七章第三節。羊腸阪，在今山西晉城縣南。又幽王三年（西元前779年 [068]）），西周三川地震。伯陽父曰：「周將亡矣。昔伊、洛竭而夏亡，河竭而商亡。」見《國語‧周語》、《史記‧周本紀》。則仍在河、洛之境。《續漢書‧郡國志》：上黨郡高都，今晉城縣。《注》曰：「《前志》曰：有天井關。《戰國策》曰：桀居天井，即天門也。」案《禮記‧緇衣》引尹吉曰「尹躬天見於西邑夏」，似即指伊尹五就湯五就桀之事言之。見《孟子‧告子下》。〈殷本紀〉亦曰：「伊尹去湯，適夏，既醜有夏，復歸於亳。」鄭《注》釋為尹之先祖見夏先君臣，殊迂曲。《呂覽‧慎大覽》曰：末喜言天子夢西方有日，東方有日，兩日相與鬥，西方日勝，東方日不勝，故

令師從東方出於國西以進。《墨子‧非攻下篇》，言天命融隆，火於夏之城間西北隅。皆湯都在桀東，用兵顧出桀西之證。湯居於韋，可渡河繞出桀西，若桀居天井，則當時大行以北，尚為未開闢之地，湯無從更出其西矣。故桀都必當在河、洛也。〈商頌〉鄭《箋》曰：「湯先伐韋、顧，克之。昆吾、夏桀則同時誅。」案《禮記‧檀弓下篇》曰：「子卯不樂。」鄭《注》曰：「紂以甲子死，桀以乙卯亡。」《釋文》引賈逵說同。蓋舊有此說。《左氏》昭公十八年：「春，王二月，乙卯，周毛得殺毛伯過而代之。萇弘曰：毛得必亡，是昆吾稔之日也。」鄭《箋》蓋本於此。然殊臆說無據也。又《左氏》昭公四年，椒舉曰：「夏桀為仍之會；有緡叛之。」《韓非子‧十過篇》，亦有是語。仍作妠。蓋聲之轉。伍員言后緡方娠，逃出自竇，歸於有仍。杜《注》云：「后緡，有仍氏女。」蓋仍其國名，緡其君姓。上云有仍，下云有緡，名雖異，仍是一國。古人文法，往往如此。仍故夏婚姻之國，然是時叛之，或亦桀致敗之由也。梁履繩《左通補釋》云：「《春秋》桓公五年，天王使仍叔之子來聘。《穀梁經傳》，並作任叔。仍任聲相近，或是一地。」《續書‧地理志》：東平國任城縣，故任國，漢任城，今山東濟寧縣。案仍任即是一國，自夏至周，亦未必無遷徙。妠即戎，《春秋》魯西固多戎。《呂覽‧簡選篇》曰：「殷湯良車七十乘，必死六千人，戰於郕，登自鳴條，乃人巢門。」戰於郕，登自鳴條，似與《史記》之「桀敗於有妠之虛，桀奔於鳴條」相當。郕或即有妠所在也。郕，見《春秋》隱公五年。《公羊》作成。今山東寧陽縣。鳴條為舜卒處，已見第七章第四節。《書序》曰：「伊尹相湯伐桀，升自陑，遂與桀戰於鳴條之野。」《書序》雖偽物，亦當有所本。陑蓋鳴條近旁高地，故《呂覽》亦云登也。《偽孔傳》曰：「桀都安邑，湯升道從陑，出其不意。陑在河曲之南。」又曰：「鳴條地在安邑之西，桀逆拒湯。」《疏》引皇甫謐曰：「今安邑見有鳴條陌昆吾亭。《左氏》以為昆吾與桀，同以乙卯日亡，明昆吾亦來安邑，欲以衛桀，

故同日亡，而安邑有其亭也。」可謂善於鑿空矣。《淮南子·修務訓》曰：「湯整兵鳴條，困夏南巢，譙以其過，放之歷山。」《荀子·解蔽篇》曰：「桀死於亭山。」巢門者，南巢之門。亭、歷聲之轉。後人以春秋時地名釋之，乃謂南巢為今巢縣，歷山在今和縣。竊疑歷山即舜耕處，仍在今山東境內也 [069] 三峻，《書序偽孔傳》曰：「今定陶。」今山東定陶縣。泰卷陶，《書序》作大坰。《史記集解》引徐廣曰：「一無此陶字。」《索隱》曰：「鄒誕生卷作餉又作坰則卷當為坰，與《尚書》同，非衍字也，其下陶字是衍耳。解《尚書》者，以大坰今定陶，舊本或旁記其地名，後人傳寫，遂衍斯字也。」案《書序疏》曰「云今定陶者，相傳為然」，則亦無確據。然定陶確當自鳴條歸亳之途，則舊說或當不誤也。桀都實在亳西，然其敗亡反向東走，殊不可解。《史記·殷本紀》載〈湯誥〉曰：「維三月王自至於東郊」，亦湯用兵在東之證。《左氏》昭公十一年曰「桀克有緡以喪其國」，豈力征經營於東，湯顧自西襲其後歟？《周書》謂桀之敗，南徙千里，至於不齊，又南徙至於魯。不齊儻即齊，則湯與桀之戰，乃在齊之北千里，深入今河北境矣。豈二國嘗劇戰於此，桀乃敗逋東南走歟？書闕有間，難以質言矣。

▶ 第四節　殷代事蹟

《史記·殷本紀》曰：「湯崩，太子大丁，未立而卒，於是乃立大丁之弟外丙，是為帝外丙。帝外丙即位二年崩，立外丙之弟中壬，是為帝中壬。帝中壬即位四年崩，伊尹乃立大丁之子大甲。大甲，成湯適長孫也。是為帝大甲。帝大甲既立三年，不明，暴虐。不遵湯法，亂德。於是伊尹放之於桐宮，三年。伊尹攝行政當國，以朝諸侯。帝大甲居桐宮三年，悔過，自責，反善。於是伊尹乃迎帝大甲而授之政。帝大甲修德，諸侯咸歸

[069]　史事：升自陑即戰於郕，以而即仍也。歷山疑即舜耕處。

殷，百姓以寧。帝大甲稱大宗。大宗崩，子沃丁立。沃丁崩，弟大庚立，是為帝大庚。帝大庚崩，子帝小甲立。《漢書・古今人表》同。《三代世表》大庚弟。帝小甲崩，弟雍己立，是為帝雍己。殷道衰，諸侯或不至。帝雍己崩，弟大戊立。《三代世表》大戊，小甲弟。伊陟為相，巫咸治王家有成，殷復興，諸侯歸之，故稱中宗。中宗崩，子帝中丁立。《三代世表》同。《古今人表》大戊弟。帝中丁遷於隞，河亶甲居相，祖乙遷於邢。帝中丁崩，弟外壬立，是為帝外壬。帝外壬崩，弟河亶甲立，是為帝河亶甲。河亶甲時，殷復衰。河亶甲崩，子帝祖乙立。《三代世表》同。《古今人表》河亶甲弟。帝祖乙立，殷復興。巫賢任職。祖乙崩，子帝祖辛立。帝祖辛崩，弟沃甲立，是為帝沃甲。《索隱》曰：「《系本》作開甲。」帝沃甲崩，立沃甲兄祖辛之子祖丁，是為帝祖丁。帝祖丁崩，立帝沃甲之子南庚，是為帝南庚。帝南庚崩，立帝祖丁之子陽甲，是為帝陽甲。帝陽甲之時，殷衰。自中丁以來，廢適而更立諸弟子，弟子或爭相代立，比九世亂，於是諸侯莫朝。帝陽甲崩，弟盤庚立，是為帝盤庚。帝盤庚之時，殷已都河北，盤庚渡河南，復居成湯之故居。乃五遷無定處，殷民諮胥皆怨，不欲徙。盤庚乃告諭諸大臣曰：昔高後成湯，與爾之先祖，俱定天下，法則可修。舍而弗勉，何以成德？乃遂涉河南，治亳，行湯之政。然後百姓由寧，殷道復興，諸侯來朝，以其遵成湯之德也。帝盤庚崩，弟小辛立，《三代世表》同。《古今人表》盤庚子。是為帝小辛。帝小辛立，殷道復衰。帝小辛崩，弟小乙立，是為帝小乙。帝小乙崩，子帝武丁立。帝武丁即位，思復興殷，而未得其佐，三年不言，政事決定於塚宰，以觀國風。武丁夜夢得聖人，名曰說。以夢所見視群臣百吏，皆非也。於是乃使百工營求之野，得說於傅險中。《集解》：「徐廣曰：屍子云：傅巖在北海之洲。」《索隱》：「舊本作險，亦作巖也。」案巖險同字。古都邑恆築於山險之地。下文云：「故遂以傅險姓之，號曰傅說」，則其地名傅也。是時

說為胥靡，築於傅險。見於武丁，武丁曰：是也。得而與之語，果聖人，舉以為相，殷國大治。故遂以傅險姓之，號曰傅說。帝武丁祭成湯，明日，有飛雉登鼎耳而呴。武丁懼。祖己曰：王勿憂，先修政事。武丁修政行德，天下咸歡，殷道復興。帝武丁崩，子帝祖庚立。祖己嘉武丁之以祥雉為德，立其廟，為高宗。帝祖庚崩，弟祖甲立，是為帝甲。帝甲淫亂，殷復衰。帝甲崩，子帝廩辛立。《索隱》曰：「《漢書‧古今人表》及《帝王代紀》皆作馮辛。」案《代紀》即《世紀》，唐人避諱改。帝廩辛崩，弟庚丁立，是為帝庚丁。帝庚丁崩，子帝武乙立。殷復去亳，徙河北。帝武乙無道，為偶人，謂之天神，與之搏，令人為行。天神不勝，乃僇辱之。為革囊盛血，仰而射之，命曰射天。武乙獵於河、渭之間，暴雷，武乙震死。子帝大丁立。帝大丁崩，子帝乙立。帝乙立，殷益衰。帝乙長子曰微子啟，啟母賤，不得嗣。少子辛，辛母正後，辛為嗣。帝乙崩，子辛立，是為帝辛，天下謂之紂。」以上自湯至紂，凡三十王。《大戴記‧少間篇》言：「成湯卒崩，二十二世，乃有武丁即位；武丁卒崩，九世，乃有末孫紂即位」；《國語‧周語》言：「帝甲亂之，七世而亡」；世數皆相合。唯《晉語》謂「商之享國三十一王」，多一世。《大戴記‧保傅》亦謂「殷為天子，三十餘世，而周受之」。蓋並武庚數之。[070]武庚繼紂而立，固猶可云未失位也。《孟子》言「由湯至於武丁，賢聖之君六七作」，〈公孫丑上〉。《史記》大甲、大戊、祖乙、盤庚皆賢君，並湯與武丁而六，說亦相合。《書‧無逸》：「周公曰：嗚乎！我聞曰：昔在殷王中宗，嚴恭，寅畏天命，自度，治民祇懼，不敢荒寧。肆中宗之享國，七十有五年。其在高宗，時舊勞於外。爰暨小人，作其即位，乃或諒陰，三年不言，其唯不言，言乃雍。不敢荒寧，嘉靖殷邦。至於小大，無時或怨。肆高宗之享國，五十有九年。其在祖甲，不義唯王，舊為小人，作其即位，爰知小人之依，能保惠於庶

---

[070]　史事：《晉語》言商多一世，蓋並武庚數之。

民，不敢侮鰥寡。肆祖甲之享國，三十有三年。自時厥後立王，生則逸。
生則逸，不知稼穡之艱難，不聞小人之依，唯耽樂之從。自時厥後，亦罔
或克壽。或十年，或七八年，或五六年，或四三年。」高宗享國，《漢石經
殘碑》作百年，《史記・魯世家》作五十五年。已見第四章。祖甲，《偽孔
傳》謂即大甲，王肅同。疏引鄭玄云「祖甲，武丁子帝甲也。有兄祖庚，
武丁欲廢兄立弟，祖甲以此為不義，逃於人間，故云舊為小人」。案不義
唯王，舊為小人，實與大甲事合；而祖甲，《史記》、《國語》，皆以為亂君，
安能保惠庶民？《疏》引此以駁鄭是也。大甲不應次中宗、高宗後，鄭玄
蓋因此而以祖庚弟釋之 [071]。《偽傳》云「以德優劣，立年多少為先後」，亦
屬牽強。皮錫瑞云：「《無逸石經》，肆高宗之饗國百年，下接自時厥後，
則其在祖甲，今文作昔在殷王大宗，以為大甲，在周公曰烏乎下。後乃曰
其在中宗其在高宗。《古文尚書》前失大宗，後增祖甲也。」《書經通論》。

　　殷代事蹟最異者，為其君位承襲之法。自五帝以前君位承襲之法，實
不可知。史所傳五帝之序，蓋後人就當時強部，能號令諸侯者言之，猶齊
桓、宋襄、晉文之繼霸，非一國之內，君位相承之序也。自夏以來，君位
承襲，乃有可考；周家特重適長，明白無疑。夏后氏：據《史記本紀》所
載，唯太康、仲康兄弟相及。又扃以弟繼不降，扃卒，子廑立，廑卒，還
立不降子孔甲，亦頗類有殷。然此乃承襲之法，偶失其常，不能謂夏弟兄
相及也。殷三十王，弟兄相及者十四外丙、仲王、大庚、雍己、大戊、外
王、河亶甲、沃甲、南庚、盤庚、小辛、小乙、祖甲、庚丁。若兼據《三
代世表》及《古今人表》，則小甲、中丁、祖乙，亦皆兄弟相及，凡十七。
春秋時吳諸樊、余祭、余昧相及。季弟札讓不肯立，立余昧之子僚。諸
樊子光，以為不傳季子，光當立，卒弒僚而代之。可見弟兄相及者，季
弟死，當還立長兄之子。殷代亦然。大甲之繼仲王祖丁之繼沃甲，皆如

---

[071]　經學、史事：《無逸》祖甲即太甲。

此。其不然者，蓋弟兄相及，年代孔長長兄之子或先季弟死，又或在位者用私；諸弟子爭立；不能盡如法也。《春秋繁露・三代改制質文篇》曰：「主天者法商而王，立嗣予子，篤母弟；《公羊》隱公七年何《注》曰：母弟，同母弟；母兄，同母兄。分別同母者，《春秋》變周之文，從殷之質，質家親親，明當親厚，異於群公子也。主地者法夏而王，立嗣予孫，篤世子。」必非虛語矣。母系之族，兄弟為一家，父子則否，故多行相及之法。兄弟盡，還立長兄之子，亦諸族類然。[072]《史記》言「自中丁以來，廢適而更立諸弟子」，所謂適者，實兼弟言之，如大丁死後之外丙，仲壬死後之大甲；所謂諸弟子，則大丁死時之仲壬、大甲也。後世行此法者唯吳，而魯自桓公以前，亦一生一及，見《公羊》莊公三十二年，《史記・魯世家》作一繼一及。蓋東南之俗故如此，此可考見殷人之所起矣。

　　《論語・憲問篇》：「子張問曰：《書》云：高宗諒陰，三年不言，何謂也？子曰何必高宗？古之人皆然。君薨，百官總己，以聽於塚宰，三年。」蓋居喪之時，不自為政，實殷代之成法也。[073]《史記》曰：「帝大甲既立，三年，不明，暴虐，不遵湯法，亂德，於是伊尹放之於桐宮三年。」兩云三年，明先後凡六年。《偽古文尚書・大甲篇》曰：「王徂桐宮居憂。」又曰：「唯三祀，十有二月朔，伊尹以冕服奉嗣王歸於亳。」《偽孔傳》曰：「湯以元年十一月崩，至此二十六月服闋。」[074]

　　又釋《書序》之「大甲元年」為「湯歿而大甲立，稱元年」。釋《偽伊訓》之「唯元祀，十有二月，乙丑，伊尹祠於先王」，曰：「湯崩逾月，大甲即位，奠殯而告。」於是中失外丙、仲壬兩君；而大甲居喪，伊尹攝政，先後凡六年者，亦只得三年矣。觀《大戴禮記》、《國語》言殷代世數，皆與《史記》合，即知其作偽之不讎矣。《帝王世紀》亦仍有二君，見《伊訓

---

[072]　政體：立弟殷魯吳。

[073]　政體：亮陰之制，後似不能常行。

[074]　政體：伊尹廢大甲在三年非，偽孔傳併入其中。

肆命徂後序疏》。《大甲下疏》引《紀年》云：「殷仲王即位，居亳，其卿士伊尹。仲王崩，伊尹乃放大甲於桐而自立也。伊尹即位於大甲七年，大甲潛出自桐，殺伊尹，乃立其子伊陟、伊奮，命復其父田宅而中分之。」杜預《春秋後序》說同，已見第七章第四節。又《御覽》引《璅語》云：「仲王崩，伊尹放大甲，乃自立四年。」此等偽書，皆一鼻孔出氣，然皆以為大甲之見放，在諒陰之後也。又《沃丁序疏》引皇甫謐云：「沃丁八年，伊尹卒，卒年百有餘歲。大霧三日。沃丁葬之以天子禮。葬，祀以大牢，親臨喪，以報大德。」案此說出漢張霸之《百兩篇》，見《論衡·感類篇》。然諒陰總己之制，後似不能常行。觀《禮記·喪服四制》言高宗之時，禮廢而復起可知。此亦可見君權之日擴也。

　　《史記》仲丁遷於隞，《書序》作囂。河亶甲居相，《書序》同。祖乙遷於邢，《書序》作圮於耿。《書·盤庚篇》云：「不常厥邑，於今五邦。」《釋文》引馬云：「五邦，謂商丘、亳、囂、相、耿也。」《疏》引鄭亦云：「湯自商徙亳，數商、亳、囂、相、耿為五。」案《經》言於今，則當並盤庚所居言之。五遷蓋當數亳、囂、相、耿，暨盤庚所治之亳也。《書序》曰：「盤庚五遷，將治亳殷。」《偽孔傳》曰：「自湯至盤庚，凡五遷都。」《疏》曰：「上文言自契至於成湯八遷，並數湯為八，此言盤庚五遷，又並數湯為五，故班固云：殷人屢遷，前八後五，其實正十二也。此序云盤庚將治亳殷，下《傳》云：殷，亳之別名，則亳殷即是一都。《汲塚古文》云：盤庚自奄遷於殷。殷在鄴南三十里。束晳云：《尚書序》盤庚五遷，將治亳殷，舊說以為在亳。亳殷在河南。《孔子壁中尚書》云：將始宅殷，是與古文不同。《漢書·項羽傳》云：洹水南殷虛上。今安陽西有殷。束晳以殷在河北，與亳異也。孔子壁內之書，安國先得其本，亳字磨滅，容或為宅，治皆作亂，與治不類，無緣誤作始字，知束晳不見壁內之書，妄為說也。」案《竹書》傳於後者儘是偽物，此《疏》所引，亦未必真出束晳，然

作偽者之用心，則可見矣。《太平御覽‧皇王部》引《竹書》：「仲丁自亳遷
於囂。河亶甲自囂遷於相。祖乙居庇。南庚自庇遷於奄。盤庚自奄遷於北
蒙，曰殷。」蓋不滿五遷之並數湯，故益一南庚；又欲以殷墟為殷，故謂
盤庚所遷為北蒙也。河、洛之地，實名為殷，已見第一節。〈盤庚上篇〉：
「盤庚遷於殷。」《疏》引鄭玄曰「商家自徙而號曰殷」，謂「鄭以此前未有
殷名」，鄭說當有所本。仲丁遷於囂，《書疏》曰：「李顒云：囂在陳留浚
儀縣。今河南開封縣北。皇甫謐云：仲丁自亳徙囂，在河北也。或曰：今
河南敖倉。今河南滎陽縣北。二說未知孰是也。」以殷代都邑，多在河北
言之，皇甫謐囂在河北之說，似較得當。《太平御覽‧州郡部》引《帝王世
紀》轉引《世本》曰：「大甲遷上司馬，在鄴之南。」《世紀》果有此語，不
得又謂仲丁自亳徙囂。《呂覽‧音初篇》曰：「殷整甲徙宅西河，猶思故土，
實始作為西音。」近人錢穆《子夏居西河辯》引此；又引《史記‧孔子世家》
「衛靈公問孔子：蒲可伐乎？對曰：可。其男子有死之志婦人有保西河之
志，吾所伐者，不過四五人。」《索隱》曰：此西河在衛地，非魏之西河
也。《藝文類聚》卷六十四，《文選》左大沖〈招隱詩注〉引《尚書大傳》：「子
夏對夫子云：退而窮居河、濟之間。」以證子夏居西河，不在龍門汾州。
汾州今山西汾陽縣。其說甚確。然則《世本》之大甲，乃整甲或河亶甲之
誤，相正後世之相州也。今河南安陽縣。《韓詩外傳》曰：「武王伐紂到邢
丘，更名邢丘曰懷。」此即春秋時之邢國。今河北邢臺縣。《史記‧殷本
紀》言紂廣沙丘苑臺，又言其最樂戲於沙丘，沙丘固邢分，《書序》作「圮
於耿」，皇甫謐以河東皮氏縣耿鄉當之，皮氏今山西河津縣。誤矣。《偽傳
釋書序》曰「圮於相，遷於耿」，此大不辭。《疏》引鄭玄曰：「祖乙去相居
耿，而國為水所毀，於是修德御之，不復徙也。錄此篇者，善其國圮毀，
改政而不徙」，亦近臆說。《書序》即雜採古書為之，非有異聞，竊疑本亦
作遷於耿，遷既訛為圮，鄭玄、偽孔等，乃從而為之辭也。揚雄〈兗州牧

箴〉曰「盤庚北遷，牧野是宅」，蓋指其未涉河以前。造《竹書》者，蓋因此億盤庚徙居河北，乃臆改牧野之名為北蒙以當之。《國語‧楚語》曰「昔殷武丁，能聳其德，至於神明，以入於河，自河徂亳」，蓋謂其自外藩入居大位，即《書》所謂舊勞於外。足徵武丁猶在亳殷，《史記》武乙去亳徙河北之說甚確。《御覽‧州郡部》引《帝王世紀》云：「武丁徙朝歌，於周為衛，今河內縣也。」《水經‧淇水注》引《晉書‧道地記》曰：「朝歌本沬邑也，殷王武丁始遷居之。」蓋皆誤解《楚語》。造竹書者，既謂盤庚已居河北，不得再有武乙之徙，乃謂「自盤庚徙殷，至紂之滅，更不徙都」，《史記‧殷本紀正義》。其不讎又甚矣。洹水之南殷墟，近歲發掘，雖有所得，為古都邑無疑，然安能決殷王室之必居於是耶？

　　殷墟甲骨，出於清末，未幾即有以其太多而疑之者。至中央研究院派人查勘，則偽物充塞市肆，作偽者且確有主名。見第二章。案甲骨文之出土，事在光緒戊戌（西元1898年）、己亥（西元1899年）間。賈人攜至北平，為福山王懿榮所得。庚子（1900）秋，懿榮殉難。所藏皆歸丹徒劉鐵雲鶚。小屯土人，農隙掘地，歲有所得，亦歸焉。光、宣間所出，大半歸上虞羅叔言振玉。王氏所藏，凡千餘片。劉氏所藏，三千餘片。羅氏所藏，二三萬片。其餘散在諸家者，亦當以萬計。駐安陽之某國牧師，所藏亦近萬片。見近人自署亢父者所撰〈二十年間中國舊學之進步〉，載《東方雜誌》。又有自署老圃者，於十四年四月九日《時報》論其事曰：「光緒間，安陽掘得龜甲獸骨。或刻有篆文。而無文者尤纍纍。好事者購之百文輒得一大裹。然皆碎塊塊不過數字，不能詳其文義。其可辨者，以干支字為多。間有大片，字亦寥寥。其後購求者踵至，而續出者亦愈多。價亦飛騰，或一片索一金矣。無文之骨，亦不知何往，蓋一變而為有文矣。藏者以多字為貴。遂有連篇累牘者，誇示於眾，而真偽益不可究詰矣。」董作賓《試掘安陽小屯報告書》，言嘗晤鐘樓巷遵古齋肆主王姓，告以偽造甲骨者，以藍

葆光為最工。其人本善刻玉雕骨。號稱小屯出土之物，是人所造為多。又有王姓者，亦能放制，而遠不如藍。遵古齋壁間纍纍者，皆新出土無字之甲骨也。其〈安陽侯家莊出土之甲骨文字篇〉，謂十七年 (1928) 以後，真字骨幾絕跡，大都藍王二人所造。又吳縣國學會所出《國學論衡》，載章炳麟之言，謂偽造甲骨文者，即收藏最有名之士夫，則有不忍言者矣。故此物最近發掘，眾目昭彰者，自可據為研究之資。其前此所有者，則為矜慎起見，不如弗用之為愈也。乃近人多好據之以言古史。其魁桀當推王國維。所撰《殷卜辭中所見先王先公考》，據甲骨文，以王亥為殷之先王；謂天乙為大乙之訛；中宗實為祖乙；疑《史記》報丁、報乙、報丙之次為誤。其所得先公之次，適與十干之次同，明是作偽者不閒殷代掌故，亦曲說為諸公生卒之日，湯定祀典時已不可知，即用十日之次追名之。又作《殷周制度論》，謂周人言殷禮，已多失實；甚至謂殷人祭無定制，或九世，或廿世，或八世，或三世，或二世，或五世，或四世，而不顧其事理之不可通也。章炳麟《理惑篇》謂言古物者，首貴其人之貞信。見《國故論衡》。民國以來，有矢忠清室者，大抵愚闇無識之人。王氏蚤歲，治叔本華之學，議論精闢無倫，斷非愚闇無識者，而晚歲亦以清室遺老自居，立言是否由衷？令人不能無惑。此編於近世據殷墟甲骨以言殷事者，皆不之取，蓋其慎也。

▶ 第五節　周先世事蹟

《史記‧周本紀》曰：「周后稷，名棄，其母，有邰氏女，曰姜原。姜原為帝嚳元妃。姜原出野，見巨人跡，心忻然說欲，踐之。踐之而身動如孕者。居期而生子。以為不祥，棄之隘巷。馬牛過者，皆闢不踐。徙置之林中，適會山林多人，遷之而棄渠中冰上，飛鳥以其翼覆薦之。姜原以為神，遂收養長之。初欲棄之，因名曰棄。棄為兒時，屹如巨人之志，其遊戲好種樹麻菽，麻菽美，及為成人，遂好耕農。相地之宜，宜穀者稼穡

焉。民皆法則之。帝堯聞之，舉棄為農師。天下得其利，有功。帝舜曰：
棄，黎民始飢，爾後稷，播時百穀。封棄於邰，號曰后稷，別姓姬氏。后
稷之興，在陶唐、虞、夏之際，皆有令德。后稷卒，子不窋立。不窋末
年，夏后氏政衰，去稷不務，不窋以失其官，而奔戎狄之間。不窋卒，子
鞠立。鞠卒，子公劉立。公劉雖在戎狄之間，復修后稷之業。務耕種，行
地宜，自漆、沮度渭取材用。行者有資，居者有畜積。民賴其慶。百姓懷
之，多徙而保歸焉。周道之興自此始。故詩人歌樂思其德。公劉卒，子慶
節立，國於豳。慶節卒，子皇僕立。皇僕卒，子差弗立。差弗卒，子毀隃
立。《集解》：「《世本》作楡。」《索隱》：「《世本》作偽楡。」毀隃卒，子
公非立。《索隱》：「《世本》作公非辟方，皇甫謐云：公非，字辟方也。」
公非卒，子高圉立。《索隱》：《世本》云：高圉侯侔。高圉卒，子亞圉立。
《集解》：「《系本》云：亞圉云都。皇甫謐云：云都，亞圉字。」《索隱》：
「《漢書·古今表》曰：云都，亞圉弟按如此說，則辟方、侯侔，亦皆二
人之名，實未能詳。」亞圉卒，子公叔祖類立。《索隱》：「《世本》云：大
公組紺諸盩」《三代世表》稱叔類，凡四名。皇甫謐云：「公祖一名組紺諸
盩，字叔類，號曰大公也。」公叔祖類卒，子古公亶父立。古公亶父復修
后稷、公劉之業，積德行義，國人皆戴之。薰育戎狄攻之，欲得財物，予
之。已復攻，欲得地與民。民皆怒，欲戰。古公曰：有民立君，將以利
之。今戎狄所為攻戰，以吾地與民，民之在吾。與其在彼，何異？民欲以
我故戰，殺人父子而君之，予不忍為。乃與私屬遂去豳，[075] 度漆、沮，
逾梁山，止於岐下。豳人舉國扶老攜弱，盡復歸古公於岐下。及他旁國，
聞古公仁，亦多歸之。於是古公乃貶戎狄之俗，而營築城郭室屋，而邑別
居之，作五官有司，民皆歌樂之，頌其德。古公有長子曰大伯，次曰虞
仲。大姜生少子季歷。季歷娶大任，皆賢婦人。生昌，有聖瑞。古公曰：

---

[075] 階級：古公與私屬去豳。

我世當有興者，其在昌乎？長子大伯、虞仲知古公欲立季歷以傳昌，乃二人亡如荊蠻，紋身斷髮，以讓季歷。古公卒，季歷立，是為公季。公季修古公遺道，篤於行義，諸侯順之。公季卒，子昌立，是為西伯，西伯曰文王。」案《史記》述殷周先世，皆據《詩》、《書》之說。[076] 周先代事蹟，見於《詩》者較多，故其傳亦較詳。然周世系不如殷之完具。「自封棄於邰」至「不窋立」三十四字之間，后稷二字，凡有三解。號曰后稷之後稷指棄；后稷之興之後稷，茍棄以後不窋以前居稷官者；后稷卒之後稷，則不窋之父也。《國語·周語》：太子晉謂「自后稷之始基靖民，十五王而文始平之」；衛彪傒謂「后稷勤周，十有五世而興」，世數皆與《史記》合。《漢書·古今人表》，以闞方為公非子，高圉為闞方子，侯侔、亞圉皆高圉弟，雲都為亞圉弟，則多闞方、侯侔、云都三代。故杜氏《釋例》，以高圉為不窋九世孫。《路史發揮》引。然《酒誥疏》引《世本》世數悉與《史記》合；唯鞠作鞠陶，差弗作羌弗，公非作公飛，公叔祖類作組紺。《吳越春秋》亦云：公劉卒，子慶節立，後八世而得古公亶父；〈吳大伯傳〉。此八世系除本計，亦與《史記》、《世本》同，《漢書》殆非也。

　　《史記·劉敬傳》：敬言公劉避桀居豳，《吳越春秋·吳大伯傳》同，《史記·匈奴列傳》曰：夏道衰，而公劉失其稷官，變於西戎，邑於豳，雖不言何時，然下文云「其後三百有餘歲，戎狄攻大王亶父」，則亦以為在夏末也。韋《注》、《國語》，謂不窋當大康時；鄭氏《詩譜》，以公劉當大康時；繆矣。[077] 此蓋由誤解后稷卒之後稷為棄之故。《索隱》引《帝王世紀》云：后稷納姞氏，生不窋，亦同此誤。姞為后稷元妃，見《左氏》宣公三年，《史記·鄭世家》同。譙周謂「《國語》云：世后稷以服事虞、夏，言世稷官，是失其代數」，亦見《索隱》。其說是矣。商自湯至紂三十王，不

---

[076]　史事：周先世世系。

[077]　史事：公劉當桀，以為當大康誤。

窑在夏末，至文王十五世，由商兄弟相及，而周父子相繼也。其年代實略相當，可見繫世之傳不盡誣也。

　　周之興，蓋自公劉始，《詩‧公劉》毛《傳》曰：「公劉居於邰而遭夏人亂，追逐公劉，公劉乃避中國之難，遂平西戎，而遷其民，邑於豳。蓋諸侯之從者十有八國焉。」案《史記》言慶節立，國於豳，則公劉尚未居豳，《劉敬》及〈匈奴列傳〉皆言公劉居豳者，乃約略之辭，毛《傳》蓋亦如此。諸侯從者十八國《疏》云：「不知出何書」，疑即《史記》所謂「百姓懷之，多徙而保歸焉」者，諸侯，謂邑落君長也。邰舊說謂今陝西武功縣，豳為今邠縣，岐為今岐山縣，錢穆《西周地理考》謂邰即臺駘之地。《左氏》昭公九年，言金天氏有裔子曰昧，生臺駘，「宣汾、洮，障大澤，以處大原。帝用嘉之，封諸汾川」。《水經‧涑水注》：涑水兼稱洮水。是臺駘居汾、涑之域也。《左氏》昭公九年，王使詹桓伯辭於晉，曰：「我自夏以後稷、魏、駘、芮、岐、畢，吾西土也。」《御覽》引《隋圖經》：「稷山，在絳郡，今山西稷山縣。后稷播百穀於此。」《水經注》：山西去介山五十里。介山，在今山西萬泉縣東。漢武帝嘗用事介山。見本紀。〈封禪書〉：汾陰巫錦，為民祠魏脽后土營旁。後漢立后土祠於汾陰脽上。汾陰，漢縣，在今山西榮河縣北。《周書‧度邑》：武王升汾之阜，以望商邑。汾即邠，亦即豳。然則公劉舊邑，實在山西；大王逾梁山，當在今韓城；岐山亦當距梁山不遠也。予案虞、夏之間，吾族以避水患，西遷河、洛，更渡河而入河東，說已見前。山西之地，三面皆山，唯自蒲津渡河入渭域為平坦，錢氏之言，衡以地理情勢，固無不合矣。慶節而後，賢君當推高圉、亞圉，故〈魯語〉謂高圉、大王能帥稷而《左氏》昭公十七年載王命衛侯之辭，亦曰「余敢忘高圉、亞圉」也。古公貶戎狄之俗，營築城郭宮室，事蓋與公劉同。以農耕之族，介居戎狄之間，而迄未為其所同化，亦可謂難矣。

▶ 第六節　殷周興亡上

　　《史記‧周本紀》曰：「西伯曰文王。遵后稷、公劉之業，則古公、公季之法，篤仁，敬老，慈少，禮下賢者，日中不暇食，以待士。士以此多歸之。伯夷、叔齊在孤竹，聞西伯善養老，盍往歸之。大顛、閎夭、散宜生、鬻子、辛甲大夫之徒，皆往歸之。崇侯虎譖西伯於殷紂，曰：西伯積善累德，諸侯皆向之，將不利於帝。帝紂乃囚西伯於羑里。閎夭之徒患之，乃求有莘氏美女，《正義》：「《括地誌》云：古莘國城，在同州河西縣南二十里。《世本》云：莘國姒姓，夏禹之後。」案《詩‧大雅‧大明》曰：「纘女維莘，長子維行。」《箋》曰「莘國之長女大姒，則配文王」，乃周昏姻之國也。唐河西，今陝西朝邑縣。驪戎之文馬，《正義》：「《括地誌》云：驪戎故城，在雍州新豐縣東南十六里。」案今陝西臨潼縣新豐鎮。有熊九駟，《正義》：《括地誌》云：鄭州新鄭縣，本有熊氏之墟也。」案今河南鄭縣。此釋恐未確。他奇怪物，因殷嬖臣費仲而獻之紂，紂悅曰：此一物足以釋西伯，況其多乎？乃赦西伯，賜之弓矢斧鉞，使西伯得征伐，曰：譖西伯者，崇侯虎也。西伯乃獻洛西之地，以請紂去炮烙之刑。紂許之。西伯陰行善，諸侯皆來決平。於是虞、芮之人，《集解》：「《地理志》：虞在河東大陽縣。芮在馮翊臨晉縣。」案大陽，今山西平陸縣。臨晉，今陝西大荔縣。有獄不能決，乃如周。入界，耕者皆讓畔，民俗皆讓長。虞、芮之人，未見西伯，皆慚，相謂曰：吾所爭，周人所恥，何往？為祇取辱耳。遂還。俱讓而去。諸侯聞曰：西伯蓋受命之君。明年，伐犬戎。明年，伐密須。《集解》：「應劭曰：密須氏，姞姓之國。瓚曰：安定陰密縣是。」案今甘肅靈臺縣。錢穆《西周地理考》曰：《國語》：共王遊於涇上，密康公從，其地當在涇水下流。明年，敗耆國。《集解》：「徐廣曰：一作阢。」案〈殷本紀〉作飢，《集解》引徐廣曰：「飢一作阢，又作耆」，《宋微

子世家》作阢。《集解》引徐廣曰：「阢音耆。今《尚書》作黎。《括地誌》：故黎城，黎侯國也。在潞州黎城縣東北十八里。《尚書》云：西伯既戡黎是也。」案唐黎城，今山西黎城縣。殷之祖伊聞之，懼。以告帝紂。紂曰：不有天命乎？是何能為？明年，伐邘。《集解》：「徐廣曰：邘城，在野王縣西北。」案今河南沁陽縣。明年，伐崇侯虎。《正義》：「皇甫謐云：夏鯀封。虞、夏、商、周皆有崇國。崇國，蓋在豐、鎬之間，《詩》云：既伐於崇，作邑於豐，是國之地也。」而作豐邑，《集解》：「徐廣曰：豐在京兆鄠縣東，有靈臺。鎬在上林昆明北，有鎬池。去豐二十五里。皆在長安南數十里。」自岐下而徙都豐。明年，西伯崩，太子發立，是為武王。西伯蓋即位五十年。其囚羑里，蓋益《易》之八卦為六十四卦。詩人道西伯，蓋受命之年，稱王而斷虞、芮之訟。後九年而崩，改法度，制正朔矣，追尊古公為大王，公季為王季。蓋王瑞自大王興。」案《孟子》言：「文王生於岐周，卒於畢郢。」〈離婁下篇〉。《周書·大匡解》曰：「維周王宅程三年，遭天之大荒。」〈大開武解〉曰：「天降瘏於程。」程即郢，是文王又嘗居於郢也。《詩·大雅·皇矣》之篇曰：「密人不恭，敢距大邦，侵阮、徂、共。[078] 王赫斯怒，爰整其旅，以按徂旅，以篤於周祜，以對於天下。依其在京，侵自阮疆。陟我高崗，無矢我陵，我陵我阿；無飲我泉，我泉我池，度其鮮原，居岐之陽。在渭之將，萬邦之方，下民之王。」毛《傳》以侵阮徂共為「密須氏侵阮，遂往侵共」，文義似順。然釋「以按徂旅」之旅為地名。《疏》曰：「蓋自共復往侵旅。」又以侵自阮疆為密人侵周，則殊為不辭。鄭《箋》以阮、徂、共為三國名，釋以按徂旅為卻止徂國之兵眾，侵自阮疆為往侵阮國之疆，實於義為協。《疏》謂《魯詩》之說如此。蓋鄭君初治《韓詩》，《韓》、《魯》說同。漢初經師，皆自有傳授，不專恃簡策，未可以阮、徂、共為三國不見古書而疑之也。《疏》引皇甫

---

[078]　經學：侵阮、徂、共。

謐，亦有侵阮、徂、共而伐密須之說。謐雖好附會，然此言不能憑空造作；況謐非佞鄭者，其學術多同王肅，而肅則申毛難鄭者也。故知謐此言必有所據。其所據，或即三家遺說也。錢穆《西周地理考》云：《左氏》文公四年（西元前 623 年），晉侯伐秦，圍邧新城，《史記・魏世家》：文侯十六年（西元前 623 年），伐秦，築臨晉、元里。元里即邧，亦即阮，地當近臨晉。共，即齊王建入秦所處也。《箋》云：「文王但發其依居京地之眾，以往侵阮國之疆。登其山脊，而望阮之兵。兵無敢當其陵及阿者。又無敢飲食於其泉及池水者。文王見侵阮而兵不見敵，知己德盛而威行，可以遷居定天下之心，乃始謀居善原廣平之地。亦在岐山之南，居渭水之側，為萬國之所鄉，作下民之君。後竟徙都於豐。」《疏》曰：「大王初遷，已在岐山，故言亦在岐山之陽。《周書》稱文王在程，作《程寤》、〈程典〉；皇甫謐云：文王徙宅於程，蓋謂此也。」案《疏》以文王所居之岐陽，非即大王之所遷是也。至謂其地即程則非。伐密須為文王受命後事，而〈程典〉云：「文王合六州之侯，奉勤於商，商王用宗讒，震怒無疆，諸侯不娛，逆諸文王。」蓋即《論語》所謂「三分天下有其二，以服事殷」；〈大伯篇〉。《左氏》所謂「紂囚文王七年，諸侯皆從之囚者」，襄公三十一年。七年五伐，《詩・大雅・文王序疏》引《書傳》，謂一年斷虞、芮之訟，二年伐邘，三年伐密須，四年伐犬夷，五年伐耆，六年伐崇，七年而崩，與《史記》異，蓋當以《史記》為是。犬戎、密須皆近患，故先伐之。耆在上黨，邘在野王，則所以圖崇。崇蓋紂黨最大者，故最後伐之。用兵先後，次序井然，不得如《書傳》所云。殷、周《本紀》，多據《書傳》，此事亦不得有異同，蓋《書傳》本同《史記》，後乃倒亂失次也。羑里之囚，鄭注《書序》，以為在三伐之後，伐耆之前。《疏》據《殷傳》，「西伯得四友獻寶，免於虎口而克耆」，《大傳》「得三子獻寶，紂釋文王而出伐黎」之文，曲為之說。殊不知《書傳》此文，乃以獻寶伐耆者，為文王大事而偏舉之，非謂其

事必相銜接。以情理論之，文王既三伐皆勝，安能復為紂所囚？故不如襄三十一年《左疏》之說，以被囚在虞、芮質獄之前為當也。《韓非・難二》：「昔者文王侵盂，克莒，舉豐，三舉事而紂惡之。文王乃懼，請入洛西之地，赤壤之國方千里，以解炮烙之刑。」似亦謂文王被囚，在三伐之後，然此乃約略之辭，且誤謂克豐在前，更不足據矣。而鄭注緯候，以文王稱王在受命六年後，見《文王序疏》。更無當矣。夫知被囚在受命之前，則知〈程典〉必不能作於伐密須之歲。《周書・史記》曰：「昔有畢程氏，損祿增爵，群臣貌匱，比而戾民，畢程氏以亡。」畢程蓋古國，文王滅之而居其地，其事尚在作〈大匡〉之前。至於〈皇矣〉之詩，所謂居岐之陽者，則即《史記》所謂「自岐下而徙居豐」之岐下；其地亦名鮮原，《周書・和寤解》所謂「王乃出圖商，至於鮮原」者也。文王雖作豐邑，而卒於酆，葬於畢；武王圖商，仍在鮮原；蓋豐為新都，營建初就，尚未定居故耳。《呂覽・具備》：「武王嘗窮於畢程矣。」則武王亦嘗居酆。《括地誌》：周文王墓，在雍州萬年縣西南二十八里畢原上。唐萬年，今陝西長安縣。鄭《箋・皇矣》，初不據《史記》，而其說密合如此，則以其原本《魯詩》，而《史記》亦據詩人之言故也。亦可見漢初經師之學，自有真傳矣。

　　〈殷本紀〉曰：「帝紂資辯捷疾，聞見甚敏。材力過人，手格猛獸。知足以距諫，言足以飾非。矜人臣以能，高天下以聲，以為皆出己之下。好酒淫樂，嬖於婦人。愛妲己。妲己之言是從。於是使師涓作新淫聲，北里之舞，靡靡之樂。厚賦稅以實鹿臺之錢，而盈巨橋之粟。益收狗馬奇物，充仞宮室。益廣沙丘苑臺，多取野獸蜚鳥置其中。慢於鬼神。大最樂戲於沙丘。以酒為池，縣肉為林，使男女裸相逐其間，為長夜之飲。百姓怨望，而諸侯有畔者。於是紂乃重闢刑，有炮烙之法。以西伯昌、九侯、《集解》：「徐廣曰：一作鬼侯。鄴縣有九侯城。」《索隱》：「九亦依字讀，鄒誕生音仇也。」案鄴，今河南臨潼縣。鄂侯《集解》：「徐廣曰：一作邘，

音於。野王縣有邢城。」案此恐以紂都河北，謂鄂地在今湖北，疑其大遠而改之。古書述紂醢九侯，脯鄂侯，囚西伯事者甚多，無作邢者。為三公。九侯有好女，入之紂。九侯女不憙淫。紂怒，殺之，而醢九侯。《春秋繁露・王道篇》：「紂刑九侯之女而取其環。」鄂侯爭之強，辨之疾，並脯鄂侯。西伯昌聞之，竊嘆。崇侯虎知之，以告紂。紂囚西伯羑里。《集解》：「《地理志》曰：河內湯陰有羑里城。」案《北堂書鈔》引《白虎通》曰：「夏曰夏臺，殷曰羑里，周曰囹圄。」《意林》引《風俗通》同則但以為獄名耳，不必求其地以實之。湯陰，今河南湯陰縣。西伯之臣，閎夭之徒，求美女奇物善馬以獻紂。紂乃赦西伯。西伯出而獻洛西之地，《正義》：「洛水，一名漆沮水。在同州。洛西之地，謂洛西及丹、坊等州也。」案唐同州，今陝西大協縣。丹州，今陝西宜川縣。坊州，今陝西中部縣。以請除炮烙之刑。紂乃許之。賜弓矢斧鉞，使得征伐，為西伯，而用費仲為政。費仲善諛，好利，殷人弗親，紂又用惡來。惡來善毀，讒諸侯，以此益疏。以此益疏上，疑當重諸侯字。西伯歸，乃陰修德行善。諸侯多叛紂而往歸西伯，西伯滋大，紂由是稍失權重。王子比干諫，弗聽。商容賢者，百姓愛之，紂廢之。及西伯伐飢國，滅之。紂之臣祖伊，聞之而咎周，恐奔告紂。紂曰：我生不有命在天乎？祖伊反曰：紂不可諫矣。西伯既卒，周武王之東伐，至盟津，今河南孟津南。諸侯叛殷會周者八百諸侯。皆曰：紂可伐矣。武王曰：爾未知天命。乃復歸。紂愈淫亂不止。微子數諫，不聽，乃與大師、少師謀，遂去。比干曰：為人臣者，不得不以死爭。乃強諫紂。紂怒曰：吾聞聖人心有七竅。剖比干觀其心。箕子懼，乃詳狂為奴。紂又囚之，殷之大師、少師，乃持其祭樂器奔周。周武王於是遂率諸侯伐紂。紂亦發兵距之牧野。集解：「鄭玄曰：牧野紂南郊地名也。」案見《詩・大雅・大明箋》。甲子日，紂兵敗，紂走入，登鹿臺，衣其寶玉衣，赴火而死。周武王遂斬紂頭，縣之白旗，殺妲己，釋箕子之囚，封比干之

墓，表商容之閭，封紂子武庚祿父，以續殷祀，令修行盤庚之政。殷民大悅。」

〈周本紀〉曰：「武王即位，大公望為師，周公旦為輔，召公、畢公之徒，左右王師，修文王緒業。九年（西元前 1048 年），武王上祭於畢。東觀兵，至於孟津。為文王木主，載以車，中軍。武王自稱太子發，言奉文王以伐，不敢自專。是時諸侯不期而會盟津者八百諸侯。諸侯皆曰：紂可伐矣。武王曰：女未知天命，未可也。乃還師歸。居二年，聞紂昏亂，暴虐滋甚。殺王子比干，囚箕子。大師疵、少師強抱其樂器而奔周。於是武王遍告諸侯曰：殷有重罪，不可以不畢伐。乃遵文王。遂率戎車三百乘，虎賁三千人，甲士四萬五千人，以東伐紂。十一年十二月戊午，師畢渡萌津。諸侯咸會，曰：孳孳無怠。武王乃作〈大誓〉，告於眾庶。二月甲子。昧爽，武王乃朝至於商郊牧野乃誓。誓已，諸侯兵會者車四千乘。陳師牧野。帝紂聞武王來亦發兵七十萬人距武王。武王使師尚父與百夫致師。以大卒馳帝紂師。紂師雖眾，皆無戰之心，心欲武王亟入。紂師皆倒兵以戰，以開武王。武王馳之。紂兵皆崩，畔紂。紂走。反入，登於鹿臺之上。蒙衣其珠玉，自燔於火而死。武王持大白旗以麾諸侯。諸侯畢拜武王。武王乃揖諸侯。諸侯畢從。武王至商國，商國百姓，咸待於郊。於是武王使群臣告語商百姓曰：上天降休。商人皆再拜稽首。武王亦答拜。遂入。至紂死所。武王自射之，三發。而後下車，以輕劍擊之。以黃鉞斬紂頭，縣大白之旗。已而至紂之嬖妾二女。二女皆經自殺。武王又射三發，擊以劍，斬以玄鉞，縣其頭小白之旗。武王已，乃出，覆軍。其明日，除道修社及商紂宮。及期，百夫荷罕旗以先驅。武王弟叔振鐸奉陳常車。周公旦把大鉞，畢公把小鉞，以夾武王。散宜生、大顛、閎夭皆執劍以衛武王。既入，立於社南。大卒之左右畢從。毛叔鄭奉明水，衛康叔奉布茲，召公奭贊采，師尚父牽牲。尹佚筴祝曰：殷之末孫季紂，殄廢先王明德，

侮蔑神祇不祀，昏暴商邑百姓，其章顯聞於天皇上帝。於是武王再拜稽首曰：膺更大命，革殷，受天明命。武王又再拜稽首。乃出。封商紂子祿父殷之餘民。武王為殷初定，未集，乃使其弟管叔鮮、蔡叔度相祿父治殷。《正義》：「《地理志》云：河內，殷之舊都，周既滅殷，分其畿內為三國，《詩》邶、鄘、衛是。邶以封紂子武庚，鄘，管叔尹之，衛，蔡叔尹之，以監殷民，謂之三監。《帝王世紀》云：自殷都以東為衛，管叔監之；殷都以西為鄘，蔡叔監之；殷都以北為邶，霍叔監之；是為三監，二說各異，未詳也。」案《書·大誥序偽孔傳》云：三監，管、蔡、商，說同《漢志》。《詩·邶鄘衛譜》云：「邶、鄘、衛者，商紂畿內之地。周武王伐紂，以其京師，封紂之子武庚為殷後。乃三分其地，置三監。使管叔、蔡叔、霍叔尹而教之。自紂城而北謂之邶，南謂之鄘，東謂之衛。」《疏》謂：「王肅、服虔，以為鄘在紂都之西。」是譖言三監本鄭，言鄘所在，則依服、王也：三監為古監察之制，不可並所監之人計入；況《尚書大傳》明言「祿父及三監叛」，祿父在三監之外明矣。然《書傳》亦但云：「武王使管叔、蔡叔監祿父。」〈衛康叔世家〉云：「武王令管叔、蔡叔傅相武庚祿父。」〈管蔡世家〉云：「武王封叔鮮於管，封叔度於蔡，二人相紂之子武庚祿父，治殷遺民。」亦皆不及霍叔。《左氏》僖公二十四年，載富辰之言，亦但曰二叔不咸而已，是何哉？案《周書·作雒》云：「武王克殷，乃立王子祿父，俾守商祀，建管叔於東，建蔡叔、霍叔於殷，俾監殷臣。」又曰「俾祿父守於殷，俾仲旄父宇於東」，則霍叔實從蔡叔，故古人多不之及。〈管蔡世家〉言：「周公分殷餘民為二：其一封微子啟於宋，以續殷祀，其一封康叔為衛君。」疑康叔所受武庚地，微子所受，則管叔、中旄父之所宇也。三監但為監察之制之名，其人不必定三，[079] 三人之權力，尤必有高下，不容相侔，故古多以管、蔡並稱。亦有但舉管叔者，如《孟子·公孫丑下》，

---

[079]　史事：三監不必三人並立，霍從蔡地分為二。

陳賈謂「周公使管叔監殷，管叔以殷畔」是也。明乎此，則知必畫三監之地為三，已為無據，而鄘之在南在西，更不必論矣。《漢志》謂周公誅三監，盡以其地封康叔。服虔及孔、賈、馬相同，見《詩譜》及《左氏》襄公二十九年疏，唯鄭謂衛後世始兼邶、鄘，亦皆以意言之耳。已而命召公釋箕子之囚。命畢公釋百姓之囚。表商容之閭。命南宮括散鹿臺之財，發巨橋之粟，以振貧弱萌隸。命南宮括、史佚展九鼎、保玉。《集解》：「徐廣曰：保一作寶。」命閎夭封比干之墓。命宗祝享祀於軍。乃罷兵西歸。行狩。武王追思先聖王，乃褒封神農之後於焦，《集解》：「《地理志》：弘農陝縣有焦城，故焦國也。」案陝，今河南陝縣。黃帝之後於祝，《正義》：「《左傳》云：祝其實夾谷。杜預云：夾谷即祝其也。服虔云：東海郡祝其縣也。」案今江蘇贛榆縣。帝堯之後於薊，[080]《集解》：「《地理志》燕國有薊縣。」案今河北薊縣。帝舜之後於陳，今河南淮陽縣。大禹之後於杞。今河南杞縣。於是封功臣謀士，而師尚父為首封。封尚父子營丘，曰齊。今山東昌樂縣。封弟周公旦於曲阜，曰魯。今山東曲阜縣。封召公奭於燕。《正義》：「封帝堯之後於薊，封召公奭於燕，觀其文，稍似重也。《水經注》云：薊城內西北隅有薊丘，因取名焉。《括地誌》云：燕山，在幽州漁陽縣東南六十里。宗國《都城記》云：周武王封召公奭於燕，地在燕山之野，故國取名焉。按周封以五等之爵，薊、燕二國，俱武王立，因燕山薊丘為名，其地足自立國薊微燕盛，乃並薊居之。薊名遂絕焉。今幽州薊縣，古燕國也。」案唐漁陽郡，治薊。封叔鮮於管。今河南鄭縣。弟叔度於蔡。今河南上蔡縣。餘各以次受封。武王征九牧之君，登豳之阜，以望商邑。武王至於周，自夜不寐。周公旦即王所曰：曷為不寐？王曰：我未定天保，何暇寐？王曰：定天保，依天室。自洛汭延於伊汭，居易毋固，其有夏之居。我南望三塗，北望獄鄙，顧詹有河，粵詹雒、伊，毋遠

---

[080]　史事：封堯後於薊，或不近燕。

天室。營周居於雒邑而後去。縱馬於華山之陽，放牛於桃林之虛，今潼關函谷間之地。偃干戈，振兵，釋旅，示天下不復用也。」

《史記》武王勝殷之事，略同《周書·克殷解》。足見《周書》雖非孔子所傳，實與《尚書》同類，為古之遺書，頗可信據也。《周書·世俘解》，亦述武王伐殷之事。又有命大公望御方來，呂他命伐越、戲方，侯來命伐靡，集於陳，百弇以虎賁誓命伐衛，陳本命伐磨，百韋命伐宣方，新荒命伐蜀，百韋命伐厲，則《史記》皆未之及。〈世俘解〉又曰：「武王狩禽。虎二十有二，貓二，麋五千二百三十五，犀十有二，犛七百二十有一，熊百五十有一，羆百一十有八，豕三百五十有二，貉十有八，麈十有六，麞五十，麇朱有曾《集訓校釋》改麇。三十，鹿三千五百有八。武王遂征四方，凡憝國九十有九國。馘磨或作麾或作魔。億有十萬七千七百七十有九。俘人三億萬有二百三十。凡服國六百五十有二。」其言似誕，然即《史記》所謂「行狩」，亦即《孟子》所謂「滅國者五十驅虎豹犀象而遠之」也。〈滕文公下篇〉。《孟子》又言紂之罪曰：「壞宮室以為汙池，民無所安息，棄田以為園囿，使民不得衣食。園囿汙池，沛澤多而禽獸至。」今按《漢書·地理志》，以朝歌為紂所都。又曰：紂所作沙丘臺，在鉅鹿東北七十里。漢鉅鹿，今河北平鄉縣。則紂之苑囿綿地甚廣。當時沙丘附近，蓋皆荒穢之區，故多禽獸沛澤也。然而周之先，雖云世后稷，公劉、古公，仍世以農業興；「文王卑服，即康功田功」；《書·無逸》。而其不脫野人好獵之習，亦可見矣。不特此也。《史記》殷、周本紀皆言紂衣寶玉赴火死，紂何所衣以死，則何足記？然而斤斤記之者？《周書·世俘》又曰：「商王紂取天智玉琰瑲身厚以自焚，凡厥有庶，告焚玉四千。五日，武王乃俾千人求之。四千庶則銷。天智玉五在火中不銷。凡天智玉，武王則寶與同。凡武王俘商舊玉，億有百萬。」《史記》曰：「命南宮括、史佚展九鼎、保玉。」〈克殷解〉曰：「命南宮百達、史佚遷九鼎三巫。」孔《注》「三

巫，地名」。此即《左氏》桓公二年，臧哀伯所謂「武王克商，遷九鼎於雒邑，義士猶或非之」者。周之所求可見，而親戮敵國帝后之屍，則又暴秦之所不為，[081] 更無論齊桓、晉文也。周之為德，亦可見矣。

　　夏曾佑《古代史》曰：「中國言暴君，必數桀紂，猶之言聖君，必數堯、舜、湯、武也。今案各書引桀、紂事多同，可知其必多附會。蓋既亡之後，興者必極言前王之惡，而後己之伐暴為有名，天下之戴己為甚當，不如此不得也。今比而觀之：桀寵妹嬉，元注：《晉語》。紂寵妲己，元注：《晉語》。一也。桀為酒池，可以運舟，一鼓而牛飲者三千人。元注：劉向《新序》。紂以酒為池，縣肉為林，使男女裸相逐其間，為長夜之飲。元注：《史記・殷本紀》。二也。桀為瓊臺瑤室，以臨雲雨。元注：劉向《列女傳》。紂造傾宮瑤臺，七年乃成，其大三里，其高千仞。元注《大平御覽》八十四引《帝王世紀》。三也。桀殺關龍逢，元注：《大平御覽》八十二引《尚書・帝命驗》。紂殺比干，元注：《史記・殷本紀》。四也。桀囚湯於夏臺，元注：《史記・殷本紀》。湯行賂，桀釋之。元注：大公《金匱》。紂囚文王於羑里，西伯之徒，獻美女、奇物、善馬，紂乃赦西伯，元注：《史記・殷本紀》。五也。桀曰：時日曷喪。元注：「《孟子》。時日，言生之時日，即命也。與紂稱有命在天同意。前人以天上之日不喪解之，又訛為桀失日，恐非。」案時日與命異。失日見《韓非子》，亦與此無關。夏說恐非。紂曰：我生不有命在天。元注：《尚書》。六也。故一為內寵，二為沉湎，三為土木，四為拒諫，五為賄賂，六為信命，而桀、紂之符合若此，天下有為善而相師者矣，未有為惡而相師者也，故知必有附會也。」案謂言桀、紂之惡者多附會，是也。然謂附會之由，由於興者極言前王之惡，則誤以後世事度古人。古本無信史，古人又不知求實，凡事皆以意言之，正如希臘荷馬之《史詩》，宋、元以來之平話耳。或侈陳而過其實，或臆說而失其真，

---

[081]　史事：武王戮紂屍，暴秦所不為。

皆意中事。然附會之辭，雖或失實，亦必有由，不能全無根據也。就桀、
紂言之，則紂之世近，而事之傳者較詳，桀之世遠，而事之傳者較略，故
以紂之惡附諸桀者必多，以桀之惡附諸紂者必少。《史記・周本紀》載〈大
誓〉之辭曰：「今殷王紂，乃用其婦人之言，自絕於天。毀壞其三正。離逷
其王父母弟。乃斷棄其先祖之樂。乃為淫聲，用變亂正聲，怡說婦人。」
又載〈牧誓〉之辭曰：「古人有言：牝雞無晨。牝雞之晨，唯家之索。今殷
王紂，維婦人之言是用。自棄其先祖肆祀不答。昏棄其家國，遺其王父母
弟不用。乃維四方之多罪逋逃，是崇是長，是信是使。俾暴虐於百姓，以
奸軌於商國。」二誓所言實同。數其罪：則用婦言一，棄祠祀二，作淫樂
三，疏親族四也。《左氏》昭公七年，陳無宇謂武王數紂之罪曰「紂為天下
逋逃主，萃淵藪」，此與〈牧誓〉所謂「遺其王父母弟」者，只是一事，所謂
棄親用羈也。〈酒誥〉曰：「在今後嗣王酣身。」〈無逸〉曰：「無若殷王受之
迷亂，酗於酒德哉。」《詩・大雅・蕩》曰：「文王曰咨，咨女殷商。天不湎
爾以酒，不義從式，既愆爾止，靡明靡晦，式號式呼，俾晝作夜。」觀〈酒
誥〉所言，沫邦沉湎之習，蓋久而未改，則紂之迷亂，絕非虛語也。《荀
子・成相》曰：「飛廉知政任惡來。卑其志意，大其園囿高其臺。」此即《孟
子》所謂「棄田以為園囿」者。傾宮瓊臺，固非其時所能有，臺與園囿，則
非其所不能為矣。褚先生〈補龜策列傳〉曰：「紂有諛臣，名為左強。誇而
目巧，教為象廊。將至於天。又有玉床。犀玉之器，象箸而羹。」又曰：
「桀為瓦室，紂為象廊。」〈魯頌〉言元龜象齒，則魯之南有像，誇張之辭，
非盡無據。〈補龜策列傳〉又言：「桀有諛臣，名曰趙梁。教為無道，勸以
貪狼。系湯夏臺，殺關龍逢。左右恐死，偷諛於旁。國危於累卵，皆曰無
傷。稱樂萬歲，或曰未央。蔽其耳目，與之詐狂。湯卒伐桀，身死國亡。
聽其諛臣，身獨受殃。《春秋》著之，至今不忘。」云《春秋》著之，則趙
梁、左強之名絕非臆造。〈史記解〉曰：「好貨財珍怪，則邪人進。邪人進，

則賢良日蔽而遠。賞罰無位，隨財以行。夏后氏以亡。」又曰：「嚴兵而不仁者其臣懾。其臣懾而不敢忠。不敢忠則民不親其吏。刑始於親，遠者寒心。殷商以亡。」《史記》乃取遂事為要戒，必無故毀前人之理。則謂桀、紂拒諫好賄，亦非虛語也。要之古代傳述之辭，多不審諦，亦無絕無根據者。要在細心讀之，不可一筆抹殺，尤不可妄以後世之情形度古事也。〈史記解〉又曰：「昔者有洛氏，宮室無常，池囿廣大，工功日進，以後更前。民不得休，農失其時。饑饉無日。成商伐之，有洛以亡。」此有洛氏亦即桀，與夏后氏分言者，意主列舉遂事，以為要戒，故隨其惡而列舉之。變夏后氏為有洛氏者，行文避復，亦古人文例也。

　　《史記》文王受命七年而崩，九年，武王東觀兵，十一年伐紂，十二年克之。《周書》則文王受命九年，猶在鎬召太子發。劉歆因以為文王受命九年而崩。再期在大祥而伐紂，還歸二年，乃遂伐紂，克殷，自文王受命至此十二年。[082] 致誤之由實由周人自諱文王死時，武王祕喪伐紂，而事為眾所習知，諱之卒不能盡之故，已見第四章。文王受命唯中身，似當解為年五十歲。〈補龜策列傳〉言：紂「殺周太子歷，囚文王昌」，則季歷實未即位，其見殺尚在大王時，更無論文王也。紂囚文王七年，文王受命後亦七年而崩，則其受命之歲，適當在位年數之中，故曰受命唯中身。《周書·酆保》「唯二十三祀，九州之侯，咸格於周」，似為文王即位之歲。〈小開〉作於三十五祀，意在謀開後嗣。下繼以〈文儆〉、〈文傳〉，則文王將歿時事。若其事在作〈小開〉之明年，則自二十三祀至三十六祀，固適得十四年也。《史記》言王瑞自大王興。〈大匡〉言三州之侯咸率。〈程典〉合六州之侯。〈酆保〉則九州咸格。古言九州，猶云天下。三州咸率，謂三分天下有其一，合六州有其二，九州格則天下服矣。然猶王季見殺，文王被囚，武王且傳有王門之辱。《呂覽·首時》：「王季歷困而死。文王苦之。

---

[082] 史事：殷周競爭之跡。

有不忘羑里之醜。時未可也。武王事之，夙夜不懈。亦不忘王門之辱。立十二年而成甲子之事。」《韓非‧喻老》：「文王見詈於王門，顏色不變，而武王禽紂於牧野。」〈難四〉：「武身受詈。」《戰國‧趙策》：「昔者文王拘於牖里，而武王羈於玉門。」則紂在當日，兵力猶強。楚莊稱紂之百克，非無由也。《左氏》宣公十二年。又十五年，伯宗曰：「夫恃才與眾，亡之道也。殷紂由之，故滅。」九侯，舊說在鄴，似因其近紂都而附會。宋翔鳳謂即《文王世子》「西方有九國焉」之九國，亦即《詩》「我征自西，至於艽野」之艽野。見《過庭錄‧艽野即鬼方條》。其說頗長，九鬼同聲，《書傳》之二年伐邢，《禮記‧文王世子疏》引作伐鬼方，九侯之在西方，隱約可見。《易》言高宗伐鬼方，〈既濟〉。則武丁似嘗用兵於西。武乙去亳徙河北，而暴雷震死於河、渭之間，不知其果震死歟？抑亦如周昭王之南征，名隕於江，實覆於敵也。然武乙蹤跡，曾至河西，則可見矣。鄂似即《左氏》隱公六年，「翼九宗五正頃父之子嘉父逆晉侯於隨，納諸鄂」之鄂。其地當在河、汾下流。然則見脯、見殺、見囚者，固皆西方之諸侯也。〈秦本紀〉言：蜚廉為紂石北方，為壇霍大山而報，遂葬於霍大山，則紂時聲教又嘗遠暨河東。《禮記‧樂記》言武之樂曰：「始而北出，再成而滅商，三成而南，四成而南國是疆，五成而分周公左，召公右，六成復綴以崇。」洛西之地，《正義》以丹、坊等州當之，其地距殷大遠，恐非紂所能有，洛雒二字，相淆已久。河、洛固有夏之居，成湯作宮邑焉，盤庚又徙居之；竊疑周之初圖，實在於此，迨為紂所迫而獻洛西，乃改途而戕者，出上黨以臨河內，所謂始而北出也。紂雖曰不有天命乎，然於是時，亦當稍嚴河內之防，武王乃復出其不意，濟孟津而臨牧野，所謂再成而滅商也。滅商之後，亟營雒邑，自此聲威浸及於南，則所謂三成而南，四成而南國是疆者。其後周、召分陝，而周南之地，實在南陽、南郡之間，《水經‧江水注》引韓嬰敘《詩》。則周之重南，固過於其重北。以東北之

地，自沙丘以往，多為禽獸沛澤之區，而河洛則自夏以來之都邑也。椒舉謂「商紂為黎之搜，東夷叛之」。《左氏》昭公四年。叔向謂「紂克東夷而隕其身」。昭公十一年。所謂東夷，蓋即沙丘以往之地。紂之為此，蓋徒以肆其苑囿田獵之樂，不圖力竭於東而敝於西，周人遂乘其後也。淫樂而重之以武，固罔不喪其邦歟？

▶ 第七節　殷周興亡下

　　武王之克殷，奄尚未滅，然《史記》述周封諸侯，已有封周公於魯之文。又帝堯之後，與召公奭封地相同，《正義》雖曲為之說，究屬牽強。《左氏》昭公九年，王使詹桓伯辭於晉曰：「自武王克商以來，肅慎、燕、亳，吾北土也。」肅慎所在不可知，然必近於燕。此燕為南燕，在今河南延津縣。亳蓋殷人舊都，觀春秋時宋之社猶稱亳社可知。哀公四年，《公羊》作蒲社，案《札記‧郊特牲》亦作亳社。則亦隞、相、邢、朝歌等處耳。此時周之兵力，實未逾殷之舊境。《史記》述周初封國，蓋雜後來之事言之，非當時實錄也。《周書‧大匡》曰：「唯十有三祀，王在管。管叔自作殷之監。東隅之侯，咸受賜於王。」〈文政〉曰：「唯十有三祀，王在管。管、蔡開宗循。」蓋管為東方重鎮，周初兵力所極。紂地既未能有，仍以封其子武庚；淮夷、徐戎等，又為力所未及；則武王時，周之王業，所成者亦僅矣。故殷、周之興亡，實至武庚敗亡而後定。《國語》言商代列王，並武庚數之，非偶然也。

　　《史記‧周本紀》曰：「武王病，天下未集。群公懼穆卜。周公乃祓齋自為質，欲代武王。武王有瘳，後而崩。太子誦代立，是為成王。成王少，周初定天下周公恐諸侯畔，周公乃攝行政，當國。管叔、蔡叔群弟疑周公與武庚作亂，畔周。周公奉成王命伐，誅武庚、管叔，放蔡叔。以微子開代殷後，國於宋。今河南商邱縣。頗收殷餘民，以封武王少弟封，為

衛康叔。周公行政七年，成王長，周公反政成王，北面就群臣之位。成王
在豐，使召公復營雒邑，如武王之意。周公復卜申視，卒營築，居九鼎
焉。曰：此天下之中，四方入貢道里均。興正禮樂。度制於是改，而民
和睦，頌聲興。」〈魯周公世家〉曰：「周公不就封留佐武王。武王克殷二
年，天下未集。武王有疾，不豫。群臣懼。大公、召公乃繆卜。周公曰：
未可以戚我先王？周公於是乃自以為質。令史策告大王、王季、文王，欲
代武王發。藏其策金縢匱中。誠守者勿敢言。明日，武王有瘳。其後武王
既崩，成王少，在強葆之中。周公恐天下聞武王崩而畔。周公乃踐阼代成
王，攝行政，當國。管叔及其群弟流言於國曰：周公將不利於成王。周公
乃告大公望、召公奭曰：我之所以弗闢而攝行政者，恐天下畔周，無以
告我先王大王、王季、文王。三王之憂勞天下久矣，於今而後成；武王
早終，成王少；將以成周，我所以為之若此。於是卒相成王，而使其子
伯禽代就封於魯。管、蔡、武庚等果率淮夷而反。周公乃奉成王命，興
師東伐。遂誅管叔，殺武庚，放蔡叔，收殷餘民，以封康叔於衛。封微
子於宋，以奉殷祀。寧淮夷東土。二年而畢定。諸侯咸服宗周。東土以
集。周公歸報成王。乃為詩詒王，命之曰〈鴟鴞〉。王亦未敢訓周公。成
王七年，二月，乙未，王朝步自周，至豐。使大保召公先之雒相土。其三
月，周公往營成周雒邑，卜居焉。曰：吉，遂國之。成王長，能聽政。
於是周公乃還政於成王。成王臨朝。周公之代成王治，南面倍依，以朝
諸侯。《書·大誥》：「王若曰。」《疏》云：「鄭玄云：王周公也。周公居
攝，命大事則權稱王。」案《周書·度邑》：武王謂周公曰：「乃今我兄弟
相後。」則武王曾欲傳位於周公。此其所以為管、蔡所疑也。及七年後，
還政成王。北面就臣位，躬躬如畏然。初，成王少時病，乃自揃其蚤，沉
之河，以祝於神，曰：王少，未有識，奸神命者乃旦也。亦藏其策於府。
成王病有瘳。及成王用事，人或譖周公，周公奔楚。成王發府，見周公禱

書，乃泣，反周公。周公在豐，病，將沒，曰：必葬我成周，以明吾不敢
離成王。周公既卒。成王亦讓，葬周公於畢，從文王，以明予小子不敢
臣周公也。周公卒後，秋，未獲，暴風雷雨。禾盡偃，大木盡拔。周國大
恐。成王與大夫朝服，以開金縢書。王乃得周公所自以為功代武王之說。
二公及王，乃問史百執事。史百執事曰：信有。昔周公命我勿敢言。成王
執書以泣曰：自今後其無繆卜乎？昔周公勤勞王家，唯予幼人弗及知。今
天動威，以彰周公之德，唯朕小子其迎。中國家禮亦宜之。王出郊，天
乃雨，反風，禾盡起，二公命國人，凡大木所偃，盡起而築之，歲則大
熟。於是成王乃命魯得郊，祭文王，魯有天子禮樂，以襃周公之德也。」
史公此文，所用者亦是《書》說。《周書‧作雒解》曰：「武王克殷，乃立
王子祿父，俾守商祀。建管叔於東。建蔡叔、霍叔於殷，俾監殷臣。武
王既歸，乃歲十二月，崩鎬，彌於岐周。周公立，相天子。三叔及殷、
東、徐、奄及熊、盈以略。略，或作畔。周公、召公，內弭父兄，外撫諸
侯，元年（西元前 1042 年），夏，六月，葬武王於畢。二年（西元前 1041
年），又作師旅，臨衛政殷。殷大震潰。降闢三叔。王子祿父北奔。管叔
經而卒。乃囚蔡叔於郭凌。《左氏》定公四年，祝佗曰：「王於是殺管叔而
蔡蔡叔，以車七乘，徒七十人。」《詩‧豳風‧破斧疏》云：「《據書傳》，
祿父、管叔皆見殺。蔡叔以車七乘，徒七十人，止言徒之多少，不言放之
何處。」疏家蓋未考《周書》。凡所徵熊、盈族十有七國，俘維九邑。俘殷
獻民，遷於九、畢。案此九，疑即九侯之國。俾康叔宇於殷，俾中旄父宇
於東。周公敬念於後曰：予畏同室克追〈初學記〉引作周室不延。俾中天
下。及將致政，乃作大邑成周於土中，以為天下之大湊。」其說亦與《史
記》合。《禮記‧明堂位》曰：「武王崩，成王幼弱，周公踐天子之位，以
治天下。六年（西元前 1038 年），朝諸侯於明堂，制禮作樂，頒度量，而
天下大服。七年（西元前 1037 年），致政於成王。成王以周公為有勳勞於

天下，是以封周公於曲阜，地方七百里，革車千乘；命魯公世世祀周公以
天子之禮樂。」說亦與《史記》合。書家、禮家，無異說也。《疏》曰：周
公制禮攝政，孔、鄭不同。孔以武王崩，成王年十三。至明年攝政，管
叔等流言，故〈金縢〉云：武王既喪，管叔及其群弟流言於國，曰：公將
不利於孺子。時成王年十四，即位，攝政之元年。周公東征管、蔡。後
二年，克之。故〈金縢〉云：周公居東二年，則罪人斯得。除往年，時成
王年十六，攝政之三年也。故〈詩序〉云：周公東征，三年而歸。攝政七
年，營雒邑，封康叔而致政，時成王年二十，故孔注〈洛誥〉，以時成王
年二十是也。鄭則以為武王崩，成王年十歲。《周書》以武王十二月崩至
成王年十二，十二月，喪畢，成王將即位，稱己小，求攝，周公將代之，
管、蔡等流言，周公懼之，闢居東都。故〈金縢〉云：武王既喪，管叔等
流言，周公乃告二公曰：我之不闢，無以告我先王。既喪，謂喪服除，闢
謂闢居東都。時成王年十三。明年，成王盡執拘周公屬黨。故〈金縢〉云：
周公居東二年，則罪人斯得；罪人，謂周公屬黨也。時成王年十四。至明
年，秋，大熟，有雷風之異。故鄭注〈金縢〉云：秋，大熟，謂二年之後
明年秋。迎周公而反，反則居攝之元年。時成王年十五。《書傳》所謂一
年救亂。明年，誅武庚、管、蔡等，《書傳》所謂二年克殷。明年，自奄
而還，《書傳》所謂三年踐奄。四年封康叔，《書傳》所謂四年建侯衛，時
成王年十八也。故〈康誥〉云孟侯。《書傳》云：天子太子十八稱孟侯。明
年，營雒邑，故《書傳》云：五年（西元前 1039 年）營成周。六年（西元前
1038 年），制禮作樂。七年（西元前 1037 年），致政於成王。年二十一。
明年，乃即政，時年二十二也。《時・豳譜疏》引鄭《金縢注》云：「文王
十五生武王，九十七而終，終時，武王八十三矣，於文王受命為七年。後
六年伐紂，後二年有疾。疾瘳後二年崩。崩時年九十三矣。周公以武王崩
後三年出。五年秋反而居攝。四年作康誥。五年作〈召誥〉。七年作〈洛

誥〉。伐紂至此十六年也。作〈康誥〉時成王年十八。〈洛誥〉時年二十一也。即政時年二十二也。然則成王以文王終明年生也。」又引王肅《金縢注》云：「文王十五而生武王，九十七而終，時受命九年，武王八十三矣。十三年伐紂。明年有疾，時年八十八矣。九十三而崩，以冬十二月。其明年稱元年。周公攝政，遭流言，作《大誥》而東征。二年克殷，殺管、蔡，三年而歸，制禮作樂，出入四年。至六年而成。七年營雒邑，作〈康誥〉、〈召誥〉、〈洛誥〉，致政成王。然則文王崩之年，成王已三歲，武王八十而後有成王，武王崩時，成王已十三。周公攝政七年，致政，成王年二十。」二家說雖不同，然《大戴札記·文王世子》「文王十三生伯邑考，十五生武王」，《小戴禮記·文王世子》「文王九十七而終，武王九十三而終」，則其所同據也。[083] 此說殊不足信。若將〈無逸〉之厥享國五十年，解作年五十歲，則文王崩時，武王當三十左右，周公當更小也。《史記》言武王崩，成王少在襁褓之中，說本《書傳》，見《詩·斯干疏》，《賈子·修政語下》，謂成王年二十歲即位，亦以弱冠當親政言之耳，非能確知其年也。二說皆不與《書傳》合，而鄭說乖異尤甚。《書傳》云一年救亂者，即《周書》所謂「內弭父兄，外撫諸侯」也。其云二年克殷者，即《周書》所謂「二年又作師旅，臨衛政殷」也。踐奄，建侯衛，營成周，《周書》不言其年，然其敘次與《書傳》悉合。制禮作樂，致政成王，具於〈明堂解〉。亦與《禮記》之〈明堂位〉合。蓋周公制禮攝政之事，古無異言如此。安得其前忽多出三年？且謂成王居喪時能自為政歟？不應即位而反求攝。謂諒陰不言，不待攝，周公自然知政歟？何孔子於子張之問，不日殷、周皆然，乃日古之人皆然也？當武王既崩。成王初立，主少國疑之際，管、蔡、武庚，不以此時叛，顧待諸喪畢之後；而周公塊然，闢居東都，管、蔡、武庚，亦不以此時進攻，顧待其再奠鎬京，養成氣力；有是理乎？王

---

[083] 年代、史事：鄭王皆用文王九十七，武王九十三之說，不近事情。

肅以居東之東，為雒邑，見《疏》。《史記・衛世家》云：管叔、蔡叔疑周公，乃與武庚祿父作亂，欲攻成周。成王既疑周公，執其屬黨，安能聽其復入？謂此乃史家飾辭，周公實挾兵力而入，又何能略無後顧之憂，而明年即出兵以誅武庚、管、蔡也？鄭之所言，無一與情理合者，而其解「武王既喪」，「我之不解」，「罪人斯得」，文義之牽強，更不俟論也。《左氏》昭公七年：「公將適楚，夢襄公祖，梓慎曰：『襄公之適楚也，夢周公祖而行。』子服惠伯曰：『先君未嘗適楚，故周公祖以道之，襄公適楚矣，而祖以道君。』」則周公適楚，確有其事，然俞正燮引此，謂奔楚即居東，《癸巳類稿・周公奔楚義》。則非。《史記・蒙恬列傳》：恬曰：「昔周成王初立，未離襁褓，周公旦負王以朝，卒定天下。及成王有病，甚殆，公旦自揃其爪，以沉於河，曰：王未有識，是旦執事。有罪殃，旦受其不祥。乃書而藏之記府，可謂信矣。及王能治國，有賊臣，言周公旦欲為亂久矣，王若不備，必有大事。王乃大怒。周公旦走而奔於楚。成王觀於記府，得周公旦沈書，乃流涕曰：孰謂周公旦欲為亂乎？殺言之者，而反周公旦。」與〈魯世家〉合。此事與周公欲代武王，相似大甚，恐即一事之傳訛。《書傳》以雷風之變，在周公死後，《白虎通・喪服篇》同。蓋鄭所謂闢居東都，實為奔楚之誤。成王執拘周公屬黨，當在此時。其後不知何緣得反。後人求其故而不得，乃即以金縢之事說之，而又訛武王為成王。於是一事而分為兩。其實雷風之變，自在周公死後，成王因此改葬周公，賜魯以天子禮樂，初未因此迎周公而反。今《尚書・金縢》，不記周公奔楚及死事，鄭遂以其奔楚時事，誤系之居攝之前也。[084] 從今文說則路路皆通，從鄭說則路路皆窒。亦足見口說之真，而說經者不當執貴傳記之偏見矣。《越絕書・吳內傳》云：「管叔、蔡叔，不知周公而讒之成王。周公乃辭位，出巡狩於邊。一年，天暴風雨，日夜不休。五穀不出。樹木盡偃。成王大

---

[084] 史事：《金縢》不記周公奔楚及死，鄭以奔楚事誤係之居攝之前。

恐。乃發金縢之匱，察周公之冊。知周公乃有盛德。王乃夜迎周公，流涕而行。周公反國，天應之福。五穀皆生，樹木皆起。天下皆實。」此說與鄭同。蓋當時自有此傳訛之說也。

　　《周書》言武王歿後，叛者為殷、東、徐、奄及熊、盈。殷即武庚，東蓋管叔及中旄父所宇，已見上節。徐、奄，《世本》云：皆嬴姓國。《左氏》昭西元年疏。孟子言周公「驅飛廉於海隅而戮之」，〈滕文公下〉。當即此時事。《史記·秦本紀》，謂飛廉葬於霍大山，則其族諱飾之辭也。或飛廉雖見戮而未死，後復歸於西方。熊即祝融，說見第七章第一節。熊、盈，蓋當日東方之族助殷者。殷、東、徐、奄為大國，《多方》所謂四國，或即指此。其餘十有七國，則小國也。奄，《說文》作，云：在魯。《左氏》定公四年，祝佗謂周公分魯公以殷民六族，因商奄之民，而封於少皞之虛，《注》云：「商奄，國名也。」《疏》云：「杜《土地名》：奄、商奄共為一國。《詩》稱四國流言，《毛傳》以四國為管、蔡、商、奄，則商、奄各自為國。」案《墨子·耕柱》云：「古者周公旦非關叔，辭三公，東處於商蓋。」《韓非子·說林上》云：「周公旦既勝殷，將攻商蓋，辛公甲曰：大難攻，小易服，不如服眾小以劫大。乃攻九夷，而商蓋服矣。」孫詒讓《墨子閒詁》引段玉裁云：《爾雅》：弇，蓋也。故商奄亦呼商蓋。又引王念孫曰：蓋字古與盍通，盍奄草書相似，故奄訛作盍，又訛作蓋，二說皆通。商奄自以說為二國為是。商蓋即《周書》所謂東。《左氏》但言因商奄之民，其地則曰少皞之墟，則以奄在魯似非是。然在魯非必即魯之都。杜預謂「奄闕不知所在」，鄭玄云「奄蓋淮夷之地」，《書·將蒲姑序疏》、《史記·周本紀集解》引鄭玄曰奄國在淮夷之北。要當距魯不遠也。《書·費誓》云：「徂茲淮夷、徐戎並興。」《史記·魯世家》云：「伯禽即泣之後，有管蔡等反也。淮夷、徐戎，亦並興反。」淮夷、徐戎，亦自是兩國。賈逵、杜預謂徐即淮夷，恐亦非是。見《昭西元年註疏》。《疏》又引服虔云：「一曰魯公所

伐徐戎也。」則其說正亦同賈、杜。《史記·魯世家》:「頃公十九年（西元前254年），楚伐我，取徐州。」《集解》引徐廣曰:「徐州在魯東，今薛縣。」今山東滕縣。《索隱》云:「《說文》邾，邾之下邑，在魯東。又《郡國志》曰:魯國薛縣，六國時曰徐州。」或當時之徐所在邪？《尚書大傳》曰:「奄君蒲姑謂祿父曰:武王既死矣，今王尚幼矣，周公見疑矣，此世之將亂也。請舉事。然後祿父及三監叛也。」《注》云:「玄或疑焉。薄姑齊地，非奄君也。」據陳壽祺《輯校本》引。案人名與地名相同，古所時有，況古人地名多無正字，又安知奄君之名，果與齊地名相同歟？《左氏》昭公二十年，晏子對齊景公，言「昔爽鳩氏始居此地，季蒍因之，有逢伯陵因之，蒲姑氏因之，而後大公因之。」《書序》云:「成王東伐淮夷，遂踐奄，作〈成王政〉。成王既踐奄，將遷其君於蒲姑，周公告召公，作〈將蒲姑〉。」蓋即據此造作。《史記·周本紀》云「東伐淮夷，殘奄，遷其君薄姑」，則又後人據《書序》竄入。其實踐奄，伐淮夷，皆周公事，非成王所為也。鄭《多方注》亦如此，見《豳譜疏》。要之:周初兵力，僅及東北。武王歿後，東南諸族，並起抗周。自經周公戡定，殷遺臣民，分隸魯、衛，祝佗又言周分衛以殷民七族。又遷九、畢，殷乃不能復振，而周之王業大成矣。

▶ 第八節　西周事蹟

《史記·周本紀》曰:「成王崩，太子釗立，是為康王。成、康之際，天下安寧，刑措四十餘年不用。康王卒，子昭王瑕立。昭王之時，王道微缺。昭王南巡狩不返，卒於江上。其卒不赴告，諱之也。立昭王子滿，是為穆王。穆王即位，春秋已五十矣。王道衰微。穆王閔文、武之道缺，乃命伯臩申誡大僕國之政，作〈臩命〉，復寧。穆王將征犬戎。祭公謀父諫，王遂征之。得四白狼、四白鹿以歸。自是荒服者不至。諸侯有不睦者，甫侯言於王，作修刑辟，命曰〈甫刑〉。穆王立五十五年崩，子共王繄扈立。

《索隱》：「《系本》作伊扈。」共王崩，子懿王囏立。《索隱》：「《系本》作堅。」懿王之時，王室遂衰，詩人作刺。懿王崩，共王弟闢方立，是為孝王。孝王崩，諸侯復立懿王太子燮，是為夷王。夷王崩，子厲王胡立。厲王即位三十年，好利，近榮夷公。大夫芮良夫諫厲王曰：王室其將卑乎？夫榮夷公好專利而不知大難。夫利，百物之所生也，天地之所載也，而有專之，其害多矣。天地百物，皆將取焉，何可專也？所怨甚多而不備大難，以是教王，王其能久乎？匹夫專利，猶謂之盜，王而行之，其歸鮮矣，榮公若用，周必敗也。厲王不聽，卒以榮公為卿士，用事。王行暴虐侈傲，國人謗王。召公諫曰：民不堪命矣。王怒，得衛巫，使監謗者，以告則殺之，其謗鮮矣，諸侯不朝。三十四年（西元前 794 年），王益嚴，國人莫敢言，道路以目。厲王喜，告召公曰：吾能弭謗矣，乃不敢言。召公曰：是鄣之也。防民之口，甚於防水，水壅而潰，傷人必多，民亦如之。是故為水者決之使導，為民者宣之使言。若雍其口，其與能幾何？王不聽，於是莫敢出言，三年，乃相與畔，襲厲王。厲王出奔於彘。《集解》：「韋昭曰：彘，晉地。漢為縣，屬河東，今曰永安。」案今山西霍縣。厲王太子靜，匿召公之家。國人聞之。乃圍之。召公曰：昔吾驟諫王，王不從，以及此難也；今殺王太子，王其以我為讎而懟怒乎？乃以其子代王太子，太子竟得脫，召公、周公二相行政，號曰共和。共和十四年（西元前 828 年），厲王死於彘。太子靜長於召公家，二相共立為王，是為宣王。宣王即位，二相輔之修政，法文、武、成、康之遺風，諸侯覆宗周。三十九年（西元前 789 年），戰於千畝，《索隱》：「地名也，在西河介休縣。」案今山西介休縣。王師敗績於姜氏之戎。宣王既亡南國之師，乃料民於大原。仲山甫諫曰：民不可料也。宣王不聽，卒料民。四十六年（西元前 782 年），宣王崩，子幽王宮涅立。《集解》：「徐廣曰：一作生。」案《呂覽・當染高注》，幽王名官皇。《畢校》云：「梁伯子云：當從劉恕《外紀》，子由《古史》

作宮湼。《史記集解》徐廣曰：一作生。唯名湼，故又作生也。」三年（西元前 779 年），幽王嬖愛襃姒，生子伯服。幽王欲廢太子。太子母，申侯女，而為合。後幽王得襃姒，愛之。欲廢申后，並去太子宜臼。以襃姒為后，以伯服為太子。周大史伯陽讀史記曰：周亡矣。昔自夏后氏之衰也，有二神龍，止於夏帝庭，而言曰：余襃之二君。夏帝卜殺之與去之與止之，莫吉。卜請其漦而藏之，乃吉。於是布幣而策告之。龍亡而漦在。櫝而去之。夏亡，傳此器殷，殷亡，又傳此器周。比三代，莫敢發之。至厲王之末，發而觀之，漦流於庭，不可除。厲王使婦人裸而噪之，漦化為玄黿，以入王后宮，後宮之童妾，既齔而遭之，既笄而孕，無夫而生子，懼而棄之。宣王之時，童女謠曰：檿弧箕服，實亡周國。於是宣王聞之。有夫婦賣是器者，宣王使執而戮之。逃，於道而見鄉者後宮童妾所棄妖子出於路者，聞其夜啼，哀而收之。夫婦遂亡，奔於襃，襃人有罪，請入童妾所棄女子者於王以贖罪。棄女子出於襃。是為襃姒。當幽王三年（西元前 779 年），王之後宮，見而愛之，生子伯服，竟廢申后及太子。以襃姒為后，伯服為太子。大史伯陽曰：禍成矣，無可奈何。襃姒不好笑，幽王欲其笑，萬方，故不笑，幽王為烽燧大鼓，有寇則舉烽火，諸侯悉至。至而無寇，襃姒乃大笑，幽王說之，為數舉烽火。其後不信，諸侯益亦不至。幽王以虢石父為卿，用事。國人皆怨。石父為人佞巧，善諛，好利，王用之；又廢申后去太子也。申侯怒，與繒、西夷、犬戎攻幽王。幽王舉烽火徵兵，兵莫至。遂殺幽王驪山下。《索隱》：「在新豐縣南，故驪戎國也。」新豐，見第六節。虜襃姒。盡取周賂而去。於是諸侯乃即申侯而共立故幽王太子宜臼，是為平王，以奉周祀。平王立，東遷於雒邑，避戎寇。」

　　周之衰，蓋自昭王始？[085] 南巡狩不返之事：《正義》引《帝王世紀》曰：「昭王德衰，南征，濟於漢，船人惡之，以膠船進王。王御船，至中

---

[085]　史事：昭王不復，南略始衰，至穆王似復振。然昭亦雄主。

流，膠液船解。王及祭公俱歿於水中而崩。其右辛遊靡，長臂，且多力，遊振得王。周人諱之。」〈齊世家〉：桓公伐楚，楚成王興師，問曰：「何故涉吾地？」管仲對曰：「昭王南征不復，是以來問。」《集解》引服虔曰：「周昭王南巡狩，涉漢，未濟，船解而溺昭王。王室諱之不以赴，諸侯不知其故，故桓公以為辭，責問楚也。」《索隱》引宋衷曰：「昭王南伐楚，辛由靡為右。涉漢，中流而隕，由靡逐王，遂卒不復，周乃侯其後於西翟。」此事在《春秋》僖公四年，《左氏》杜《注》亦曰：「昭王南巡守涉漢，船壞而溺，周人諱而不赴。諸侯不知其故，故問之。」《疏》曰：「《呂氏春秋·季夏紀》云：周昭王親將征荊蠻。辛餘靡長且多力，為王右。還反，涉漢，梁敗，王及祭公隕於漢中。辛餘靡振王北濟，反振祭公。高誘《注》引此《傳》云：昭王之不復，君其問諸水濱。由此言之，昭王為沒於漢，辛餘靡焉得振王北濟也？振王為虛，誠如高誘之注。又稱梁敗，復非船壞。舊說皆言漢濱之人，以膠膠船，故得水而壞，昭王溺焉，不知本出何書？」[086] 膠船之說，服虔與皇甫謐同之。杜預雖未明言，然稱船壞而溺，其意亦無以異。當有所本，特疏家不知耳。《呂覽》云征荊蠻，宋忠云伐楚，則是役蓋伐楚而敗。《左氏》記楚屈完之辭曰：「昭王之不復。君其問諸水濱。」杜《注》曰：「昭王時漢非楚境，故不受罪。」然據宋翔鳳說：楚初封丹陽，實在丹、淅之地。《過庭錄·楚粥熊居丹陽武王徙郢考》。則是時漢正楚竟也。古天子造舟為梁，梁敗船壞，實非二事。諸書皆言隕於漢，《史記》獨稱卒於江者？南方之水，通稱為江，古人於此等處，本不審諦也。周起關中，關中之地，東出函谷即武王伐紂之路，東南出武關則走丹、淅。觀周公奔楚，鬻熊受封知周初業已服屬。此亦周之所以強。至昭王南征不復，而聲威始陵替矣。然至穆王，似即復振。

穆王之申誡大僕，蓋所以肅軍政？其作修刑辟，意在令疑罪人金以

---

[086] 學：膠船之說，不知何本。

贖，亦所以足兵也。征犬戎之役，《史記》載祭公諫辭，謂自是荒服者不至，《國語·周語》同。意頗不滿於王。然自文王時即以犬戎為患，至幽王卒亡於犬戎，實周之大敵，穆王能征之，固周之雄主也。而其尤難者，則為征徐偃王一事。

《史記·秦本紀》曰：「造父以善御幸於周穆王。得驥、溫驪、《集解》：徐廣曰：「溫一作盜。」《索隱》：「鄒誕生本作駣、驊騮、騄耳之駟。西巡狩，樂而忘歸。徐偃王作亂。造父為繆王御，長驅歸周，一日千里以救亂。」〈趙世家〉曰：「造父幸於周繆王。造父取驥之乘匹，與桃林盜驪、驊騮、綠耳，獻之繆王。繆王使造父御西巡狩。見西王母。樂之忘歸。而徐偃王反。繆王日馳千里馬攻徐偃王，大破之。」二文所本者同。〈趙世家〉辭較完具，云驥之乘匹，猶言父母皆善種。桃林即武王放牛處，放牧有其地，挲育有其方，辭雖稍荒，非子虛也。乃《正義》曰：「《古史考》云：徐偃王與楚文王同時，去周穆王遠矣。且王者行有周衛，豈得救亂而獨長驅日行千里乎？並言此事非實。按《年表》，穆王元年（西元前 976年），去楚文王元年（西元前 689 年）三百一十八年矣。」夫日行千里，自是形容之語，豈可拘牽文義？若謂伐徐者楚文王必實，周穆王必虛，則文王伐徐，又見何雅記乎？《後漢書·東夷傳》曰：「徐夷僭號，乃率九夷以伐宗周。西至河上，穆王畏其方熾，乃分東方諸侯，命徐偃王主之。偃王處潢池東，地方五百里，行仁義。陸地而朝者三十有六國。穆王后得驥騄之乘，乃使造父御以告楚，令伐徐。一日而至。於是楚文王大舉兵而滅之，偃王仁而無權，不忍鬥其人，故致於敗。乃北走彭城武原縣東山下。百姓隨之者以萬數，因名其山為徐山。」

《後漢書》此文，未知所本。然是隱括舊文而成。《禮記·檀弓下篇》載徐容居之言曰「昔我先君駒王，[087] 西討濟於河」，即《後漢書》所謂伐

[087] 史事：徐偃王即駒王。

宗周西至河上也。《後漢書注》引《博物誌》，謂偃王「溝通陳、蔡之間」，其事與吳之溝通江、淮頗相類。斯言而確，則楚、漢分界之鴻溝，或即肇端於此，又在邗溝前數百年矣。〈大雅〉有〈江漢〉、〈常武〉二詩，並言周征淮夷之事。〈江漢〉之詩曰：「江漢之滸，王命召虎。式闢四方，徹我疆土。」〈常武〉之詩曰：「王命卿士，南仲大祖，大師皇父。整我六師，以修我戎。既敬既戒，惠此南國。」並其有涉於楚之證。竊疑〈小序〉以此二詩屬宣王實誤。宣王雖號中興而兵敗於姜戎，師喪於南國，安能遠略至於江、淮？《詩》所詠者，實穆王命楚伐徐之事也。世所以稱宣王盛強者，以《詩》有〈車攻〉之篇，說者謂宣王「復會諸侯於東都」也。此說亦不足信。《墨子‧明鬼下篇》云：「周宣王合諸侯而田於圃，田車數百乘。」田車之田，《國語注》、《文選注》、《史記索隱》引俱無，顏師古注《漢書》有。俞樾云：「圃田，地名，《詩‧車攻篇》：東有甫草，駕言行狩。《鄭箋》以鄭有甫田說之。《爾雅》釋地作鄭有圃田，即其地也。畢讀圃字絕句，非是。」孫詒讓《閒詁》曰：「案《周語》云：杜伯射王於鄗。《韋注》云鄗，鄗京也。以周地理言之，鄗在西都，圃田在東都，相去殊遠。又韋引《周春秋》：宣王會諸侯田於圃，《明道本》圃作囿。《史記‧封禪書索隱》，《周本紀正義》所引，並與韋同。《論衡‧死偽篇》云：宣王將田於圃。則漢、唐舊讀，並於圃字斷句，皆不以圃為圃田。《荀子‧王霸篇楊注》引《隨巢子》云：杜伯射宣王於畝田。畝與牧聲轉字通，疑即鄗京遠郊之牧田。亦與圃田異。但《隨巢子》以圃田為畝田，似可為俞讀左證。近胡承珙亦謂此即圃田，而謂《國語》鄗即敖鄗，廁韋以為鄗京之誤，其說亦可通。」按楊倞注《荀子》，不甚可據，自以於圃字斷句為是。宣王復會諸侯於東都，實子虛烏有之談也。昭王南巡狩不返，楚人之桀驚可知，而是時竟能命以伐徐，則周之威行江、漢，又可知矣。穆王誠雄主矣哉！《管子‧小匡》曰：「昔我先王周昭王、穆王，世法文、武之遠跡，以成其名。」以

昭王、穆王並舉，則昭王雖喪敗，亦雄主，視後之僅能自守者，猶不可同
日語也。《左氏》昭公四年，椒舉言於楚子曰：「夏啟有鈞臺之享，商湯有
景亳之命，周武有孟津之誓，成有岐陽之搜，康有酆宮之朝，穆有塗山之
會，齊桓有召陵之師，晉文有踐土之盟。」以穆王與三代盛王及桓、文並
舉，亦足見其盛強。塗山，《杜注》云：在壽春東北。壽春，今安徽壽縣
也。以此釋禹會諸侯，誠為未當，謂穆王會諸侯於此，則無可疑矣。竊疑
禹會諸侯於塗山，正因穆王之事而附會也。[088] 潢池，《後漢書注》引《水
經注》曰：「潢水一名汪水，與泡水合，至沛入泗。自山陽以東，海陵以
北，其地當之也。」案山陽，今江蘇淮安縣。海陵，今江蘇泰縣。武原，
《後漢書注》曰：「武原縣故城，在今泗州下邳縣北。徐山在其東。」案下
邳，今江蘇邳縣也。《秦本紀正義》引《括地誌》曰：「大徐城，在泗州徐
城縣北三十里，古徐國也。」今安徽盱眙縣。又曰：「徐城在越州郡縣東
南，入海二百里。《夏侯志》云：翁州上有徐偃王城。《傳》云：昔周穆王
巡狩，諸侯共尊偃王。穆王聞之，令造父御，乘騄褭之馬，日行千里，自
還討之。或云：命楚王帥師伐之。偃王乃於此處，立城以終。」鄞縣為今
浙江之鄞縣。徐人立國東南，當善舟楫，敗逋入海，理所可有。溝通陳、
蔡之間，又不足為怪矣。

　　《左氏》昭公十二年，子革對楚靈王曰：「昔穆王欲肆其心，周行天
下，將皆必有車轍馬跡焉。祭公謀父作〈祈招之詩〉，以止王心，王是以
獲沒於祇宮。」祭公謀父，即《國語》、《史記》載其諫征犬戎者，隱見子
革所言，實為一事。[089] 靈王固勤征伐之君，非樂般遊之主也。《史記·
秦本紀》與〈趙世家〉，述穆王事，所本者同，極為易見，而〈秦本紀〉無
見西王母之語，則此四字為《史記》元文，抑後人增竄，尚屬可疑。即謂

---

[088]　史事：禹會諸侯於塗山，恐因穆王附會。
[089]　史事：《左》昭十二子革言祭公謀父作《祈始之詩》，即《國語》諫徵犬戎者，隱見所言實為一
　　　　事。然則盤遊虛曾耀兵力於西，實矣。

是《史記》之文，而西王母為《爾雅》四荒之一，不過西方遠國，乃國名非人名，初無荒怪之跡也。《山海經》雖有西王母梯幾載勝，三青鳥為之取食之語，見《海內北經‧郭注》：「梯，馮也。」然此乃古之神話，確有可征之人物、部落，傅會為神者多矣。若舉以為信史，將炎、黃、堯、舜，悉成天上之神；河、雒、江、淮，非復人間之土，史事尚何一可信乎？乃晉張湛偽造《列子》，既有〈周穆王〉之篇，以漢後西域之事，妄加附會。其後又有所謂《舟王遊行》者，即今之《穆天子傳》也。杜預《春秋經傳集解後序疏》引王隱《晉書‧束晳傳》云：「《汲塚竹書》，大凡七十五卷。其六十八卷，皆有名題，其七卷，折簡碎雜，不可名題。有《周易上下經》二卷。紀年十二卷。瑣語十一卷。《舟王遊行》五卷，說周穆王遊行天下之事，今謂之《穆天子傳》。此四部差為整頓。汲郡初得此書，表藏祕府。詔荀勗、和嶠以隸字寫之。勗等於時，即已不能盡識其書。今復闕落。又轉寫益誤。《穆天子傳》，世間偏多。」讀此，即可知世間流行汲塚諸書，均是贗鼎矣。雜取古書及漢以後所知西域地理，妄造穆王遊行之事，支離滅裂，全不可通而世猶有視為信史者，豈不異哉？此書述穆王行跡，起讁山，絕漳，至鈃山，循潹沱。北歷犬戎，絕隃，西至河宗。濟河至積石，登崑崙，觀黃帝之宮。北征，舍於珠澤。升舂山。東還至群玉之山。又西，至於西王母之邦。遂驅，升於弇山。北畋於曠原，自此東歸。絕沙衍，經黑水，三苗氏之地，再歷鈃山，逾大行，入宗周。釬鈃蓋即井陘，釬鈃同聲也。隃即先俞，與河宗並見《史記‧趙世家》，地在雁門之北。崑崙，蓋指於闐河源之山，其地固產玉，而珠亦為西域名產，故有群玉之山及珠澤焉。舂山蓋即蔥嶺。《漢書‧西域傳》，謂安息長老，傳聞條支有弱水。西王母，《後漢書》則謂在大秦之西，當時流俗，蓋習指極西之地，為西王母所在，造此書者，亦同此見，故西王母之西有弇山，附會古崦嵫之山，為日入處也。今古雜糅，首尾衝決，真不直一噱。

　　《索隱》引宋忠曰：「懿王自鎬徙都犬丘，一曰廢丘，今槐里是也。[090]」
此語本於《漢志》。《漢志》：「右扶風槐里，周曰犬丘。懿王都之。秦更名
廢丘。高祖三年（西元前 204 年）更名。」案今陝西興平縣。《漢書‧匈奴
列傳》曰：「懿王時，王室遂衰，戎狄交侵，暴虐中國。中國被其苦。詩
人始作，疾而歌之曰：靡室靡家，獫允之故，豈不日戒，獫允孔棘。至懿
王曾孫宣王，興師命將，以征伐之。詩人美大其功，曰：薄伐獫允，至
於大原。出車彭彭，城彼朔方。」案此所引者，為《小雅‧採薇‧六月之
詩》，〈小序〉曰：「〈採薇〉，遣戍役也。文王之時，西有昆夷之患，北有
允玁之難。以天子之命，命將率，遣戍役，以守衛中國。故歌〈採薇〉以
遣之。〈出車〉以勞還，〈杕杜〉以勤歸也。」於〈六月〉之詩，則說為「宣
王北伐」。今案〈出車〉之詩曰：「王命南仲，往城於方。」〈六月〉之詩曰：
「獫允匪茹，整居焦穫。侵鎬及方，至於涇陽。」則二詩所詠，實一時事。
鎬、方，《鄭箋》但云「北方地名」。竊疑方即豐之轉音。懿王時，豐鎬實
曾淪陷，故暫居犬丘也。〈秦本紀〉言：非子居犬丘，孝王欲以為大駱適
嗣，而申侯之女，為大駱妻，生子成為適。申侯乃言孝王曰：昔我先驪山
女，為戎胥軒妻。生中潏。以親故，歸周保西垂。西垂以其故和睦。今我
復與大駱妻，生適子成。申、駱重婚，西戎皆服，所以為王。王其圖之。
孝王乃分土為附庸，邑非子於秦，而亦不廢申侯之女子為駱適者，以和西
戎。其後周厲王無道，西戎反王室，滅犬丘大駱之族。宣王使非子後秦仲
誅西戎。西戎殺秦仲。宣王復召其子莊公昆弟，與兵七千人，使伐西戎破
之。於是復予秦仲後及其先大駱地犬丘並有之，為西垂大夫。觀此，知犬
丘實西方重鎮，懿王所以移居於此；而申與犬戎，世為婚姻，則又驪山之
禍所由肇也。《漢志》：京兆鄭縣，周宣王弟鄭桓公邑。臣瓚曰：「周自穆
王以下，都於西鄭，不得以封桓公也。初，桓公為周司徒，王室將亂，故

謀於史伯，而寄帑與賄於虢、鄶之間。幽王既敗，二年而滅鄶，四年而滅虢，居於鄭父之丘，是以為鄭桓公，無封京兆之文也。」案《水經・洧水注》引《紀年》云：「晉文侯二年（西元前 779 年），周惠王子多父伐鄭，克之。乃居鄭父之丘，名之曰鄭，是為桓公。」蓋臣瓚之所本。然此說與《國語》、《史記》、《世本》皆不合，酈氏《渭水注》已自駮之矣。《穆天子傳》有「天子入於南鄭」之文，《郭注》引《紀年》，謂「穆王元年（西元前976 年），築祗宮於南鄭」，蓋又因《左氏》而偽造者。《穆天子傳》，未必出於郭氏以前，其注亦不足信也。

厲王召禍，蓋由好利？[091]《周書・芮良夫解》，記芮良夫戒王及群臣之辭曰：「下民胥怨，財殫竭。」古所謂財者，多指山澤之利言之。山澤之利，本皆公有，後乃稍加障管。疑厲王當日，實有此等事也。古國人與野人，本分兩級。國人服戎役，野人則否。故野人被虐，止於逃亡，國人則不然矣。參看後論等級、兵制處自明。[092]

共和行政：[093]《索隱》曰：「共音如字，若《汲塚紀年》則云：共伯和干王位，共音恭。共國，伯爵，和其名。干，篡也。言共伯攝王政，故云干王位也。」《正義》曰：「共音巨用反。韋昭云：彘之亂，公卿相與和而修政事，號曰共和也。《魯連子》云：衛州共城縣，本周共伯之國也。共伯名和，好行仁義，諸侯賢之。周厲王無道，國人作難，王奔於彘，諸侯奉和以行天子事，號曰共和元年。十四年（西元前 828 年），厲王死於彘，共伯使諸侯奉王子靖為宣王，而共伯復歸國於衛也。〈世家〉云：釐侯十三年（西元前 828 年），周厲王出奔於彘。共和行政焉。二十八年（西元前 827年），周宣王立。四十二年（西元前 813 年），釐侯卒。太子共伯余立為君。共伯弟和，襲攻共伯於墓上。共伯入釐侯羨自殺。衛人因葬釐侯旁，諡曰

---

[091]　史事：厲王亡由好利。
[092]　史事：西周之亡真相之推測。
[093]　史事：共和。

共伯，而立和為衛侯，是為武公。按此文，共伯不得立，而和立為武公，武公之立，在共伯卒後，年歲又不相當，《年表》亦同，明《紀年》及《魯連子》非也。」案《左氏》昭公二十六年，王子朝使告諸侯曰：「至於厲王，王心戾虐。萬民不忍，居王於彘。諸侯釋位，以間王政，宣王有志，而後效官。」間干同聲，《紀年》蓋因此偽造？《呂覽·慎人篇》云：「古之得道者，窮亦樂，達亦樂，所樂非窮達也。道得於此，則窮達一也，為寒暑風雨之序矣。故許由虞乎潁陽，而共伯得乎共首。」《注》：「共，國；伯，爵也。棄其國，隱於共首山，而得其志也。不知出何書也。」《開春論》曰：「共伯和修其行，好賢仁，而海內皆以來為稽矣。」《注》：「共國，伯爵，夏時諸侯也。」《莊子·讓王篇》「故許由娛於潁陽。而共伯得乎共首」，文與《呂覽·慎人》同，皆不云共伯和；而《開春論》之《注》亦但云共國伯爵；則正文中之和字，或是後人竄入，亦未可知，乃《莊子釋文》云：「司馬云：共伯名和，修其行，好賢人，諸侯皆以為賢。周厲王之難，天子曠絕。諸侯皆請以為天子。共伯不聽，即干王位。十四年（西元前 828 年），大旱，屋焚，卜於大陽，兆曰：厲王為祟，召公乃立宣王，共伯復歸於宗。逍遙得意共山之首。《大平御覽》引《史記》曰：「共和十四年（西元前 828 年），大旱，火焚其屋。伯和篡位立。秋又大旱，其年，周厲王死，宣王立。」王國維《古本竹書紀年輯校》引云：「《史記》無此文，當出《紀年》。」案史記為古史籍通名，猶今言歷史，《周官》都宗人《疏》曰：「史記，伏羲以前，九皇六十四民，並是上古無名號之君。」此史記二字，亦猶言史籍，非指《太史公書》也。共丘山，今在河南共縣西。今河南輝縣。案《水經·清水注》曰：「共縣故城，即共和之故國也。共伯既歸帝政，逍遙於共山之上，山在國北，所謂共北山也。」《魯連子》云：共伯後歸於國，得意共山之首。《紀年》云：共伯和即干王位。孟康注《漢書·古今人表》，以為入為三公。本或作丘首。」共伯和，《人表》在中上等，今本佚孟康《注》，唯載

師古曰：「共，國名也；伯，爵也；和，共伯之名也；共音恭，而遷史以為周、召二公行政，號曰共和，無所據也。」意亦以《紀年》、《魯連子》之說為然。然古代君出而大臣持國者甚多，如衛獻公、魯昭公皆是。喪君有君，轉為敵國挾以為質時之變局。君暫出而位未替，而必求一人以屍之，則初未聞其事也。造《紀年》、《魯連子》等書者，不悟《左氏》之諸侯釋位，即指周、召等言之，而別求一共伯和以充其選，適見其論古之無識耳。

　　《史記》幽王之事，全是神話、傳說，不足為據。以情事揆之：申為南陽之國，《漢書·地理志》：南陽郡，宛，「故申伯國」。今河南南陽縣。逼近武關。繒，《正義》引《括地誌》云：「繒縣在沂州承縣，古侯國，禹後。」此蓋誤以春秋時之鄫說之。承為今山東嶧縣，安得與申、犬戎攻周？繒當亦荊、雍間國也。《國語·晉語》：史蘇曰：「申人、鄫人召西戎以伐周，周於是乎亡。」《鄭語》：史伯曰：「申、繒西戎方強，王室方騷，若伐申而繒與西戎會以伐周，周不守矣。繒與西戎，方將德申，申、呂方強，其隙愛太子，亦必可知也。」《韋注》但云鄫姒姓，而不言其地。王子朝告諸侯之辭曰：「至於幽王，天不弔周，王昏不若。用愆厥位。攜王奸命。諸侯替之，而建王嗣，用遷郟鄏。」杜《注》曰：「攜王，幽王少子伯服也。」《疏》曰：「劉炫云：如《國語·史記》之文，幽王止立伯服為太子耳。既虜褒姒，必廢其子，未立為王，而得呼為攜王者？或幽王死後，褒姒之黨，立之為王也。《汲塚書紀年》云：平王奔西申，而立伯盤以為太子，與幽王俱死於戲。《疏》上文曰：「〈魯語〉云：幽王滅於戲。戲，驪山之北水名也。皇甫謐云：今京兆新豐東二十里戲亭是也。」先是申侯、魯侯及許文公立平王於申，以本太子，故稱天王。幽王既死，而虢公翰又立王子餘臣於攜。周二王並立。二十一年，攜王為晉文公所殺。以本非適，故稱攜王。[094]束皙云：案《左傳》攜王奸命，舊說攜王為伯服。伯服，古文作伯

---

[094]　史事：攜王。

盤，非攜王。伯服立為王積年，諸侯始廢之，而立平王。其事或當然。」
劉炫說臆度無據。《紀年》、束晳，則偽造史實而已矣。申侯苟與繒犬戎共
殺幽王，則為叛逆之國，諸侯安得即之而立平王？疑幽王之死，實非盡由
於申，而與所謂攜王者，大有關係焉。至《史記》所傳，乃屬褒姒故事，
既專述褒姒，乃亦臆度殺幽王者必為申後母家，而於攜王遂不之及。此據
《左氏》本文，似可如此推測，唯不應妄說攜王為何人耳。《左氏》昭公四
年，椒舉曰：「周幽為大室之盟，諸侯叛之。」大室，即嵩山，是幽王並嘗
經略東方矣。

第九章　春秋戰國事蹟

▶ 第一節　東周列國形勢

　　《管子‧霸言》曰：「強國眾，合強攻弱以圖霸；強國少，合小攻大以圖王。」此言實能道出東周以後，與西周以前形勢之異。蓋強國少，則服一強，即可號令當時之所謂天下，此為古人之所謂王。強國多，則地醜德齊，莫能相尚，即稱雄一時者，亦僅能使彼不與我爭，而不能使之臣服於我，此為古人之所謂霸。春秋之世，所謂五霸迭興者，只是就中原之局言之。當時強國所爭，亦即在此。至於各霸一方，如秦長西垂，楚雄南服，則雖當他國稱霸之時，情勢亦迄未嘗變，即由是也。觀此，知王降為霸，實乃事勢使然，初非由於德力之優劣。而事勢之轉變，則社會之演進實為之。蓋文化之發舒，恆自小而漸擴於大。其初只中心之地，有一強國者，其後則各區域中，各自有其強國，遂成此地醜德齊之局也。西周以前，史事幾唯所謂天子之國為可知，東周以後，則諸大國所傳皆詳，天子之國，或反不逮，即由於此。

　　《史記‧三代世表》曰：「自殷以前，諸侯不可得而譜，周以來乃頗可著。」蓋殷以前，列國存滅，已無可考矣。然周代列國，史公所表，亦止十二諸侯，後人考證，率據《春秋》及《左氏春秋》國數，僅五十餘，見《公羊疏》。若並《左氏》所載記之，則舊說云：百七十國。其中百三十九國，知其所居，三十一國，盡亡其處。《晉書‧地理志序》。蘇軾《春秋列國圖說》云百二十四。二說皆云夷蠻戎狄，不在其內；然孰為夷蠻戎狄，極難定，顧棟高《春秋大事表》，並古國列之，凡二百有九。《列國爵姓及存滅表》。四裔別為表。亦未見其裔夏分別之得當也。又國與邑亦難辨。

古所謂國者，義亦與今異。其存亡，以有采地以奉祭祀與否為斷，而不以土地主權之得喪為衡。忽滅忽復，史既不具，僻陋之國，不見載籍者又多。據故籍所載，而云某時國有若干，其去實在情形，必甚遠矣。唯國數必降而愈少，而不見經傳之國，其與大局，關係亦必較淺，是則可斷言者耳。

《國語‧鄭語》載史伯之言曰：「姜、嬴、荊羋，實與諸姬代相干也。」此言亦頗能道出有史以來部族興替形勢，是四姓，蓋古部族中較大，而文明程度較高者也。今試本此語，以觀東周列國之形勢。

周初，諸部族中，自以姬姓為最得勢。此當與封建有關。蓋封建行，則其族之散布各地者多，既易因形便而振興，亦且不易覆滅也。《左氏》昭公二十八年，載成鱄之言曰：「武王克商，光有天下，其兄弟之國者十有五人，姬姓之國者四十人。」《荀子‧儒效》則曰：「周公兼制天下，立七十一國，姬姓獨居五十三人。」二者數略相合，必非無稽，《荀子》說少二人，疑去管、蔡。可見周封同姓之盛。《左氏》僖公二十四年載富辰之言曰：「昔周公弔二叔之不咸，故封建親戚，以藩屏周。管、今河南鄭縣。後其地屬鄶。鄶滅，屬於鄭。蔡、今河南上蔡縣。平侯遷新蔡，今河南新蔡縣。昭侯遷州來，今安徽壽縣。郕、今山東汶上縣。霍、今山西霍縣。魯、今山東曲阜縣。衛、今河南淇縣。戴公廬於曹，文公居楚丘，皆在今河南滑縣。成公遷帝丘，今河北濮陽縣。毛、未詳。或曰：在今河南宜陽縣境。聃、今湖北荊門縣。郜、今山東城武縣。雍、今河南修武縣。曹、今山東定陶縣。滕、今山東滕縣。畢、今陝西咸陽縣。原、今河南濟源縣。酆、今陝西鄠縣。郇，今山西臨晉縣。文之昭也。邗、今河南懷慶縣。晉、見第二節。應、《杜注》：在襄陽城父縣。案城父當作父城，轉寫之誤。父城，在今河南寶豐縣。韓，今陝西韓城縣。武之穆也。凡、今河南輝縣。蔣、今河南固始縣。邢、今河北邢臺縣。後遷於夷儀，今山東

聊城縣。春秋僖公二十五年（西元前 635 年），滅於衛；茅、今山東金鄉縣。胙、今河南汲縣。祭，今河南鄭縣。周公之胤也。」此諸國中，入春秋後，晉稱霸；魯、衛、曹、蔡，皆可稱二等國；而滕以小國僅存。此外可考者：虞封於北方，旋亡，而其在南方者轉大。見第六節。燕春秋時無所表見，入戰國則列為七雄之一焉。見第八節。鄭初封在今陝西華縣。後遷河南新鄭縣。與虢，《左氏》僖公五年，宮之奇曰：「虢仲、虢叔，王季之穆也。」杜氏以河南陝縣東南之虢城，為仲所封，是為上陽。山西平陸之下陽，為其別都。河南汜水，即隱西元年（西元前 722 年），鄭莊公所謂制巖邑者，為虢叔所封。賈逵云：製為東虢，仲所封。叔封西虢，即春秋所謂虢公。馬融云：仲封上陽，叔封下陽。要無明證，各以意說而已。竊疑虢仲、虢叔，乃一國之二君，弟兄相及。鄭莊公所謂死於制者，與宮之奇所云虢叔，各是一人。《漢書·地理志》：右扶風虢縣，為虢之舊封，地在今陝西寶雞縣。河南之上陽，為其東遷後之新都。而《史記·秦本紀》，武公滅小虢，則其支庶之留居西方者也。初封西方，後東遷。虢旋滅而鄭久存。在西方者，又有魏、今山西芮城縣。耿、今山西河津縣。芮，今陝西大荔縣。在南方者，有息、今河南息縣。春秋莊公十四年（西元前 680年），滅於楚。頓、今河南商水縣。春秋定公十四年（西元前 496 年）滅於楚。沈，今河南汝南縣。皆無足稱述。而「漢東之國隨為大」，語見《左氏》桓公六年。今湖北隨縣。「漢陽諸姬，楚實盡之」，語見《左氏》僖公二十八年。又定公四年，吳人謂隨人曰：「周之子孫，在漢川者，楚實盡之。」則並其名而無可考矣。要之自文、武以來，姬姓以今陝西為根據，廣布其同族於河南北、山東西及湖北，而江蘇則其展擴之極也。

　　姜姓為神農之後，其根據地本在山東。及唐、虞之際，著績者為四嶽，則其地移於河南。《史記·齊大公世家》曰：「其先祖嘗為四嶽，佐禹平水土，有功，虞、夏之際，封於呂，或封於申，姓姜氏。」周初大公封

於營丘，其勢力乃又東漸焉。申、在今河南南陽縣北。呂、在南陽縣。齊、見第二節。許今河南許昌縣。靈公遷葉，今河南葉縣。悼公遷夷，實城父，今安徽亳縣。後遷葉，又遷於析，實白羽，今河南內鄉縣。許男斯遷容城，或曰：在葉縣西。同為西周名國，申、呂皆亡於楚。許見迫於鄭，而依楚以自存。唯齊表東海，稱大風焉。又有紀今山東壽光縣。春秋莊公四年（西元前 690 年）滅於齊。與向、今安徽懷遠縣。州、國於淳于，今山東安邱縣東北。後入杞，為杞都。萊夷，今山東黃縣。皆微末不足道。

嬴姓為皋陶之後，其根據地本在安徽，英、六為其初封，已見第七章第一節。在其附近者，又有江、今河南正陽縣。黃今河南潢川縣。及蓼，今安徽霍邱縣。亦微末不足稱。群舒居吳、楚間，舒蓼、舒庸、舒鳩、宗，在今安徽舒城、廬江二縣間。所繫較重，而徐尤強。今安徽泗縣。春秋昭公十三年（西元前 529）滅於吳。在西方者，梁為小國，今陝西韓城縣。趙至戰國始列為諸侯，見第八節。唯秦襲周之舊，最大。見第二節。

史伯論祝融曰：其後八姓，佐制物於前代者，昆吾為夏伯矣。見第八章第四節。大彭、見第八章第一節。豕韋見第八章第二節。為商伯矣。當周未有。已姓昆吾、蘇、顧、溫、董；董姓鬷夷、豢龍；則夏滅之矣。《左氏》：蘇子國於溫，在今河南溫縣。顧見第八章第三節。《左氏》昭公二十九年，蔡墨言昔有飂叔安，有裔子曰董父，乃擾畜龍，以服事帝舜。舜賜之姓曰董，氏曰豢龍，封諸鬷川。鬷夷氏其後也。飂，《漢書·古今人表》作廖，當即蓼。鬷川，梁履繩《左通補釋》云：當即三朡，《潛夫論·志氏姓》駿川蔽夷並作朡，其證。案三朡，見第八章第三節。彭姓彭祖、豕韋、諸稽，則商滅之矣。禿姓舟人，則周滅之矣。妘姓鄔、當即《左氏》隱公十一年「王取鄔、劉、蔿、邘之田於鄭」之鄔，在今河南偃師縣。鄶、今河南密縣。路、逼陽，今山東嶧縣。曹姓鄒、即邾。《公羊》、

《禮記‧檀弓》皆作邾婁，今山東鄒縣。文公遷於繹，在鄒縣南。又有小邾，國於郳，在今山東滕縣。莒，都介根，今山東膠縣。春秋初徙莒，今山東莒縣。鄒、莒皆戰國時滅於楚。皆為採衛。或在王室，或在夷狄，莫之數也，而又無令聞，必不興矣。斟姓無後。融之興者，其在羋姓乎？羋姓夔越，韋《注》曰：夔越，羋姓別國，楚熊繹六世孫熊摯。案參看第二章第六節。不足命也。蠻羋蠻矣。史伯曰：「荊子熊嚴，生子四人，叔熊逃難於濮而蠻。」韋《注》謂即指此。參看第二節。唯荊實有昭德，若周衰，其必興矣。蓋祝融之後，本居今河南、山東、江蘇三省間，其後皆滋異族，而湖北西境，南郡、南陽之間，古所謂周南之地者，乃轉為其發榮滋長之區也。

　　春秋列國可考見者，又有任、今山東濟寧縣。宿、今山東東平縣。須句、今東平縣東南。顓臾，今山東費縣。為大昊後。郯為少昊後。今山東郯城縣。薛今山東滕縣南。與南燕今河南汲縣。為黃帝後。唐為堯後。今湖北隨縣西北。春秋定公五年（西元前 505 年）滅於楚。陳今河南淮陽縣。與遂今山東寧陽縣。為舜後。杞、今河南杞縣。成公遷緣陵，今山東昌樂縣。文公遷淳于，即州，地見前。戰國時滅於楚。鄅今山東嶧縣東。春秋襄公六年（西元前 567 年）滅於邾。及越見第六節。為禹後。宋今河南商丘縣。與譚、今山東歷城縣。蕭今江蘇蕭縣。為殷後。越為南方大國，宋、陳二等國，餘皆小國也。以上釋地，略本《春秋大事表》。

　　春秋大國，時曰晉、楚、齊、秦，其後起者為吳、越，至戰國而河北之燕亦強，皆當日緣邊之地也。泰岱以西，華嶽以東，大行以南，淮水以北，為古所謂中原之地，魯、衛、宋、鄭、陳、蔡、曹、許，錯處其間，皆不過二等國。餘則自鄶無譏矣。是何哉？梁任公謂諸大國皆逼異族，以競爭淬礪而強，見所著《中國之武士道序》。可謂得其一端。居邊垂，拓土易廣，當為其又一端。而文化新舊，適劑其中，尤為原因之大者。蓋社

會之所以昌盛，一由其役物之力之強，一亦由於人與人相處之得其道。野蠻之族，人與人之相處，實較文明之族為優，然役物之力太弱，往往不勝天災人禍而亡。文明之族，役物之力優矣而人與人之相處，或失其宜，則又不能享役物之福，而轉受其禍。唯能模仿上國之文明，而又居僻陋之地，社會組織，病態未深者，為能合二者之長，而寖昌寖熾焉。此晉、楚、齊、秦諸國所由大乎？此義也，他日尚當詳言之。今先於此發其凡。

▶ 第二節　齊晉秦楚之強

《史記・周本紀》云：「平王之時，周室衰微，諸侯強並弱，齊、楚、秦、晉始大，政由方伯。」〈十二諸侯年表〉云：「齊、晉、秦、楚，其在成周，微甚。封或百里，或五十里。晉阻三河，齊負東海，楚介江、淮，秦因雍州之固，四國迭興，更為霸王，文、武所褒大封，皆威而服焉。」是東周之世，實以此四國為最強也。春秋之末，吳、越暫盛而旋亡。戰國時，燕亦稱七雄之一，然「北迫蠻貉，內措齊、晉，崎嶇強國之間，最為弱小」，《史記・燕世家》語。則攸關大局者，仍是齊、秦、楚及晉所分之趙、韓、魏耳。今述四國興起之事如下。

《史記・齊世家》曰：「大公望呂尚者，東海上人。其先祖嘗為四嶽，佐禹平水土，甚有功。虞、夏之際，封於呂，或封於申，姓姜氏。夏、商之時，申、呂或封枝庶，或為庶人，尚其後苗裔也。本姓姜氏，從其封姓，故曰呂尚。」案齊大公，古書或言其居東海之濱，《孟子・離婁下》、《呂覽・首時》。或言其屠牛朝歌，賣食棘津，見《戰國策》、《尉繚子》、《韓詩外傳》、《說苑》等書。《史記索隱》引譙周亦曰：「呂望嘗屠牛於朝歌，賣飯於孟津。」棘津，徐廣謂在廣川，服虔謂即孟津，見《水經・河水注》。譙周徑作孟津，則其意亦同服虔也。廣川，今河北棗強縣。蓋皆後來附會之說。《禮記・檀弓》曰：「大公封於營丘，比及五世，皆反葬於

周。君子曰：樂，樂其所自生，禮不忘其本，古之人有言曰：狐死正丘首，仁也。」則大公確為西方人，謂其本出於呂，當不誣也。大公封營丘，六世胡公徙薄姑，七世獻公徙臨淄。《正義》：「營邱，在青州臨淄北百步外城中。」又引《括地誌》云：「薄姑城，在青州博昌縣東北六十里。」案唐臨淄，即今山東臨淄縣。博昌，今山東博興縣也。《漢書·地理志》：齊郡臨淄縣，師尚父所封。應劭曰：獻公自營丘徙此臣瓚謂臨淄即營邱。《詩·齊譜疏》引孫炎說同。《烝民毛傳》，亦謂齊去薄姑徙臨淄，則應劭說非也。《左氏》昭公二十年，晏子云：「昔爽鳩氏始居此地，季則因之，有逢伯陵因之，而後大公因之。」又以營邱與薄姑為一，蓋城邑雖殊，區域是一，故古人渾言之也。〈齊世家〉曰：「大公至國，修政，因其俗，簡其禮。通商工之業，便魚鹽之利，而人民多歸齊。齊為大國。」又曰：「周成王少時，管、蔡作亂，淮夷畔周乃使召康公命大公曰：東至海，西至河，南至穆陵，北至無棣，《集解》：「服虔曰：是皆大公始受封土地，疆境所至也。」《索隱》：「舊說穆陵在會稽，非也。案今淮南有故穆陵門，是楚之境。無棣在遼西孤竹。服虔以為大公受封境界所至，不然也。蓋言其征伐所至之域也。」案此文見《左氏》僖公四年。杜《注》曰：「穆陵、無棣，皆齊境也」，則亦不以為征伐之所至。《注》但言齊竟，《疏》亦無說，其地蓋難質言。後世說者，多謂穆陵即山東臨朐縣南之穆陵關，或又以湖北麻城縣西北之穆陵關當之，無棣，或從在孤竹之說，謂在今河北盧龍縣。或又據《水經注》：「清河又東北，無棣溝出焉，乃東徑南皮縣故城」之文，謂近今河北南皮縣，皆無確據也。五侯九伯，實得征之，齊由此得征伐，為大國。」〈貨殖列傳〉曰：「大公望封於營邱，地潟鹵，人民寡。於是大公勸其女功，極技巧，通魚鹽，則人物歸之襁至而輻湊。故齊冠帶衣履天下。海、岱之間，斂袂而往朝焉。」說亦與〈世家〉合。蓋齊工商之業既盛，海利復饒，富強之基久立，故得管仲以用之，而桓公遂為五霸之首也。

　　晉唐叔虞者，周武王之子，成王弟。武王崩，成王立，唐有亂，周公誅滅唐，封叔虞於唐。唐在河、汾之東，方百里，說見第七章第三節。故曰唐叔虞。唐叔子爕，是為晉侯。《詩譜》曰：「南有晉水，至子爕，改為晉侯。」九世穆侯，娶齊女姜氏為夫人。生太子仇、少子成師。穆侯卒，弟殤叔自立。仇出奔。四年，率其徒襲殤叔而自立，是為文侯。文侯卒，子昭侯伯立。元年（西元前745年），周東遷後二十六年也。封文侯弟成師於曲沃。《漢書·地理志》：河東郡，聞喜，故曲沃。今山西聞喜縣。曲沃邑大於翼。翼，晉君都邑也。《續漢書·郡國志》：河東郡絳邑有翼城。今山西翼城縣。成師封曲沃，號為桓叔。好德，晉國之眾皆附焉。昭侯後六世，遂為桓叔孫曲沃武公所並，更號曰晉武公。猶言改稱晉君。時周釐王三年（西元前679年），入春秋後四十四年也。釐王五年（西元前677年），入春秋後四十六年。武公卒，子獻公詭諸立。惠王八年（西元前669年），入春秋後五十四年。士蒍說公曰：故晉之群公子多，不誅，亂且起，乃使盡殺諸公子，而城聚都之，命曰絳。始都絳。案《史記》武公始都晉國。謂遷都於翼也。又謂城聚而都之，命曰絳，則聚即絳可知。《左氏》莊公二十五年：「晉士蒍使群公子盡殺遊氏之族，乃城聚而處之。冬，晉侯圍聚，盡殺群公子。二十六年（西元前668年），春，晉士蒍為大司空，夏，士城絳以深其宮。」說亦同，《漢志》河東郡絳縣。《注》云：晉武公自曲沃徙此，誤矣。《詩譜》謂穆侯始都絳，《疏》遂曲說為昭侯以下徙翼，至武公又徙絳。問其何以知穆侯徙？則曰相傳為然而已，可謂遁辭知其所窮矣。晉後更徙新田，亦稱為絳，而稱此絳為故絳。新故絳，《左氏》杜《注》皆云在絳邑縣。絳邑縣，即絳縣，後漢改名者也。今山西曲沃縣。晉群公子亡奔虢，虢以其故再伐晉，弗克。十六年（西元前661年），入春秋後六十二年。獻公作二軍，公將上軍，太子申生將下軍，伐滅霍、魏、耿。十九年（西元前658年），入春秋後六十五年。使荀息以屈產之乘假道

於虞。虞假道，遂伐虢，取其下陽，以歸。二十二年（西元前 655 年），入春秋後六十八年。復假道於虞以伐虢。其冬，滅虢。還襲滅虞。《史記》稱：「當此時，晉強，西有河西，與秦接竟，北邊翟，東至河內。」蓋河、汾本沃土，晉始封於是，亦已植富強之基，特以翼與曲沃相爭，未能向外開拓。武公時，內爭既定，獻公雄主，繼其後而用之，而形勢遂一變矣。《韓非・難三》言晉獻公並國十七，服國三十八，戰十二勝。

　　秦之先大費，即柏翳，亦即伯益，已見第七章第四節。舜賜大費姓嬴氏。大費生子二人：一曰大廉，實鳥俗氏。二曰若木，實費氏。其玄孫曰費昌。子孫或在中國，或在夷狄。費昌當夏桀之時，去夏歸商，為湯御，以敗桀於鳴條。大廉玄孫曰孟戲、中衍，鳥身人言。帝大戊聞而卜之。使御，吉。遂致使御而妻之。自大戊以下，中衍之後，遂世有功，以佐殷國。故嬴姓多顯，遂為諸侯。其玄孫曰中潏，在西戎，保西垂。生蜚廉。蜚廉生惡來。惡來有力，蜚廉善走，父子俱以材力事殷紂。周武王之伐紂，並殺惡來。是時蜚廉為紂石北方，還無所報，為壇霍大山，而報得石棺。銘曰：「帝令處父，不與殷亂，賜爾石棺，以華氏死。」遂葬於霍大山。蜚廉復有子曰季勝。季勝生孟增。孟增幸於周成王，是為宅皋狼。《正義》：「《地理志》云：西河郡皋狼縣也。按孟增居皋狼而生衡父。」按皋狼，今山西離石縣。皋狼生衡父。衡父生造父。造父以善御幸於周繆王，繆王以趙城封造父。今山西趙城縣。造父族由此為趙氏。自蜚廉生季勝以下五世至造父，別居趙，趙衰其後也。惡來革者，蜚廉子也，早死，有子曰女防。女防生旁皋。旁皋生大幾。大幾生大駱。大駱生非子。以造父之寵，皆蒙趙城姓趙氏。非子居犬丘。孝王召使主馬於汧渭之間。馬大蕃息。孝王欲以為大駱適嗣，而申侯之女為大駱妻，生子成為適。申侯言孝王，孝王乃分土為附庸，邑之秦，今甘肅清水縣。使復續嬴氏祀，號曰秦嬴。亦不廢申侯之女子為駱適者，以和西戎。秦嬴生秦侯。秦侯生公伯。

公伯生秦仲，秦仲立三年，西戎滅犬丘大駱之族。周宣王即位，以秦仲為大夫，誅西戎，西戎殺秦仲。秦仲立二十三年死於戎。有子五人，其長者曰莊公。周宣王乃召莊公昆弟五人，與兵七千人，使伐西戎，破之，於是復予秦仲後，及其先大駱地犬丘並有之，為西垂大夫。參看第八章第八節。莊公居其故西犬丘。生子三人。其長男世父。世父曰：戎殺我大父，我非殺戎王，則不敢入邑。遂將擊戎，讓其弟襄公。[095] 襄公為太子。莊公立四十四年卒。周幽王四年（西元前 778 年）。太子襄公代立。元年（西元前 777 年），周幽王五年。以女弟繆嬴為豐王妻。疑西戎居豐邑者。二年，周幽王六年（西元前 776 年）。戎圍犬丘世父。世父擊之，為戎人所虜。歲餘復歸世父。《正義》引《括地誌》謂莊公為西垂大夫，在秦州上邽縣西南九十里，漢西縣是也。又云：「故汧城，在隴州汧源縣東南三里。《帝王世紀》云：秦襄公二年（西元前 776 年）徙都汧，即此城。」案《史記》云：莊公居其故西犬丘。又云：戎圍犬丘世父。似是時犬丘有二。世父所居者，即非子所居之犬丘，而莊公所居者，則秦之舊封此時亦名為犬丘而以西別之也。漢西縣，在今天水縣西南。唐汧縣，今甘肅隴縣。七年，周幽王十一年（西元前 771 年）。犬戎與申侯伐周，殺幽王，秦襄公將兵救周，戰甚力，有功。周避犬戎難，東徙雒邑，襄公以兵送周平王。平王封襄公為諸侯，賜之岐以西之地，曰：「戎無道，侵奪我岐、豐之地，秦能攻逐戎，即有其地。」與誓，封爵之。襄公由是始國，與諸侯通使聘享之禮。十二年，周平王五年（西元前 766 年）。伐戎而至岐，卒。生文公。文西元年，周平王六年（西元前 765 年）。居西垂宮。《正義》：「即上西縣是也。」三年，周平王八年（西元前 763 年）。文公以兵七百人東獵。四年，周平王九年（西元前 762 年）。至汧、渭之會，曰：昔周邑我先秦嬴於此。後卒獲為諸侯。乃卜居之，占曰：吉，即營邑之。《正義》：「《括地誌》云：郿縣故

---

[095]　政體：世父欲報戎，讓太子於弟。

城，在岐州郿縣東北五十里。秦文公營邑即此城。」案今陝西郿縣。十六年，周平王二十一年（西元前 750 年）。文公以兵伐戎，戎敗走。於是文公遂收周餘民有之，地至岐。岐以東獻之周。二十七年，周平王三十二年（西元前 739 年）。伐南山大梓，豐大特。《集解》引徐廣，《正義》引《括地誌》，已見第八章第一節。此豐疑仍是豐邑，秦此時尚未能復其地也。四十八年，周桓王二年（西元前 718 年），入春秋後五年。文公太子卒，賜謐為靜公。靜公之長子，為太子。五十年，周桓王四年（西元前 716 年），入春秋後七年。文公卒，靜公子立，是為寧公。〈秦始皇本紀〉作憲公。二年，周桓王六年（西元前 716 年），入春秋後九年。徙居平陽。《集解》：徐廣曰：「郿之平陽亭。」《正義》：「岐山縣有陽平鄉，鄉內有平陽聚。《括地誌》云：平陽故城，在岐州岐山縣西四十六里。」案今陝西岐山縣。遣兵伐蕩社，《集解》：徐廣曰：「蕩音湯。社一作杜。」《索隱》：「西戎之君，號曰亳王，蓋成湯之胤。其邑曰蕩社。徐廣云：一作湯杜。言湯邑在杜縣之界，故曰湯杜也。」《正義》：「《括地誌》云：雍州三原縣有湯陵。又有湯臺，在始平縣西北八里，按其國，蓋在三原始平之界矣。」案三原，今陝西三原縣。始平，今陝西興平縣。三年，周桓王七年（西元前 715 年），入春秋後十年。與亳戰，亳王奔戎。遂滅蕩社。《集解》：「皇甫謐曰：亳王號湯，西夷之國也。」案〈封禪書〉：「於社亳，有三社主之祠。」《索隱》：「徐廣云：京兆杜縣有亳亭，則社字誤，合作杜亳。且據文，列於下皆是地邑，則杜是縣。案秦寧公與亳王戰，亳王奔戎，遂滅湯社。皇甫謐亦云：周桓王時，自有亳王號湯，非殷也。案謂杜、亳二邑有三社主之祠也。」統觀兩注，徐廣雖以湯音蕩，初未謂即成湯之湯，皇甫謐云非殷，則亦不以亳王號湯為與成湯有關係。《索隱》云蓋成湯之胤，似誤。[096]《史記》下文云「雍菅廟亦有杜主」，亦者，亦上社亳，則不特社亳之社當作杜，即三社主亦當

---

[096]　史事：蕩社非湯後。

作三杜主也。湯都薄非亳，漢人混薄、亳為一，已見第八章第二節。十二年，周桓王十六年（西元前 704 年），入春秋後十九年。伐蕩氏，取之。寧公六十二年卒，生子三人。長男武公為太子。武公弟德公同母，魯姬子生出子。《正義》：「德公母號魯姬子。」案似當於同母絕句。武公與德公同母，魯姬子生出子。寧公卒，大庶長弗忌、威壘、三父廢太子，而立出子為君。出子六年，周桓王二十二年（西元前 698 年），入春秋後二十五年。三父等復共令人賊殺出子。出子生五歲立，立六年卒。〈秦始皇本紀〉：「出子居西陵。」《索隱》云：「一云居西陂。」三父等復立故太子武公。武西元年，周桓王二十三年（西元前 697 年），入春秋後二十六年。伐彭戲氏。《正義》：「蓋同州彭衙故城是也。」案今陝西白水縣。至於華山下。《正義》：「即華嶽之下也。」案秦兵力時似未能至此。居平陽封宮。三年，周莊王二年（西元前 695 年），入春秋後二十八年。誅三父等，夷三族。十年（西元前 688 年），周莊王九年，入春秋後三十五年。伐邽冀戎，初縣之。《集解》：「《地理志》：隴西有上邽縣。應劭曰：即邽戎邑也。冀縣，屬天水郡。」案上邽，今甘肅天水縣。冀，今甘肅甘谷縣。十一年，周莊王十年（西元前 687 年），入春秋後三十六年。初縣杜、鄭。《集解》：「《地理志》京兆有鄭縣、杜縣也。」案鄭，今陝西華縣。杜，今陝西長安縣。滅小虢。二十年，周釐王四年（西元前 678 年），入春秋後四十五年。武公卒。有子一人，名曰白。白不立，封平陽。立其弟德公。德西元年，周釐王五年（西元前 677 年），入春秋後四十六年。初居雍。《集解》：「徐廣曰：今縣，在扶風。」案今陝西鳳翔縣。梁伯、芮伯來朝。德公立二年卒。周惠王元年（西元前 676 年），入春秋後四十七年。生子三人。長子宣公，中子成公，少子繆公。宣公立，四年，周惠王五年（西元前 672 年），入春秋後五十一年。與晉戰河陽，勝之。十二年，卒。周惠王十三年（西元前 664 年），入春秋後五十九年。〈秦始皇本紀〉：「宣公居陽宮，成公居雍之宮。」《集解》：「徐

廣曰：之，一作走。」立其弟成公。成西元年，周惠王十四年（西元前 663
年），入春秋後六十年。梁伯、芮伯來朝。四年，卒。周惠王十七年（西元
前 660 年），入春秋後六十三年。立其弟繆公。繆公任好元年，周惠王十八
年（西元前 659 年），入春秋後六十四年。《索隱》云：「秦自宣公已上，史
失其名。今按《世本》、《古史考》，得穆公名任好。」據此，則《史記》之
「繆公任好元年」句，任好二字，似是後人所加。《春秋》則以罃為穆公。
文公十八年（西元前 609 年），秦伯罃卒，《解詁》曰：秦穆公也。自將伐
茅津，《正義》：「劉伯莊云：戎號也。《括地誌》云：茅津及茅城，在陝州
河北縣西二十里。」案河北縣後改為平陸，今山西平陸縣。勝之。四年，
周惠王二十一年（西元前 656 年），入春秋後六十七年。迎婦於晉。晉太子
申生姊也。五年，周惠王二十二年（西元前 655 年），入春秋後六十八年。
晉獻公滅虞，虜百里傒，以為繆公夫人媵。百里傒亡秦，走宛。今河南南
陽縣。繆公以五羖羊皮贖之，授之國政。百里傒讓曰：臣不及臣友蹇叔。
穆公使迎蹇叔，以為上大夫。是時之秦，可謂已襲周之舊業矣。

　　〈楚世家〉曰：「楚之先祖，出自帝顓頊。高陽生稱。稱生卷章。卷章
生重黎。重黎為帝嚳高辛居火正。甚有功，能光熊天下。帝嚳命曰祝融。
共工氏作亂，帝嚳使重黎誅之而不盡。帝乃以庚寅日誅重黎，而以其弟
吳回為重黎後，復居火正，為祝融。吳回生陸終。陸終生子六人，坼剖而
產焉。其長：一曰昆吾。二曰參胡。三曰彭祖。四曰會人。五曰曹姓。六
曰季連，芈姓，楚其後也。昆吾氏，夏之時嘗為侯伯。桀之時，湯滅之。
彭祖氏，殷之時嘗為侯伯。殷之末世，滅彭祖氏。季連生附沮。附沮生穴
熊。其後中微，或在中國，或在蠻夷，弗能紀其世。」《集解》引徐廣曰：
「《世本》云：老童生重黎及吳回。」又引譙周曰：「老童即卷章。」《大戴
禮記・帝系篇》亦曰：「顓頊娶於滕氏。滕氏奔之子，謂之女祿氏。產老
童。老童娶於竭水氏。竭水氏之子，謂之高緺氏。產重黎及吳回。」古繫

世之書，年代遠者，往往不能詳其世次。竊疑《世本》、《大戴》，皆奪稱一代，《史記》獨完具也。《大戴記》又曰：「吳回氏產陸終。陸終氏娶於鬼方氏之妹，謂之女隤氏，產六子，孕而不粥。三年，啟其左脅，六人出焉。其一曰樊，是為昆吾。其二曰惠連，是為參胡。其三曰籛，《索隱》引《世本》作錢鏗。是為彭祖。其四曰萊言，《索隱》引《世本》作求言。是為云鄶人。《索隱》引《世本》無云字。其五曰安，是為曹姓。其六曰季連，是為羋姓。昆吾者，衛氏也。《集解》、《索隱》引《世本》氏作是，下同。參胡者，韓氏也。彭祖者，彭氏也。《集解》、《索隱》引皆作彭城。云鄶人者，《集解》、《索隱》引皆無云字。鄭氏也。鄭，或云當作鄶。曹姓者，邾氏也。季連者，楚氏也。」《集解》、《索隱》引《世本》略同，則較《史記》為完具。《國語·鄭語》，史伯論祝融之後八姓，已見上節。韋昭云：董姓、己姓之別，禿姓、彭祖之別，斟姓、曹姓之別；《史記索隱》引宋忠則云：參胡斟姓，無後；未知孰是也。〈楚世家〉又曰：「周文王之時，季連之苗裔曰鬻熊。鬻熊子事文王。早卒。其子曰熊麗。熊麗生熊狂。熊狂生熊繹。熊繹當周成王之時，舉文、武勤勞之後嗣，而封熊繹於楚蠻。封以子男之田，姓羋氏，居丹陽。《左氏》桓公二年《疏》引《世本》，鬻融居丹陽。熊繹生熊文，熊文生熊黜。熊黜生熊勝。熊勝以弟熊楊為後。熊楊生熊渠。熊渠生子三人。當周夷王之時，王室微，諸侯或不朝，相伐，熊渠甚得江、漢間民和。乃興兵伐庸、楊粵，至於鄂。熊渠曰：我蠻夷也，不與中國之號諡。乃立其長子康為句亶王，《索隱》：「《系本》康作庸，亶作袓。」中子紅為鄂王，《索隱》：「有本作藝經二字，音摯紅，從下文熊摯紅讀也。《古史考》及鄒氏、劉氏等音無藝經，恐非也。」少子執疵為越章王，《索隱》：「《系本》無執字，越作就。」皆在江上楚蠻之地。案漢丹陽，在今安徽當塗縣境，距楚後來之地大遠，故世多從杜預枝江故城之說，謂在今之秭歸。然秭歸在當時，實非周之封略所及。宋翔風謂在丹、淅二水

人漢處，《過庭錄·楚鬻熊居丹陽武王徙郢考》。元文略曰：「《史記·秦本紀》：惠文王十三年（西元前 312 年），庶長章，擊楚於丹陽。〈楚世家〉亦言與秦戰丹陽。《屈原傳》作大破楚師於丹、淅。《索隱》曰：丹淅二水名。《漢志》：弘農縣，丹水出上雒塚領山。東至析入鈞。《水經注》：析水至於丹水，會均，有析口之稱。是戰國之丹陽，在商州之東，南陽之西，當丹水、析水入漢之處。鬻子所封，正在其地。」案商州，今陝西商縣。與《左氏》昭公九年，王使詹桓伯辭於晉，以楚、鄧今河南鄧縣。並舉者相合，其說是也。《左氏》昭公十二年，楚子革言「我先王熊繹，闢在荊山」。荊山，杜《注》云在新城沶鄉縣南。沶鄉為今湖北保康縣境。則當受封之始，業已向南開拓。至熊渠而抵長江。句亶，《集解》引張瑩曰：「今江陵。」今湖北江陵縣。鄂，《正義》引劉伯莊云：「地名，在楚之西。後徙楚今東鄂州是也。」今湖北武昌縣。《正義》又引《括地誌》云：「鄧州向城縣南二十里。西鄂故城，是楚西鄂。」向城，今河南南召縣。越章，《索隱》引《世本》越作就。《大戴禮記·帝系》曰：「季連產付祖氏。付祖氏產內熊。九世至於渠鯀，出自熊渠。有子三人。其孟之名為無康，為句亶王。其中之名為紅，為鄂王。其季之名為疵為戚章王。」戚章，即就章，亦即《史記》所謂越章也。據宋翔鳳說，其地當在由淮上溯，舍舟遵陸之處，今安徽、湖北界上。同上。《左氏》定公二年桐叛楚。吳子使舒鳩氏誘楚人曰：以師臨我，我伐桐。秋，楚囊瓦伐吳。師於豫章。吳人見舟於豫章，而潛師於巢。桐今桐城，舒今舒城，巢今巢縣，其地並在江北，與漢豫章郡在江南者，相去六七百里。定公四年（西元前 506 年），吳伐楚，舍舟淮汭，自豫章與楚夾漢。則豫章實當由淮上溯，舍舟遵陸之處也。其後南移，乃為漢之豫章郡也。今江西南昌縣。〈楚世家〉又曰：「及周厲王之時，暴虐，熊渠畏其伐楚，亦去其王。後為熊毋康。《集解》：「徐廣曰：即渠之長子。」案即《大戴記》之無康。毋康早死。熊渠卒，子熊摯紅立。《索隱》：「如此，

史意即上鄂王紅也。譙周以為熊渠卒，子熊翔立。卒，長子摯有疾。少子
熊延立。此云摯紅卒，其弟弒而自立，曰熊延。欲會此代系，則翔亦毋康
之弟，元嗣熊渠者。毋康既早亡，摯紅立而被延殺，故史考言摯有疾，而
此言弒也。」摯紅卒，其弟弒而代立，曰熊延。《正義》：「宋均注《樂緯》
云：熊渠嫡嗣曰熊摯。有惡疾，不得為後。別居於夔，為楚附庸。後王
命曰夔子也。」熊延生熊勇。熊勇六年，厲王出奔彘。十年，卒。共和四
年（西元前 838 年）。弟熊嚴為後。熊嚴十年卒。共和十四年（西元前 828
年）。有子四人。長子伯霜，中子仲雪，次子叔堪，少子季徇。熊嚴卒，
伯霜代立，是為熊霜。六年卒。周宣王六年（西元前 822 年）。三弟爭立。
仲雪死。叔堪亡，避難於濮。《集解》：「杜預曰：建寧郡南有濮夷。」建
寧，今湖北石首縣。季徇立，是為熊徇。二十二年，周宣王二十八年（西
元前 800 年）。卒。子熊咢立。九年周宣王三十七年（西元前 791 年）。卒，
子熊儀立，是為若敖。二十七年，周平王七年（西元前 770 年）。卒。子熊
坎立，是為霄敖。六年，周平王十二年（西元前 759 年）。卒。子熊眴立，
是為蚡冒。十七年，周平王三十年（西元前 741 年）。卒。弟熊通弒蚡冒子
而代立，是為楚武王。三十五年，周桓王十四年（西元前 706 年），入春秋
後十七年。楚伐隨，隨曰：我無罪。楚曰：我蠻夷也。今諸侯皆為叛，相
侵，或相殺，我有敝甲，欲以觀中國之政。請王室尊吾號。隨人為之周請
尊楚。王室不聽。三十七年，周桓王十六年（西元前 704 年），入春秋後
十九年。熊通自立為武王。與隨人盟而去。於是始開濮地而有之。五十一
年，周莊王七年（西元前 690 年），入春秋後三十三年。周召隨侯，數以立
楚為王。楚怒，以隨背己，伐隨。武王卒師中而兵罷。子文王熊貲立。始
都郢。今湖北江陵縣。文王二年，周莊王九年（西元前 688 年），入春秋後
三十五年。伐申，過鄧。六年，周莊王十三年（西元前 684 年），入春秋後
三十九年。伐蔡。楚強，陵江、漢間小國，小國皆畏之。十一年，周釐王

三年（西元前 679 年），入春秋後四十四年。齊桓公始霸，楚亦始大。十二年，周釐王四年（西元前 678 年），入春秋後四十五年。伐鄧，滅之。十三年，周釐王五年（西元前 677 年），入春秋後四十六年。卒，子熊囏立，是為莊敖。〈十二諸侯年表〉作堵敖。莊敖五年，周惠王五年（西元前 672 年），入春秋後五十一年。欲殺其弟熊惲。惲奔隨，與隨襲弒莊敖，代立。是為成王。元年，周惠王六年（西元前 671 年），入春秋後五十二年。初即位，布德施惠，結舊好於諸侯。使人獻天子。天子賜胙，曰：鎮爾南方，夷越之亂，無侵中國。於是楚地千里。」案《左氏》昭公二十三年，沈尹戌謂「若敖、蚡冒至於武、文，土不過同」。則楚當東西周間，地尚未甚大。然宣公十二年，欒武子謂楚莊王無日不討國人而訓之，「訓之以若敖、蚡冒，篳路藍縷，以啟山林」。哀公十七年，楚子谷曰：「觀丁父，鄀俘也，武王以為軍率，是以克州、蓼，服隨、唐，大啟群蠻。彭仲爽，申俘也，文王以為令尹，實縣申、息，朝陳、蔡，封畛於汝。」則此四代之盡力開拓者至矣。《國語》：史伯言：「熊嚴生子四人：伯霜、仲雪、叔熊、季紃。叔熊逃難於濮而蠻，季紃是立。」叔熊即《史記》之叔堪，季紃即《史記》之季徇。楚開濮地，未必不由叔熊。史伯又曰：「羋姓夔、越不足命。」案《左氏》僖公二十六年：「夔子不祀祝融與鬻熊，楚人讓之。對曰：我先王熊摯有疾，鬼神弗赦，而自竄於夔。吾是以失楚，又何祀焉？秋，成得臣、鬥宜申帥師滅夔，以夔子歸。」此即《索隱》引譙周，以之當熊摯紅者也。則楚枝庶所開拓之地，亦不少矣。其雄於南服，宜哉！

▶ 第三節　五霸事蹟上

《史記‧齊世家》云：哀公時，紀侯譖之周，周烹哀公。《詩譜序》云：「懿王始受譖，烹齊哀公。」按《史記》云：「周烹哀公而立其弟靜，是為胡公。胡公當周夷王時。」《詩譜》此語，似即據此推測，別無確據。〈楚

世家〉云：周厲王時，熊渠畏其伐楚，去其王號。見上節。〈魯世家〉：懿
公為其兄子伯御所弒，周宣王伐殺伯御，而立其弟孝公。則當西周之末，
王室之威令，似尚頗行於諸侯。然至東周之世而大不然者，則遭犬戎破敗
之餘，又西畿淪陷，疆域促小故也。周平王在位五十一年崩。入春秋後三
年。太子洩父早死，立其子林，是為桓王。《左氏》載周桓公之言曰：「我
周之東遷，晉、鄭焉依。」隱公六年（西元前 717 年）。《史記》以為富辰
語。〈周本紀〉。未知孰是。要之周當東遷之初，鄰近之國，以此二國為較
強，則不誣也。然是時之王室，似與虢尤親。《左氏》云：鄭武公、莊公
為平王卿士。王貳於虢。鄭伯怨王。王曰：無之。故周、鄭交質。王崩，
周人將畀虢公政。鄭祭足帥師取溫之麥。見第一節。又取成周之禾。《公
羊》云：「成周者何？東周也。王城者何？西周也。」見宣公十六、昭公
二十二、二十六年。今河南洛陽縣。其後周人終用虢公，據《左氏》，事
在隱公八年（西元前 715 年），即周桓王五年，入春秋後八年。而奪鄭伯
政。鄭伯不朝。十三年（西元前 707 年），入春秋後十六年。王率陳、蔡、
虢、衛伐鄭，為鄭所敗。然是後，晉與曲沃相爭，王尚時命虢伐曲沃。
見《史記·晉世家》。王室之威靈，尚未盡替也。[097] 桓王二十三年（西元
前 697 年）崩，入春秋後二十六年。子莊王佗立。十五年（西元前 682 年）
崩。入春秋後四十一年，子釐王胡齊立。釐王三年（西元前 679 年），入
春秋後四十四年。曲沃武公滅翼。王命為晉侯。此為王室自失其威柄。釐
王五年（西元前 677 年）崩。入春秋後四十六年。子惠王閬立。《索隱》：
「《系本》名無涼。」二年（西元前 675 年），入春秋後四十八年。大夫邊伯
等作亂。王奔溫。已居鄭之櫟。今河南陽翟縣。邊伯等立莊王寵子頹。四
年（西元前 673 年），入春秋後五十年。鄭與虢伐子頹，復入惠王。惠王
二十二年（西元前 655 年），入春秋後六十八年。晉滅虢。是為東周盛衰一

---

[097]　史事：西周末王室威令似尚頗行。

大關鍵。[098] 蓋周合東西畿之地，優足當春秋時一大國。秦文公之伐戎至
岐，事在周平王二十一年（西元前 750 年），岐以東仍獻之周。周桓王十二
年（西元前 708 年），入春秋後十五年。王師嘗與秦圍魏；其十七年（西元
前 703 年），入春秋後五十年。虢仲又與芮伯、梁伯伐曲沃；則河西與周，
尚未全絕，有雄主出，豐、鎬之地可復也。至虢滅而桃林之塞舊函谷關至
潼關間之隘地。為晉所扼，西畿不可復，局促東畿數百里間，雖欲不夷於
魯、衛而不可得矣。王室既不能復振，而中原之地，會盟征伐，不可無
主，於是所謂霸主者出焉。

　　五霸，[099]《白虎通義》凡列三說：曰昆吾、大彭、豕韋、齊桓、晉
文，應劭《風俗通義》、《呂覽‧先己》高《注》、《左氏》成公二年杜《注》
及《詩譜序疏》引服虔說從之。曰齊桓、晉文、秦繆、楚莊、吳闔廬，無
從之者。曰齊桓、晉文、秦繆、宋襄、楚莊，《孟子‧告子》趙《注》、《呂
覽‧當務》高《注》從之。《荀子‧王霸篇》，則以齊桓、晉文、楚莊、吳
闔閭、越勾踐為霸。〈議兵篇〉亦以此五人並舉，又〈成相篇〉謂秦繆強配
五霸，則亦以為在五霸之外也。案皇、帝、王、霸之說，蓋取明世運之變
遷。故五帝不興於三皇之時，三王不興於五帝之世。安得五霸之三，錯
出於湯、武之間？蓋《左氏》、《國語》，皆許晉悼公為復霸；見《左氏》成
公十八年、《國語‧晉語》。《國語》又明有昆吾為夏伯，大彭、豕韋為商
伯之文，見上節。古文家乃立昆吾、大彭、豕韋、齊桓、晉文為五霸之
說。《白虎通義》大體為今文，然間有異說屢入。且其書頗有為後人竄亂
處。其實《孟子》言五霸桓公為盛，乃與晉文以下諸君比較言之。若夏、
殷則文獻無徵，何由知昆吾、大彭、豕韋之不逮桓公乎？〈太史公自序〉
云「幽、厲之後，周室衰微，諸侯力政，五伯更盛衰」，明舊說謂五霸皆

---

[098]　史事：虢亡而東西畿絕，週一大衰。
[099]　史事：五霸。

在東周之世。以一匡天下之義言之。《白虎通》第二、三說，及《荀子》之說，皆可從也。此自以霸限於五云然。若論曾長諸侯，則晉悼、楚靈、齊景、吳夫差，亦未嘗不可為霸。下逮戰國之世，楚悼、魏惠、齊威、宣、湣王，亦可謂其時之霸主也。今仍循通行之說，以齊桓、晉文、宋襄、秦繆、楚莊為五霸。

春秋時霸主之首出者為齊桓公，事在周釐王三年（西元前679年）。入春秋後四十四年。先是齊襄公誅殺數不當，淫於婦人，數欺大臣。其次弟糾，母魯女也，奔魯。次弟小白奔莒。莊王十三年（西元前684年），入春秋後三十七年。襄公為同母弟公孫無知所弒。無知又為雍林人所殺。此依《史記》。《左氏》作雍廩。齊邑名。魯發兵送公子糾。齊二卿高氏、國氏陰召小白。小白先入立，是為桓公。發兵距敗魯。脅魯殺公子糾，而用其傅管仲，修國政，齊國遂強。釐王元年（西元前681年），入春秋後四十二年。齊伐魯。魯師敗績，魯莊公請獻遂邑以和。今山東肥城縣。桓公許與魯會柯而盟。今山東長清縣。魯將曹沫，以匕首劫桓公於壇上，曰：反魯侵地。桓公許之。後悔，欲無與魯地，而殺曹沫。管仲曰：不可。遂與沫三敗所亡地於魯。魯莊公死，子般弒，閔公死。比三君死，曠年無君。齊使高子將南陽之甲，立僖公而城魯。周惠王十七年（西元前660年），入春秋後六十三年。《孟子·告子下》：「一戰勝齊遂有南陽，然且不可。」《注》：「山南曰陽。岱山之南，謂之南陽也。」狄滅邢、衛。桓公遷邢於夷儀，周惠王十八年（西元前659年），入春秋後六十四年。封衛於楚丘。周惠王十九年（西元前658年），入春秋後六十五年。邢遷如歸，衛國忘亡。山戎伐燕，桓公為燕伐山戎。周惠王十三年（西元前664年），入春秋後五十九年。周惠王立，二十五年（西元前652年）崩。入春秋後七十一年。子襄王鄭立。襄王母早死。後母曰惠后。生叔帶。有寵於惠王。襄王三年（西元前649年），入春秋後七十四年。叔帶與戎翟謀伐襄王。襄王欲

誅叔帶。叔帶奔齊。齊使管仲平戎於周，使隰朋平戎於晉。八年（西元前645年），入春秋後七十九年。戎伐周。周告急於齊。齊會諸侯，各發卒戍周。孔子曰：「桓公九合諸侯，不以兵車。」《論語・憲問》。《管子・大匡》曰：「兵車之會六，乘車之會三。」《穀梁》莊公二十七年曰：「衣裳之會十有一，未嘗有歃血之盟也，信厚也。兵車之會四，未嘗有大戰也，愛民也」又曰：「晉文公譎而不正，齊桓公正而不譎。」同上。《孟子》曰：「五霸桓公為盛。葵丘之會諸侯，束牲載書而不歃血。初命曰：誅不孝。無易樹子。無以妾為妻。再命曰：尊賢育才，以彰有德。三命曰：敬老、慈幼。無忘賓旅。四命曰：士無世官。官事無攝。取士必得。無專殺大夫。五命曰：無曲防。無遏糴。無有封而不告。曰：凡我同盟之人，既盟之後，言歸於好。今之諸侯，皆犯此五禁。」〈告子下〉。蓋齊桓之長諸侯，猶頗能遵舊典，守信義，非後來霸者所及也。《荀子・仲尼》，謂桓公詐襲邾、莒，並國三十五，事無考。

　　春秋時，中原諸國所夷狄視之，而能與上國爭衡者莫如楚。《春秋》桓公二年，蔡侯鄭伯會於鄧。《左氏》云：「始懼楚也。」時為周桓王之十年（西元前710年），人春秋後之十三年也。其後三十三年而齊稱霸。齊稱霸之明年，楚伐鄭。惠王十一年（西元前666年）、入春秋後五十七年。十九年（西元前658年）、入春秋後六十五年。二十年（西元前657年）入春秋後六十六年。又屢伐鄭。是秋，齊會諸侯於陽穀。今山東陽穀縣。明年，以諸侯之師侵蔡，蔡潰。遂伐楚，次於陘。楚子使屈完如師。師退，次於召陵。陘、召陵，皆在今河南郾城縣。屈完及諸侯盟。案後來晉與楚爭，文公、厲公雖再敗其師，然卒不能合諸侯而履其境，致其盟，而桓公獨能之，此孟子所以稱五霸桓公為盛歟？既伐鄭，陳轅濤塗謂桓公曰：君能服南夷矣，何不還師濱海而東，服東夷且歸。桓公曰：諾。於是還師濱海而東，大陷於沛澤之中，顧而執濤塗。《公羊》僖公四年。是役蓋略東

夷而敗。其所以欲略東夷，則以東夷為楚之與，未必盡由濤塗之教也。明年，齊會諸侯於首止。今河南睢縣。鄭伯逃歸，《左氏》云：「王使周公召鄭伯曰：吾撫汝以從楚，輔之以晉，可以少安。鄭伯喜於王命，而懼其不朝於齊也，故逃歸不盟。」是時，周未必有憾於齊，蓋仍脅於楚也。是年，楚人滅弦。今河南潢川縣。《左氏》曰：「於是江、黃、道、今河南確山縣。柏今河南西平縣。方睦於齊，皆弦姻也。弦子恃之，而不事楚，又不設備，故亡。」蓋亦齊、楚之爭。惠王二十三年（西元前 654 年），入春秋後六十九年。齊以諸侯伐鄭。楚子圍許以救鄭。諸侯救許，乃還。明年齊復伐鄭。又合諸侯於寧母今山東魚臺縣。以謀之。鄭伯乃使請盟於齊。二十五年（西元前 652 年），入春秋後七十一年。諸侯盟於洮。今山東濮縣。鄭伯乞盟。襄王元年（西元前 651 年），入春秋後七十二年。盟於葵丘。今河南考城縣。是為齊霸之極盛。《公羊》云：「桓公震而矜之，叛者九國。」《左氏》云：「宰孔先歸，遇晉侯，曰：可無會也。齊侯不務德而勤遠略，故北伐山戎，南伐楚，西為此會也。東略之不知，西則否矣。晉侯乃還。」然未幾，獻公卒，國亂，桓公仍以諸侯之師伐之，見下。則其威稜，亦未遽替也。襄王四年（西元前 649 年），入春秋後七十五年。楚人滅黃。齊不能救。五年（西元前 648 年），入春秋後七十六年。齊會諸侯於咸。今河北濮陽縣。《左氏》云：「淮夷病杞故。」六年（西元前 647 年），入春秋後七十七年。諸侯城緣陵而遷杞焉。七年（西元前 646 年），入春秋後七十八年。楚人伐徐。《左氏》云：「徐即諸夏故也。」齊會諸侯救徐。齊師、曹師伐厲。今湖北隨縣。《左氏》云「以救徐也」，楚敗徐於婁林。今安徽泗縣。《左氏》云：「徐恃救也。」八年（西元前 645 年），入春秋後七十九年。齊會諸侯於淮。今安徽盱眙縣。《左氏》云：「謀鄫，且東略也。城鄫，役人病，有夜登丘而呼曰：齊有亂，不果城而還。」九年（西元前 644 年），入春秋後八十年。齊人、徐人伐英氏。當即皋陶後封於英、六之

英，見第七章第四節。《左氏》云：「以報婁林之役也。」齊是時，蓋仍專於東略。《詩·魯頌》盛誇僖公經略淮夷之功，蓋亦齊所命也。是年，桓公卒。諸子爭立。國亂，而齊霸遽訖矣。

齊桓公之夫人三：曰王姬、徐姬、蔡姬，此從《史記》。《左氏》作王姬、徐嬴、蔡姬。皆無子。桓公好內，多內寵，如夫人者六人：長衛姬生無詭。《左氏》作無虧。少衛姬生惠西元。鄭姬生孝公昭。葛嬴生昭公潘。密姬生懿公商人。宋華子生公子雍。桓公與管仲，屬孝公於宋襄公，以為太子。雍巫有寵於衛共姬，因宦者豎刁以厚獻於桓公，亦有寵。桓公許之立無詭。周惠王七年（西元前670年），入春秋後七十八年。管仲、隰朋皆卒。易牙、開方、豎刁專權。桓公卒；易牙入，與豎刁因內寵殺群吏，而立無詭。太子昭奔宋。明年三月宋襄公率諸侯兵送太子昭伐齊，齊人恐殺無詭。齊人將立太子昭。四公子之徒攻太子。太子走宋。宋遂與齊人四公子戰，敗其師。而立太子昭，是為齊孝公。

齊桓既歿，晉文未興，北方無復一等國；楚雖盛，中原諸國尚未甘服；宋襄乃乘機圖霸。宋襄之起，似始與齊爭，後與楚爭。齊桓公及管仲，屬孝公於宋襄公，其事羌無證據；即誠有之，亦非正法；蓋乘亂伐齊之口實耳。是時諸侯，似有黨宋，亦有黨齊者。故宋之伐齊，曹、衛、邾婁與偕，魯與狄皆救之，而邢人狄人伐衛。明年，宋人執滕子嬰齊。宋人、曹人、邾人盟於曹南。鄫子會盟於邾，邾人執鄫子用之。滕與鄫，蓋皆不服宋者。宋人圍曹，蓋以其叛故。魯會陳人、蔡人、楚人、鄭人盟於齊，距宋者始與楚合。又明年，齊人、狄人盟於邢。其明年，周襄王十三年（西元前639年），入春秋後八十四年也。狄侵衛，宋人、齊人、楚人盟於鹿上。今安徽太和縣。《左氏》云：「以求諸侯於楚。」蓋齊為舊盟主，而楚則是時與宋爭者。使是盟而成，則宋可以霸。而楚伏兵車，執宋公以伐宋。宋公謂公子目夷：歸守國。楚人知雖殺宋公，猶不得宋國於

是會於薄，此即漢之薄縣，見第八章第二節。釋宋公。是冬，魯伐邾。明年，再伐邾。蓋所以伐宋之與。宋、衛、滕、許伐鄭。楚伐許以救鄭。宋公及楚人戰於泓，水名，在今河南柘城縣。宋師敗績。公傷股。明年，竟以是卒。鹿上之盟，《公羊》謂公子目夷請以兵車往，宋公不可。泓之戰，《公羊》與《左》、《穀》皆謂襄公不肯乘楚師未畢濟、未畢陳而擊之，是以致敗。蓋是時欲圖霸者，猶必假仁義以服諸侯，宋襄亦有為為之，而惜乎其力之不足也。襄公卒之歲，齊侯伐宋，圍緡。今山東金鄉縣。襄王十七年（西元前 635 年），入春秋後八十八年。衛滅邢。時魯、衛忽複合，盟於洮。今山東泗水縣。十八年（西元前 634 年），入春秋後八十九年。復盟於向，今山東莒縣。而齊師再伐魯。衛人伐齊。魯如楚乞師，伐齊，取谷。今山東東阿縣。置桓公子雍焉。桓公七子皆奔楚。楚以為大夫。楚又伐宋。明年，遂圍之。於是齊、宋皆與晉合，而城濮之戰起矣。

　　[100] 周惠王五年（西元前 672 年），入春秋後五十一年。晉伐驪戎，得驪姬、驪姬弟，俱愛幸之。十二年（西元前 665 年），入春秋後五十八年。驪姬生奚齊，獻公有意廢太子。使太子申生居曲沃，公子重耳居蒲，今山西隰縣。公子夷吾居屈。今山西吉縣。太子申生，其母，齊桓公女也，曰齊姜。早死。申生同母女弟，為秦穆夫人。重耳母，翟之狐氏女也。夷吾母，重耳母女弟也。此據《史記·晉世家》。《左氏》云：「晉獻公取於賈，無子。烝於夷姜，生秦穆夫人及太子申生。又取二女於戎。大戎狐姬生重耳，小戎子生夷吾。」《注》云：「夷姜，武公妾。」二十一年（西元前 656年），入春秋後六十七年。驪姬謂太子曰：君夢見齊姜，太子速祭曲沃，歸釐於君。太子上其祭胙。驪姬使人置毒藥胙中。太子聞之，奔新城。《集解》：「韋昭曰：曲沃也。新為太子城。」自殺。驪姬因譖二公子。重耳走蒲，夷吾走屈。二十二年（西元前 655 年），入春秋後六十八年。獻公使兵

---

[100] 史事：宋襄似始與齊爭，後與楚爭。

伐蒲。重耳奔翟。伐屈。屈城守，不可下。二十三年（西元前 654 年），入
春秋後六十九年。發賈華等伐屈。屈潰。夷吾將奔翟。冀芮曰：不可。重
耳已在矣。今往晉必移兵伐翟。翟畏晉，禍且及。不如走梁。梁近於秦。
秦強，吾君百歲後，可以求入焉。遂奔梁。周襄王元年（西元前 651 年），
入春秋後七十二年。晉獻公病，屬夷齊於荀息。獻公卒。里克、邳鄭以三
公子之徒作亂。殺夷齊於喪次。荀息立悼子驪姬弟所生。《公羊》、《左氏》
作卓子。〈秦本紀〉亦作卓子。徐廣曰：一作倬。而葬獻公。里克弒悼子於
朝。荀息死之。使迎重耳於翟。重耳謝。還報，迎夷吾於梁。夷吾欲往。
呂省、《左氏》作瑕呂飴甥。杜《注》曰：「姓瑕呂，名飴甥，字子金。」邳
芮曰：「內猶有公子可立者，而外求，難信。計非之秦，輔強國之威以人，
恐危。」乃使邳芮厚賂秦。約曰：「即得入，請以晉河西之地與秦。」及遺
里克書曰：「誠得立，請遂封子於汾陽之邑。」秦穆公乃發兵送夷吾。齊
桓公聞晉亂，亦率諸侯如晉。使隰朋會秦，俱入夷吾，是為惠公。明年，
使邳鄭謝秦。亦不與里克汾陽邑，而奪之權。惠公以重耳在外，畏里克為
變，賜里克死。邳鄭聞里克誅，乃說秦穆公曰：「呂省、郤稱、冀芮實為不
從。若重賂與謀，出晉君，入重耳，事必就。」〈秦本紀〉曰：「願君以利
急召呂、郤。呂、郤至，則更入重耳。」秦穆公許之。使人與歸報晉，厚
賂三子。〈秦本紀〉曰：使人與邳鄭歸召呂、郤。三子曰：「幣重言甘，必
邳鄭賣我於秦。」遂殺邳鄭及里克、邳鄭之黨七輿大夫。邳鄭子豹奔秦。
言伐晉。繆公弗聽，而陰用豹。五年（西元前 647 年），入春秋後七十六
年。晉飢，乞糴於秦。邳豹說繆公弗與，因其飢而伐之。繆公用百里傒、
公孫支言，卒與之粟。以船漕車轉，自雍相望至絳。明年，秦飢，請糴於
晉。惠公用虢射謀，不與。而發兵，且伐秦。又明年，秦繆公伐晉。〈秦
本紀〉：「使邳豹將，自往擊之。」合戰韓原。今陝西韓城縣。虜晉君以歸。
將以祠上帝。周天子聞之曰「晉我同姓，」為請。晉君姊，為穆公夫人，衰

經跌曰：「妾兄弟不能相救，以辱君命。」繆公乃歸晉侯。晉侯至國，謀曰：
「重耳在外，諸侯多利內之。」欲使人殺重耳於翟。重耳聞之，如齊。九年
（西元前 643 年），入春秋後八十年。使太子圉質於秦。〈秦本紀〉曰：「夷
吾獻其河西地。使太子圉為質於秦。秦妻子圉以宗女。是時秦地東至河。」
十一年（西元前 641 年），入春秋後八十二年。秦滅梁。〈秦本紀〉曰：「秦
滅梁、芮。」事在明年。十四年，入春秋後八十五年。晉惠公內有數子。
太子圉曰：「吾母家在梁，梁，今秦滅之。我外輕於秦，而內無援。君即
不起，大夫輕更立他公子。」遂亡歸。明年，惠公卒，太子圉立，是為懷
公。子圉之亡，秦怨之，乃求公子重耳欲納之。乃令國中：「諸從重耳亡者
與期。期盡不到者，盡滅其家。」秦繆公乃發兵內重耳，使人告欒、郤之
黨為內應。重耳，自少好士。年十七，有賢士五人，曰趙衰、狐偃、即咎
犯，文公舅。賈佗、先軫、魏武子。奔翟時，年四十三歲，從此五士。其
餘不名者數十人。惠公欲殺重耳。重耳聞之，乃謀趙衰等曰：始吾奔翟，
非以為可用興，以近易通，故且休足。休足久矣，固願徙之大國。夫齊桓
公好善，志在霸王，收恤諸侯。今聞管仲、隰朋死，此亦欲得賢佐。盍往
乎？於是遂行。過衛，衛文公不禮。去。過五鹿，今河北濮陽縣。飢，從
野人乞食。野人盛土器中進之。《左氏》云：「野人與之塊。」重耳怒。趙衰
曰：土者，有土也。君其拜受之。至齊，齊桓公厚禮，以宗女妻之。有馬
二十乘。重耳安之。二歲，桓公卒。豎刁等為亂。孝公之立，諸侯兵數至
齊。留齊凡五歲。重耳愛齊女，無去心。趙衰、咎犯謀行。齊女勸重耳趣
行。重耳曰：「人生安樂，孰知其他？必死於此。」不能去。齊女乃與趙衰
等謀，醉重耳，載以行。行遠而覺，引戈欲殺咎犯。過曹，曹共公不禮。
大夫釐負羈諫，不從。負羈乃私遺重耳食，置璧其下。去，過宋。宋襄公
新困於楚，傷於泓，聞重耳賢，乃以國禮禮於重耳。宋司馬公孫固善於咎
犯，曰：「宋小國，新困，不足以求人。更之大國。」乃去，過鄭。鄭文公

弗禮，鄭叔瞻諫。鄭君曰：「諸侯亡公子過此者眾，安可盡禮？」叔瞻曰：「君不禮，不如殺之，且後為國患。」鄭君不聽。重耳去之楚。楚成王以適諸侯禮待之。居楚數月，秦召之，成王厚送重耳。重耳至秦，繆公以宗女五人妻重耳，故子圉妻與往。重耳不欲受，司空季子《集解》：「服虔曰：胥臣臼季也。」曰：其國且伐，況其故妻乎？且受以結秦親而求人。遂受。子圉立，晉國大夫欒、郤等聞重耳在秦皆陰求勸重耳、趙衰等返國，為內應甚眾。秦穆公乃發兵與重耳歸晉。晉聞秦兵來，亦發兵拒之。然皆陰知公子重耳入也。唯惠公故貴臣呂、郤之屬不欲立重耳。十六年（西元前 636 年），入春秋後八十七年。秦送重耳至河。咎犯與秦、晉大夫盟。重耳入於晉師。入曲沃。是為文公。出亡凡十九歲，時年六十二矣。群臣皆往，懷公奔高梁。在今山西洪洞縣之南。使人殺懷公。呂省、郤芮謀燒公宮，殺文公。文公乃為微行，會秦繆公於王城。今陝西朝邑縣。呂、郤等燒公宮，不得文公，欲奔秦。繆公誘殺之河上。文公歸，迎夫人於秦。秦所與文公妻者，卒為夫人。秦送三千人為衛，以備晉亂。

　　文公修政，施惠百姓。賞從亡者及功臣，大者封邑，小者尊爵。未盡行賞。周襄王以弟帶難，出居鄭地，來告急。初，叔帶以襄王十四年（西元前 638 年）復歸於周。入春秋後八十五年，此據〈十二諸侯年表〉。《左氏》同。〈周本紀〉在十二年（西元前 640 年）。先二年，鄭入滑。今河南偃師縣南。滑聽命。已而反與衛。鄭伐滑。王使伯犕如鄭請滑。此據〈鄭世家〉。〈周本紀〉作遊孫伯服，《左氏》作伯服、遊孫伯。鄭文公怨惠王亡在櫟，文公父屬公入之，惠王不賜屬公爵祿；又怨襄王之與衛滑；故不聽襄王請，而囚伯犕。十五年（西元前 637），入春秋後八十六年。王降翟師以伐鄭。王德翟人，以其女為後。十六年（西元前 636 年），入春秋後八十七年。王絀翟後。翟人來誅。惠後以黨開翟人。翟人遂入。王出奔鄭。鄭文公居王於氾。今河南襄城縣。子帶立為王。取襄王所絀翟後與居

溫。十七年（西元前 635 年），襄王告急於晉。秦軍河上，將入王。趙衰曰：「求霸莫如入王，尊周，周、晉同姓。晉不先入王，後秦入之，無以令於天下。方今尊王，晉之資也。」此據〈晉世家〉。〈十二諸侯年表〉：咎犯曰：「求霸莫如內王。」《左氏》亦以為咎犯之謀。晉乃發兵至陽樊，今河南濟源縣。圍溫，入襄王於周。殺王弟帶。襄王賜晉河內、陽樊之地。《左氏》曰：「與之陽樊、溫、原、欑茅之田，晉於是始啟南陽。」杜《注》曰：「在晉山南河北，故曰南陽。」原亦在今濟源縣。欑茅，在今河南修武縣。十九年（西元前 633 年），入春秋後九十年。楚成王及諸侯圍宋，宋如晉告急。先軫曰：報施定霸，於今在矣。狐偃曰：楚新得曹，而初昏於衛。若伐曹、衛，楚必救之，則宋免矣。於是晉作三軍。二十年（西元前 632年），入春秋後九十一年。晉文公欲伐曹，假道於衛。衛人弗許。還自河南渡，侵曹。伐衛，取五鹿。晉侯、齊侯盟於斂盂。今河北濮阻縣南。衛侯請盟，晉人不許。衛侯欲與楚，國人不欲，故出其君以說晉。楚救衛，不勝。晉侯入曹。令軍毋入釐負羈宗家以報德。楚圍宋，宋復告急晉。文公欲救則攻楚，為楚嘗有德，不欲伐也；欲釋宋，宋又嘗有德於晉；患之。先軫曰：「執曹伯，分曹、衛地以與宋，楚急曹、衛，其勢宜釋宋。」《左氏》：「公曰：宋人告急，舍之則絕。告楚不許。我欲戰矣，齊、秦未可，若之何？先軫曰：使宋舍我而賂齊、秦，藉之告楚，我執曹君，而分曹、衛之田，以賜宋人。楚愛曹、衛，必不許也。喜賂怒頑，能無戰乎？」文公從之。楚成王乃引兵歸，將軍子玉固請戰。楚王怒，少與之兵。子玉使宛春告晉：「請復衛侯而封曹，臣亦釋宋。」咎犯曰：「子玉無禮矣，君取一，臣取二，勿許。」先軫曰：「定人之謂禮。楚一言而定三國，子一言而亡之，我則無禮。不許，是棄宋也。不如私許曹、衛以誘之，執宛春以怒楚。既戰而後圖之。」晉侯乃囚宛春於衛。且私許復曹、衛。曹、衛告絕於楚。得臣即子玉。怒，擊晉師。宋公、齊將、秦將與晉侯次城濮。今

河南陳留縣。與楚兵合戰。楚兵敗。得臣收餘兵去。晉師還。至衡雍，今河南原武縣。作王宮於踐土。今河南滎澤縣。初，鄭助楚，楚敗，懼，使人請盟晉侯。晉侯與鄭伯盟。天子使王子虎命晉侯為伯晉人復入衛侯。《衛世家》：「晉欲假道於衛救宋，成公不許。晉更從南河度，救宋。征師於衛。衛大夫欲許。成公不肯，大夫元咺攻成公。成公出奔。晉文公伐衛，分其地予宋，討前過無禮，及不救宋患也。衛成公遂出奔陳。二歲，如周求入，與晉文公會。晉使人鴆衛成公。成公私於周主鴆者，令薄，得不死。已而周為請晉文公，卒入之衛，而誅元咺。衛君瑕出奔。」晉侯會諸侯於溫，欲率之朝周。力未能，恐其有畔者。乃使人言周襄王，狩於河陽。遂率諸侯朝於踐土。諸侯圍許。曹伯臣或說晉侯曰：「齊桓公合諸侯而國異姓，今君為位而滅同姓。曹叔振鐸之後，晉唐叔之後，合諸侯而滅兄弟，非禮。」晉侯說，復曹伯。二十二年（西元前 630 年），入春秋後九十三年。晉文公、秦繆公共圍鄭。以其無禮於文公亡過時，及城濮時鄭助楚也。欲得叔詹為僇。鄭文公恐，不敢謂叔詹言。詹聞，自殺，鄭人以詹屍與晉。晉文公曰：「必欲一見鄭君，辱之而去。」鄭人患之。乃間令使謂秦繆公曰：「亡鄭厚晉，於晉得矣，而秦未為利，君何不解鄭，得為東道交？」秦伯說，罷兵。二十四年（西元前 628 年），入春秋後九十五年。晉文公卒，子襄公歡立。

晉文之伯，與齊桓大異。齊桓之存邢、衛，救燕，伐楚，雖曰霸者假之，究猶有一匡天下之志也。晉之破楚，全以陰謀致勝，而其待曹、衛諸邦尤酷，「譎而不正」之評，非虛語矣。然其時之事勢，亦有迫之不得不然者。當時列國之間，純以捭闔取利，而國內亦多不寧。試觀秦繆公及晉諸臣之所為可知。無怪惠公非倚秦援不敢入，既入而又背之，且殺里克，又欲殺文公也。文公之獲成，惠公之卒敗，蓋亦由一先人而異黨孔多，一後人而反側者多已夷滅；又一倚秦援，一與秦構怨之故；非必其才之果有

高下也。文公之霸業，始於勤王，成於破楚，其勤王，蓋欲以抑秦；破楚則成於徼倖，何以言之？曰：韓原之敗，河東入秦，《左氏》曰：「秦始征晉河東，置官司焉。」《韓非·難二》謂惠公時，秦侵去絳十七里。晉之勢蓋甚岌岌。晉文之去狄，不過欲求仕於齊。雖齊內爭亂，諸侯之兵數至，猶溺於晏安而不去，其非有雄圖可知。謂其以六十之年，崎嶇返國，而遽欲取威定霸，無是理也。其與秦爭納王，蓋特欲少抑其東出之勢。至其侵曹，伐衛，救宋，圍鄭，則全以亡過時恩怨之私。當時風氣，視此等事蓋甚重。觀齊桓之滅譚，亦以是故可知。見《左氏》莊公十年，《史記·齊世家》同。既救宋，勢不得不敵楚。適直楚成暮氣不振，又與子玉不和，遂成城濮之功。此乃事勢相激使然，固非其始願所及。然文公及諸臣之才，固有可取，而晉之國勢，亦有使之成功者。《左氏》記惠公之見獲於秦也，使郤乞告瑕呂飴甥，且召之。子金教之言曰：「朝國人，而以君命賞，且告之曰：孤雖歸，辱社稷矣，其卜貳圉也。眾皆哭。晉於是乎作爰田。呂甥曰：君亡之不恤，而群臣是憂，惠之至也。將若君何？眾曰：何為而可？對曰：征繕以輔孺子。諸侯聞之，喪君有君，群臣輯睦，甲兵益多，好我者勸，惡我者懼，庶有豸乎？眾說。晉於是乎作州兵。」《左氏》僖公十五年。文公始入而作三軍。城濮戰後，又作三行。《左氏》曰：「晉侯始入而教其民。二年，欲用之。子犯曰：民未知義，未安其生。於是乎出定襄王，入務利民，民懷生矣。將用之。子犯曰：民未知信，未宣其用。於是乎伐原以示之信。見《左氏》十八年。民易資者，不求豐焉。明徵其辭。公曰：可矣。子犯曰：民未知禮，未安其居。於是乎大蒐以示之禮，作執秩以正其官。民聽不惑，而後用之。出谷戍，釋宋圍，一戰而霸，文之教也。」僖公二十七年。蓋晉甲兵素多，而文公又有以用之，故因緣事勢，遂成霸業於數年之間也。不然，列國相爭，機會之儻來者何限？而何以有等國終不能乘，且隨之輾轉播蕩，而終至於覆亡哉？

▶ 第四節　五霸事蹟下

晉文公之卒也，鄭人有賣鄭於秦，此據〈秦本紀〉。〈鄭世家〉云：鄭司城繒賀，以鄭情賣之秦。《左氏》謂秦聽鄭之說，使杞子、逢孫、楊孫戍之。杞子自鄭使告於秦曰：鄭人使我掌其北門之管。若潛師以來，國可得也。似乎不近情理。曰：「我主其城門，鄭可襲也。」繆公問蹇叔、百里傒。對曰：「徑數國千里而襲人，希有得利者。且人賣鄭，庸知中國人不有以我情告鄭者乎？不可。」繆公曰：「子不知也。吾已決矣。」遂發兵，使百里傒子孟明視，蹇叔子西乞術及白乙丙將。周襄王二十五年（西元前 627 年），入春秋後九十六年。兵至滑，鄭販賣買人弦高持十二牛將賣之周。見秦兵。恐死虜，因獻其牛，曰：「聞大國將誅鄭。鄭君謹修守禦備，使臣以牛十二勞軍士。」秦三將軍相謂曰：「將襲鄭，鄭今已覺之，往無及已。」滅滑。滑，晉之邊邑也。時晉文公喪尚未葬。先軫曰：「秦伯不用蹇叔，反其眾心，此可擊。」欒枝曰：「未報先君施，擊之，不可。」先軫曰：「秦侮吾孤，伐吾同姓，何德之報？」此據〈晉世家〉。〈秦本紀〉：太子襄公怒曰：秦侮我孤，因喪破我滑。遂墨衰絰。發兵，遮秦兵於殽。《正義》：「《括地誌》云：三殽山，在洛州永寧縣西北二十里，即古之殽道也。」永寧，今河南永寧縣。擊之。大破秦軍。無一人得脫者。虜秦三將以歸。文公夫人。秦女也，為請。晉君許之。歸秦三將。三將至，繆公素服郊迎，復三人官秩如故，厚待之，二十七年（西元前 625 年），入春秋後九十八年。使孟明視等將兵伐晉。戰於彭衙，今陝西白水縣。秦不利，引兵歸。此據〈十二諸侯年表〉。〈秦本紀〉在其前一年，蓋漏書年代。又〈晉世家〉云：「秦使孟明視伐晉，報殽之敗，取晉汪以歸。」[101]《索隱》云：「按《左傳》：文二年（西元前 625 年），秦孟明視伐晉，報殽之役，無取晉

---

[101]　史事：取晉汪。

汪之事。又其年冬，晉先且居等伐秦，取汪、彭衙而還。則汪是秦邑，止可晉伐秦取之，豈得秦伐晉而取汪也？或者晉先取之；秦今伐晉而收汪，是汪從晉來，故云取晉汪而歸也。汪不知所在。」案〈十二諸侯年表〉：秦穆公三十五年（西元前 625 年），伐晉，報殽，敗我於汪。〈鄭世家〉：鄭發兵從晉伐秦，敗秦兵於汪。則《史記》亦與《左氏》合。疑〈晉世家〉之取晉汪，乃晉取汪之倒，而其間又有奪文也。戎王使由余於秦。由余其先晉人也，亡入戎，能晉言。秦繆公示以宮室積聚。由余曰：「使鬼為之則勞神矣；使人為之，亦苦民矣。」繆公怪之。問曰：「中國以詩書禮樂法度為政，然尚時亂。今戎夷無此，何以為治？不亦難乎？」由余笑曰：「此乃中國所以亂也夫！自上聖黃帝，作為禮樂法度，身以先之，僅以小治。及其後世，日以驕淫。阻法度之威，以責督於下。下罷極，則以仁義怨望於上。上下交爭，怨而相篡弒，至於滅宗，皆以此類也。夫戎狄不然。上含淳德以遇其下，下懷忠信以事其上。一國之政，猶一身之治，不知所以治，此真聖人之治也。」於是穆公令內史廖以女樂二八遺戎王。戎王受而說之。秦乃歸由余。由余數諫，不聽。繆公又數使人間要由余。由余遂去降秦。繆公以客禮禮之。問伐戎之形。二十九年（西元前 623 年），入春秋後百年。穆公復益厚孟明等，使將兵伐晉。渡河，焚船。大敗晉人。取王官及鄗。《集解》：「徐廣曰：《左傳》作郊。」《正義》：「《括地誌》云：王官故城，在同州澄城縣西北九十里。又云：南郊故城，在縣北十七里。又有北郊故城，又有西郊故城。《左傳》云：文公三年（西元前 624 年），秦伯伐晉，濟河，焚舟，取王官及郊也。《括地誌》云蒲州猗氏縣南二里，又有王官故城，亦秦伯取者。」案澄城，今為縣，屬陝西。猗氏，今為縣，屬山西。以報殽之役。晉人皆城守不敢出。於是穆公乃自茅津渡河，封殽中屍，為發喪，哭之三日。乃誓於軍曰：「嗟士卒聽無譁。余誓告汝。古之人謀黃髮番番，則無所過。」以申思不用蹇叔、百里傒之謀，故作此

誓，令後世以記余過。明年，秦用由余謀，伐戎王，益國十二，開地千里，遂霸西戎。天子使召公過賀繆公以金鼓。三十二年（西元前 620 年），入春秋後百有三年。繆公卒。秦之開化，遠後東方。戰國時，論者猶謂秦雜戎狄之俗，況在春秋之世？越國鄙遠，古代固非絕無，俞正燮《癸巳類稿》，有《越國鄙遠義》，謂越國鄙遠，為古恆有之事。然必往來便易，中無強國阻隔者。秦之不能有鄭，形勢顯然，繆公豈不之知？其潛師侵襲，蓋徒利其虜獲，[102] 觀其得晉惠公欲以祠上帝，與三良飲酒樂，則為死共此哀之約，〈秦本紀〉：「繆公卒，葬雍，從死者百七十七人。秦之良臣子輿氏三人，名曰奄息、仲行、鍼虎，亦在從死之中，秦人哀之，為作《黃鳥》之詩。」《正義》：「應劭云：秦穆公與群臣飲酒，酣。公曰：生共此樂，死共此哀。於是奄息、仲行、鍼虎許諾。及公薨皆從死。《黃鳥》詩所為作也。」蓋三家詩說。其雜戎狄之俗可知，慕效中國之不暇，安知禮樂法度之弊？由余之對，其為後人依託，不待言也。繆公之成霸業，一由能廣用異國之材，一由其能悔過，不尚血氣之勇。其大功，則不在於勝晉，而實在於伐戎，以伐晉不過報怨，伐戎實有闢土之益也。然非殽戰喪敗，或亦不克致此，禍福倚伏，事之利害，誠有難言者矣。

周襄王三十年（西元前 623 年），入春秋後百有一年。晉趙成子、衰。欒貞子、枝。咎季子、犯。霍伯先且居。皆卒，趙盾代趙衰執政。明年，襄公卒。太子夷皋少。晉人以難故，欲立長君。趙盾曰：「立襄公弟雍。好善而長，先君愛之，且近於秦，〈秦本紀〉曰：「秦出也。」秦故好也。」賈季曰：「不如其弟樂。」趙盾使士會如秦逆雍，賈季亦使召樂於陳。《左氏》云：「趙孟使殺諸郫。」趙盾廢賈季。賈季奔狄。是歲，秦穆公亦卒。明年四月，秦康公曰：「昔文公之入也無衛，故有呂、郤之患。」乃多與公子雍

---

[102] 史事：晉文公入而勤王救宋，可見時人之好戰。繆公襲鄭，純為勦掠，如單於奕齊邑耳，故滅滑，晉之遠邑，其於晉蓋甚利通之，故入惠公，文公又欲入，公子雍。吳入楚，蓋亦然。

衛。太子母繆嬴，日夜抱太子以號泣於朝，曰：「先君何罪？其嗣亦何罪？
舍適嗣而外求君，將安置此？」出朝，則抱以適趙盾所。頓首曰：「先君奉
此子而屬之子，曰：此子材，吾受其賜；不材，吾怨子；今君卒，言猶在耳，
而棄之若何？」趙盾與諸大夫皆患繆嬴，且畏誅，乃背所迎而立太子，是
為靈公。發兵以距秦送公子雍者，趙盾為將，往擊秦。敗之令狐。今山西
猗氏縣。先蔑、隨會亡奔秦。晉是時內外粗安，安用廢適立庶？且穆嬴秦
女，公子樂母辰嬴，亦稱懷嬴。即始歸子圉，繼歸文公者，亦秦女也。欲
結秦援，安用立公子雍？盾之以私廢立，亦可見矣。晉自是與秦連兵。周
襄王三十三年（西元前 620 年），入春秋後百有二年，秦伐晉取武城，以報
令狐之役。頃王二年（西元前 617 年），入春秋後百有六年，晉伐秦，取少
梁。秦亦取晉之郿。四年（西元前 615 年），入春秋後百有八年，春，康公
伐晉，取羈馬。晉侯怒，使趙盾、趙穿、郤缺擊秦。大戰河曲。明年，晉
六卿患隨會在秦，常為晉亂。乃佯令魏壽餘，反晉降秦。秦使隨會之魏，
因執會以歸。以上皆據〈晉世家〉。武城，《正義》引《括地誌》云：在華州
鄭縣東北。鄭，今陝西華縣：少梁，杜《注》云：馮翊夏陽縣。夏陽，在今
陝西韓城縣南。郿，《集解》引徐廣曰：「《年表》云，北征也。」《索隱》曰：
「徐云《年表》曰徵，然按《左傳》，文十年，晉人伐秦，取少梁，夏，秦伯
伐晉，取北征，北征即《年表》之征，今云郿者，字誤也。徵音懲，亦馮翊
之縣名。」案如《索隱》言，則《年表》及《集解》引徐廣皆當僅云征，然今
皆作北征，恐後人據《左氏》改之。《年表索隱》「徵音澄」，云：「蓋今之
澄城也。」案澄城，今為縣，屬陝西。羈馬，《秦本紀集解》引服虔云：「晉
邑也。」蓋未能知其所在。靈公長，又與趙盾不協。周匡王六年（西元前
607 年），入春秋後百十六年。公飲趙盾酒，伏甲將攻盾。盾得脫，出奔。
未出竟，盾昆弟將軍趙穿弒靈公，迎盾。盾復位。使穿迎襄公弟黑臀於周
而立之，是為成公。晉內相乖離，遂不克與楚爭矣。

　　楚自城濮敗後，襄王二十五年（西元前 627 年），入春秋後九十六年。始出兵。侵陳、蔡。陳、蔡成。遂伐鄭。晉陽處父侵蔡，楚子上救之。與晉師夾泜而軍。泜今滍水。已而各罷歸。二十六年（西元前 626 年），入春秋後九十七年。楚成王欲廢太子商臣而立其弟職。商臣弒王代立，是為穆王。二十八年（西元前 624 年），入春秋後九十九年。晉伐沈，沈潰。楚人圍江。晉伐楚以救江。明年，江卒為楚所滅。三十年（西元前 622 年），入春秋後百有一年。又滅六、蓼。頃王元年（西元前 618 年），入春秋後百有五年。范山言於楚子曰：「晉君少，不在諸侯，北方可圖也。」楚子師於狼淵今河南許昌縣。以伐鄭。晉人救之，不及。又侵陳。陳及楚平。二年（西元前 617 年），入春秋後百有六年。陳侯、鄭伯會楚子於息。遂及蔡侯，次於厥貉。地名，杜《注》闕。將以伐宋。宋逆楚子，勞且聽命。五年（西元前 614 年），入春秋後百有九年。楚穆王卒，子莊王旅立。《公羊》、《左氏》作旅。《穀梁》、《史記》作侶。六年（西元前 613 年），入春秋後百十一年。晉會陳、鄭、許於新城。今河南商邱縣西南。蔡人不與。匡王元年（西元前 612 年），入春秋後百十一年。晉師人蔡。二年（西元前 611 年），入春秋後百十二年。楚大飢。戎伐其西南，又伐其東南。庸人率群蠻以叛楚。麇人率百濮聚於選，將伐楚。於是申息之北門不啟。楚人謀徙於阪高。杜《注》：楚險地。蒍賈曰：「不可。我能往，寇亦能往。不如伐庸。夫麇與百濮，謂我飢不能師，故伐我也。若我出師，必懼而歸。百濮離居，將各走其邑，誰暇謀人？」乃出師。旬有五日，百濮乃罷。楚子乘驛會師，分為二隊，以伐庸。秦人、巴人從楚師，遂滅庸。以上為莊王即位後三年中事，蓋因內憂，未遑外務，故史有莊王即位，三年不出號令之說也。見《史記·楚世家》。案古書言此事者甚多。五年（西元前 608 年），入春秋後百十五年。陳受盟於晉。楚、鄭侵陳。遂侵宋。晉趙盾救陳。又會諸侯伐鄭。六年（西元前 607 年），入春秋後百十六年。鄭公子

歸生受命於楚伐宋。戰於大棘，今河南寧陵縣。宋師敗績。獲宋華元。
趙盾及宋、衛侵鄭。楚鬥椒救之。趙盾還。是歲，晉靈公見弒。定王元
年（西元前606年），入春秋後百十七年。楚子伐陸渾之戎。遂至於雒，
觀兵於周疆。晉侯伐鄭。鄭及晉平。楚人侵鄭。二年（西元前605年）、
入春秋後百十八年。三年（西元前604年）入春秋後百十九年。又伐之。
是歲，三年（西元前604年）。陳及楚平。晉荀林父救鄭伐陳。四年（西元
前603年），入春秋後百二十年。晉趙盾侵陳。楚人伐鄭。取成而去。五
年（西元前602年），入春秋後百二十一年。鄭及晉平。六年（西元前601
年），入春秋後百二十二年。陳及晉平。楚師伐陳，亦取成焉。七年（西
元前600年），入春秋後百二十三年。晉荀林父伐陳。是歲，晉成公卒，
子景公據立。楚子伐鄭。晉郤缺救鄭。八年（西元前599年），入春秋後
百二十四年。鄭及楚平。晉人伐鄭，亦取成而還。楚子伐鄭。晉士會救
鄭，逐楚師於潁北。諸侯之師戍鄭。是歲，陳徵舒殺其君。明年，楚莊王
帥諸侯伐陳，誅徵舒。因縣陳而有之。申叔時諫。乃復陳。是歲，鄭與楚
盟辰陵，杜《注》：「潁川長平縣東南有辰陵。」今河南淮陽縣。《史記》云
「鄭與晉盟鄢陵」，今河南鄢陵縣。又徼事於晉。十年（西元前597年），
入春秋後百二十六年。春，楚子圍鄭。三月，克之。鄭伯肉袒牽羊以逆。
莊王退三十里，與之平。六月，晉師救鄭。其來也，持兩端，故遲。語
見《史記·鄭世家》。至河，楚兵已去。中軍將荀林父欲還。佐先縠不可。
師遂濟。莊王還擊晉。鄭反助楚。大敗晉軍河上。此據《史記》。春秋作
戰於邲，地在今河南鄭縣。是歲，楚子滅蕭。明年，伐宋，以其救蕭也。
十二年（西元前595年），入春秋後百二十八年。晉侯伐鄭。楚子使申舟
聘於齊，曰：無假道於宋。亦使公子馮聘於晉，不假道於鄭。申舟曰：「鄭
昭宋聾，晉使不害，我則必死。」王曰：「殺汝，我伐之。」見犀而行。犀，
申舟子。及宋，宋人殺之。楚子聞之，投袂而起，履及於窒皇，寢門闕。

劍及於寢門之外，車及於蒲胥之市。秋，九月，楚子圍宋。宋人使告急於晉。晉侯欲救之。伯宗曰：不可。乃使解揚紿為救宋。明年五月，宋及楚平。是時楚勢可謂極盛。十六年（西元前 591 年），入春秋後百三十二年。莊王卒，子共王審立。幼，而形勢復一變。共王臨歿時，自言生十年而喪先君，見《左氏》襄公十三年。

　　春秋五霸，齊桓而外，當以楚莊之兵力為最強，其為人亦最正。唯兵力強，故不藉詭道以取勝也。邲之戰，《左氏》載士會之言，謂其「荊屍而舉，商、農、工、賈，不敗其業」。又曰：「其君之舉也，內姓選於親，外姓選於舊，舉不失德，賞不失勞。老有加惠，旅有施捨。君子小人，物有服章。貴有常尊，賤有等威。」欒書曰：「楚自克庸以來，其君無日不討國人而訓之，於民生之不易，禍至之無日，戒懼之不可以怠。在軍，無日不討軍實而申儆之，於勝之不可保，紂之百克而卒無後。訓之以若敖、蚡冒，篳路藍縷，以啟山林。箴之曰：民生在勤，勤則不匱。」可見其政事軍備之整飭。是戰也，據《左氏》，似始以和誤晉，終乃乘其不備而襲之，此乃臨敵決勝，不得不然，其不肯避強陵弱，則《公羊》、《史記》二說符會，絕非虛語。《公羊》謂其既勝之後，還師而佚晉寇。《左氏》又載其不肯收晉屍為京觀。伐宋之役，宋人易子而食，析骸以爨，可謂危急已極。然華元以情告，亦遽釋之。見《公羊》、《左氏》宣公十二、十三年。皆可謂堂堂之陳，正正之旗，視晉文之譎，秦穆之暴，不可同年而語矣。

▶ 第五節　齊頃靈莊晉屬悼楚共靈之爭

　　春秋大國，本稱晉、楚、齊、秦，五霸尤以桓公為盛，然桓公一死，霸業遽荒，則齊之內亂為之也。齊孝公以周襄王十九年（西元前 633 年）卒。入春秋後九十年。弟潘，因衛公子開方殺孝公子而立，是為昭公。頃王六年（西元前 613 年）卒。入春秋後百年，此據〈十二諸侯年表〉，與

《春秋》合。〈世家〉早一歲。子舍立。舍之母無寵，國人莫畏。昭公弟商人，以桓公死爭立不得，陰交賢士。附愛百姓，百姓說。與眾即墓上弒舍自立，是為懿公。匡王四年（西元前 609 年），入春秋後百十四年。為其下所弒。懿公之立，驕，民不附。齊人廢其子，而迎公子元於衛立之，是為惠公。桓公十有餘子，要其後立者五人，皆以爭。時正宋襄圖霸，至楚莊初立時也。定王元年（西元前 607 年），入春秋後百十七年。為楚莊王觀兵周郊之歲，惠公卒，子頃公無野立，頗有意於振作，然晉勢已成，頃公又有勇無謀，遂致轉遭挫折矣。

定王十五年（西元前 592 年），入春秋後百三十一年，此從《表》及〈晉世家〉，與《左氏》合。〈齊世家〉先一年。晉使郤克於齊。齊使夫人帷中而觀之。郤克上，夫人笑之。此從〈齊世家〉。〈晉世家〉云：「齊頃公母從樓上觀而笑之。所以然者，郤克僂而魯使蹇，衛使眇，故齊亦令如之以導客。」與《公》、《穀》略同。齊頃公有意挑釁，庸或不顧一切。當時最重使命，尤重人之儀表，晉、魯、衛豈有使僂者、蹇者、眇者出使之理？[103] 古代貴族，有惡疾不得繼嗣，郤克果僂，魯使果蹇，衛使果眇，又豈得為卿大夫乎？且當時亦未必有樓也。此皆所謂東野人之言也。度當日郤克偶失儀，而為婦人所笑，則有之爾。《左氏》亦但云郤子登，婦人笑於房。杜《注》反據《公》、《穀》，謂其跛而登階，實非也。郤克曰：「不是報，不復涉河。」〈晉世家〉：「歸至河上，曰：不報齊者，河伯視之。」歸，請伐齊。晉侯弗許。齊使至晉，郤克執四人河內，殺之。明年，晉伐齊。齊以公子強質晉。晉兵去。十八年（西元前 589 年），入春秋後百三十四年。齊伐魯、衛。魯、衛大夫如晉請師，皆因郤克。晉使郤克以車八百乘為中軍，以救魯、衛，伐齊。與頃公戰於鞌，《集解》：服虔曰：「齊地名。」齊師敗走。晉軍追齊，至馬陵。《集解》：「徐廣曰：一作

陘。駰案賈逵曰：馬陘，齊地。」案〈晉世家〉作「追北至齊」，蓋近齊都。齊侯請以寶器謝。不聽。必得笑克者蕭桐叔子，〈晉世家〉作蕭桐姪子。令齊東畝。對曰：「叔子，齊君母，亦猶晉君母，子安置之？且子以義伐，而以暴為後，其可乎？」於是乃許。令反魯、衛之侵地。明年，齊頃公朝晉，欲尊王晉景公，景公不敢受。乃歸，歸而頃公弛苑囿薄賦斂，振孤問疾，虛積聚以救民，民亦大說。厚禮諸侯。竟頃公卒，百姓附，諸侯不犯。頃公卒在周簡王四年（西元前 582 年），入春秋後百四十一年。觀頃公欲尊王晉景，可知鞌戰受創之深。雖以恤民獲安，然終不能復與晉競矣。

　　鞌之戰，在楚共王及魯成公二年（西元前 589 年）。《左氏》云：「宣公使求好於楚。莊王卒，宣公薨，不克作，好。公即位，受盟於晉，會晉伐齊。衛人不行使於楚，而亦受盟於晉，從於伐齊。故楚令尹子重公子嬰齊。為陽橋之役以救齊。」蓋莊王在時，威稜遠憺，魯、衛皆有折而入之之勢。齊頃公之齮晉，未必不與之聲勢相倚；而莊王之死，適丁其時，此實晉、楚強弱一轉捩也。陽橋之役，子重曰：「君弱，群臣不如先大夫，師眾而後可。」乃大戶，已責，逮鰥，救乏，赦罪，悉師。王卒盡行。侵衛。遂侵魯。及陽橋。魯請盟。與秦、宋、陳、衛、鄭、齊、曹、邾、薛、鄫人盟於蜀。是行也，晉闕楚，畏其眾也。然魯、衛既睦，齊師新挫，吳亦漸強，楚不能無後顧之憂，而晉遂有復振之勢。鞌戰之明年，晉與魯、衛、曹、宋伐鄭，以討邲之役。時許恃楚而不事鄭。定王十九（西元前 588 年）、入春秋後百三十五年。二十年（西元前 587 年），入春秋後百三十六年。鄭再伐之。二十一年（西元前 586 年），入春秋後百三十七年。鄭悼公使弟喻與許訟於楚。此據〈鄭世家〉，〈楚世家〉云「鄭悼公來訟」，與《左氏》同。不直。楚囚。睔鄭與晉平。睔私於楚子反。公子側。子反言之，乃歸睔。簡王元年（西元前 585 年），入春秋後百三十八年。悼公卒，睔立，是為成公。是歲，楚伐鄭。明年，又伐鄭，皆不克。四

年（西元前 582 年），入春秋後百四十一年。楚共王曰：「鄭成公孤有德焉。」使人於鄭。鄭與之盟此據〈鄭世家〉，《左氏》云：「楚人以重賂求鄭。」成公如晉。晉人執之。又使欒書伐鄭。五年（西元前 581 年），入春秋後百四十二年。鄭立成公庶兄。繻。晉乃歸成公。是歲，晉景公卒，子州蒲立。《史記》作壽曼。是為厲公。《左氏》云邲之役，荀首為下軍大夫。其子罃，為楚所囚。首以其族反之。射楚連尹襄老，獲之，遂載其屍；射公子谷臣，囚之；以二者還。定王十九年（西元前 588 年），入春秋後百三十五年。晉歸谷臣及襄老之屍，以求罃於楚。楚人許之。簡王二年（西元前 584 年），入春秋後百三十九年。楚伐鄭。鄭囚楚鄖公鍾儀，獻之晉。四年（西元前 582 年），入春秋後百四十一年。晉使鍾儀歸求成。楚公子辰報使。五年（西元前 581 年），入春秋後百四十二年。晉糴茷如楚報使。六年（西元前 580 年），入春秋後百四十二年。宋華元善於楚令尹子重又善於晉欒武子。書。聞楚許糴茷成，如晉，遂如楚。七年（西元前 579 年），入春秋後百四十四年。克合晉、楚之成。夏五月，晉士燮會楚公子罷、許偃盟於宋西門之外。晉郤至如楚。楚公子罷如晉涖盟。此事《史記·晉楚世家》、〈十二諸侯年表〉皆不載。唯〈宋世家〉云「共西元年（西元前 588 年），華元善楚將子重，又善晉將欒書，兩盟晉、楚」，其事似相符會。然宋共西元年（西元前 588 年），為周定王十九年（西元前 588 年），入春秋後百三十五年。前後相差九年。崔適謂《左氏》涉弭兵之盟而誤，見所著《春秋復始》。其說蓋是。〈宋世家〉之文，乃謂宋既與晉盟，又與楚盟，非謂其合晉、楚之成也。十年（西元前 576 年），入春秋後百四十七年。楚伐鄭，不克。宋魚石出奔楚。公子目夷之曾孫。十一年（西元前 575 年），入春秋後百四十八年。楚以汝陰之田求成於鄭。鄭叛晉，與楚盟。欒書曰：「不可以當吾世而失諸侯。」乃發兵，厲公自將。楚兵來救。與戰，射共王中目，楚兵敗於鄢陵。見第三節。然鄭仍不服。

初，厲公多外嬖。自鄢陵歸，欲盡去群大夫，而立諸姬兄弟。寵姬兄曰胥童，嘗與郤至有怨。欒書又怨郤至不用其計，而遂敗楚。《集解》：「《左傳》曰：欒書欲待楚師退而擊之，郤至云：楚有六間，不可失也。」乃使人間謝楚。楚來詐厲公曰：鄢陵之戰，實至召楚，欲作亂，內子周立之。會與國不具，是以事不成。厲公告欒書。欒書曰：其殆有矣。願公試使人之周微考之。果使郤至於周。欒書又使公子周見郤至。厲公驗之，信然。遂怨郤至，欲殺之。十三年（西元前 573 年），入春秋後百五十年。公令胥童以兵八百人襲攻，殺三郤。《集解》：「賈逵曰：三郤，郤錡、郤犫、郤至也。」胥童因劫欒書、中行偃於朝，曰：「不殺二子，患必及公。」公弗聽。公使胥童為卿。公遊匠驪氏。欒書、中行偃因之。殺胥童。使迎公子周於周。十四年（西元前 572 年），入春秋後百五十一年。弒厲公。《公羊》咸公十六年《解詁》云：「晉厲公見餓殺。」《疏》引《春秋說》云：「厲公狠殺四大夫，臣下人人恐見及，正月幽之，二月而死。」周至絳，立之，是為悼公。其大父捷，晉襄公少子也。號桓叔。生惠伯談。談生悼公。年十四矣。逐不臣者七人。修舊功，施惠德，收文公入時功臣後。前一年，楚納魚石於彭城。及是，晉以諸侯圍之。彭城降。明年，為周靈王元年（西元前 571 年），入春秋後百五十二年。鄭成公卒，子惲立，是為僖公。成公之疾也，子駟公予。騑請息肩於晉。公曰：「楚君以鄭故，親集矢於其目，非異人任，寡人也。若背之，是棄力與言，其誰暱我？免寡人，唯二三子。」是冬，諸侯城鄭虎牢。今河南汜水縣。鄭人乃成。明年，盟於雞澤。今河北永年縣。楚子辛公子任夫。為令尹，侵欲小國，陳人亦來乞盟。楚比歲侵陳。六年（西元前 566 年），入春秋後百五十七年。遂圍之。諸侯弗能救。陳復入楚。鄭相子駟弒僖公，立其子嘉，年五歲。子駟當國。七年（西元前 565 年），入春秋後百五十八年。諸公子欲誅子駟。子駟覺之，盡誅諸公子。八年（西元前 564 年），入春秋後百五十九年。諸

侯伐鄭，鄭行成。楚來伐，鄭又從之。時子駟畏誅，故兩親晉、楚也。九年（西元前 563 年），入春秋後百六十年。子駟欲自立。子孔公子嘉。殺而代之。諸侯之師成鄭虎牢。鄭及晉平。楚子囊救鄭。鄭又竊與之盟。十年（西元前 562 年），入春秋後百六十一年。諸侯伐鄭。鄭成。楚來伐，鄭又逆之。與之伐宋。諸侯悉師以復伐鄭。楚師不能復出。鄭乃與諸侯盟。明年，會於蕭魚。戰國時之修魚，今河南許昌縣。悼公於是稱復霸焉。十二年（西元前 560 年），入春秋後百六十三年。楚共王卒，子康王昭立。十四年（西元前 558 年），入春秋後百六十五年。晉悼公亦卒，子平公彪立。明年，許男請遷於晉。諸大夫不可。晉會諸侯伐許。晉師遂侵楚，敗其師於湛阪。今河南葉縣。侵方城之外而還。方城，山名，在今河南方城縣。十七年（西元前 555 年），入春秋後百六十八年。鄭子孔欲去諸大夫，叛晉而起楚師。楚公子午伐鄭。子展、公孫舍之。子西公孫夏。知子孔之謀，完守入保。子孔不敢會楚師。明年，二子伐殺子孔。子展當國。子西聽政。立子產公孫僑。為卿。十九年（西元前 553 年），入春秋後百七十年。公孫舍之入陳。公孫夏又伐之。陳及鄭平。明年，許靈公如楚，請伐鄭，曰：「師不興，孤不歸矣。」卒於楚。楚子曰：「不伐鄭，何以求諸侯？」與陳、蔡伐鄭，而後葬許靈公。然亦不能得志也。

　　自趙盾背秦立靈公後，秦、晉遂失好。周匡王四年（西元前 609 年），入春秋後百十四年。秦康公卒，子共公立。定王三年（西元前 604 年），入春秋後百十九年。卒，子桓公立。簡王六年（西元前 580 年），入春秋後百四十三年。秦、晉夾河而盟。歸而秦背盟，與翟合謀伐晉。八年（西元前 578 年），入春秋後百四十五年。晉與諸侯伐秦，秦軍敗，追至涇而還。明年，秦桓公卒，子景公立。〈秦始皇本紀〉作哀公。靈王八年（西元前 564 年），入春秋後百五十九年。秦乞師於楚。楚子師於武城，今河南南陽縣。以為秦援。秦侵晉。明年，晉伐秦。又明年，楚乞旅於秦。秦右

夫詹從楚子伐鄭。晉既為蕭魚之會，秦救鄭，敗晉師於櫟。事在《左氏》襄公十一年。《左氏》云：「秦庶長鮑、庶長武帥師伐晉以救鄭。鮑先入晉地，士魴御之。少秦師而弗裝置。王午，武濟自輔氏，與鮑交伐晉師。己丑，秦、晉戰於櫟，晉師敗績。」輔氏，又見宣公十五年，為秦桓公伐晉所次，地當瀕河。櫟當距輔氏不遠。《史記‧秦本紀正義》引《括地誌》洛州陽翟縣古櫟邑以釋之，非也。陽翟，今河南禹縣。十一年（西元前 561 年），入春秋後百六十二年。秦、楚又伐宋，以報晉之取鄭。蓋成秦、楚合以謀晉之局矣。十三年（西元前 559 年），入春秋後百六十四年。晉荀偃會諸侯伐秦。濟涇，師於棫林，以心力不齊而還。晉人謂之遷延之役。二十二年（西元前 550 年），入春秋後百七十三年。景公如晉，與平公盟，已而背之。此據〈秦本紀〉，為景公二十七年（西元前 550 年），即魯襄公二十三年（西元前 550 年）。〈十二諸侯年表〉，在景公二十九年（西元前 548 年）。云：「公如晉盟，不結。」左氏則在襄公二十四年（西元前 549 年），云：「晉韓起如秦涖盟，秦伯車如晉涖盟，成而不結。」至二十六年（西元前 548 年），乃云：「秦伯之弟鍼如晉修成。」鍼即伯車。景王八年（西元前 537 年），入春秋後百八十六年。景公卒，子哀公立。〈秦始皇本紀〉作畢公。〈秦本紀〉云：「晉公室卑而六卿強，欲內相攻，是以秦、晉久不相攻。」二國之干戈始戢矣。

　　齊頃公以周簡王四年（西元前 582 年）卒，入春秋後百四十一年。子靈公環立。十四年（西元前 572 年），入春秋後百五十一年。齊不會救鄭。晉伐齊。齊令公子光為質。靈王十七年（西元前 555 年），入春秋後百六十八年。齊與邾數攻魯，晉合諸侯圍齊。是年為魯襄公十八年，齊靈公二十七年，晉平公三年。《史記‧十二諸侯年表》，於齊云：「晉圍臨淄，晏嬰大破之。」於晉云：「率魯、宋、衛、鄭圍齊，大破之。」《公羊》襄公十九年：「公至自伐齊。此同圍齊也，何以致伐？未圍齊也。」則此役晉

蓋未大得志。《左氏》之言，乃偏據晉史，不足信也。〈齊世家〉謂「臨菑城守不敢出，晉焚郭中而去」，與《左氏》合。〈晉世家〉誤是役於平西元年（西元前 557 年）。齊侯娶於魯，日顏懿姬。無子。其姪鬷聲姬，生光，以為太子。諸子仲子、戎子。《史記》作仲姬、戎姬。戎子嬖。仲子生牙，屬諸戎子。戎子請以為太子。公許之。遂東太子光。使高厚傅牙為太子。十八年（西元前 554 年），入春秋後百六十九年。靈公疾。崔杼迎立光。是為莊公。殺戎姬及牙。崔杼殺高厚。晉聞齊亂，伐齊，至高唐。今山東禹城縣。聞齊侯卒，乃還。齊與晉平。十九年（西元前 553 年），入春秋後百七十年。盟於澶淵。二十年（西元前 552 年），入春秋後百七十一年。晉欒盈出奔楚。書之孫。〈晉世家〉作欒逞。明年，自楚適齊。莊公厚客待之。二十二年（西元前 550 年），入春秋後百七十三年。晉將嫁女子吳。齊侯使媵之。以藩載欒盈及其士，納諸曲沃。盈帥曲沃之甲，因魏獻子舒。以入絳。絳不戒。平公欲自殺。范獻子鞅。止之。時晉卿趙氏、中行氏皆怨欒氏。韓、趙方睦。知氏聽於中行氏。唯魏氏與七輿大夫睦於欒氏。范獻子劫魏獻子，賂之以曲沃。欒盈敗，奔曲沃，晉人圍之，盡滅其宗。齊既納欒盈，隨以兵。上大行，入孟門。聞盈敗，乃取朝歌而還。遂以晏子之謀通楚。據〈十二諸侯年表〉。二十三年（西元前 549 年），入春秋後百七十四年。晉會諸侯於夷儀，見第三節。將以伐齊。水，不克。楚伐鄭以救齊。諸侯還救鄭。明年，莊公為崔杼所弒，晉復會諸侯於夷儀，伐齊。齊人以莊公說，乃平。

　　齊頃公、靈公、莊公，三世皆與晉競，然迄無成。秦本不問中原之事。平公立後，晉公室日卑，楚亦不能遽振，於是弭兵之盟起矣。時宋向戌善於晉趙文子，武。又善於楚令尹子木，屈建。欲弭諸侯之兵以為名。乃先如晉告趙孟。晉許之。如楚，楚亦許之。次告齊、秦及諸小國。靈王二十六年（西元前 546 年），入春秋後百七十七年。盟於宋。晉趙武、

楚屈建及魯、衛、陳、蔡、鄭、許皆與焉。子木謂向戌：「請晉、楚之從
交想見。」向戌復於趙孟。趙孟曰：「晉、楚、齊、秦，匹也。晉之不能
於齊，猶楚之不能於秦也。楚君若能使秦君辱於敝邑，寡君敢不固請於
齊？」左師向戌。復言於子木。子木使馹謁諸王。王曰：「釋齊、秦，他
國請想見也。」故齊、秦不會。將盟，晉、楚爭先。楚人衷甲。卒先楚。
明年，宋、魯之君，皆如楚。是歲，楚康王卒，子員立。此從《史記》，
《左氏》作麇。是為郟敖。景王四年（西元前 541 年），入春秋後百八十二
年。晉、楚復會於虢，以尋宋之盟。齊亦與焉。楚共王寵弟四人：曰公子
圍、子比、子皙、公子黑肱。棄疾。圍為令尹，主兵事。使鄭，道聞王疾
而還。入問王疾，絞而殺之。遂殺其子莫及平。子比奔晉。子皙奔鄭。
圍立，是為靈王。七年（西元前 538 年），入春秋後百八十五年。使椒舉
如晉求諸侯。晉人許之。乃會諸侯於申。晉、宋、魯、衛、曹、邾不與。
十年（西元前 535 年），入春秋後百八十八年。楚子成章華之臺，願與諸
侯落之。魯昭公如楚。先是蔡景侯為其太子般《表》作班。所弒。景王二
年（西元前 539 年），入春秋後百八十年。十一年（西元前 534 年），入春
秋後百八十九年。陳哀公弟招作亂，哀公自殺。從《表》，與《春秋》合，
〈世家〉先一年。楚公子棄疾滅陳。十四年（西元前 531 年），入春秋後
百九十二年。楚子誘蔡侯般，殺之。使棄疾滅蔡。遂大城陳、蔡、葉、不
羹，欲以威晉，而致北方之諸侯。《左氏》昭公十二年，靈王謂子革曰：「今
我大城陳、蔡、不羹，賦皆千乘，子與有勞焉，諸侯其畏我乎？對曰：畏
君王哉！是四國者，專足畏也，又加之以楚，敢不畏君王哉？」杜《注》
云：「四國，陳、蔡，二不羹。」《春秋地名》云：襄城東南有不羹城。定
陵西北有不羹亭。《國語·楚語》作三國。《韋解》亦云：「定陵有不羹城。
襄城有不羹亭。」《賈子·大都篇》，則作陳、蔡、葉、不羹。案《左氏》
昭公十三年，亦云：棄疾等帥陳、蔡、不羹、許、葉之師以入楚。《左氏》

蓋奪葉字。《國語》疑後人臆改。襄城，今河南襄城縣。定陵，今河南舞
陽縣。案弭兵之盟，楚既先晉，北方諸侯，鄉之事晉者，又皆奔走於楚；
楚在是時，實可謂稱霸中原。然靈王侈而虐用其民，國內又多覬覦，遂至
身弒師熸。平王立，不復能事諸侯，而吳、越盛矣。

▶ 第六節　吳越之強

　　古代開化，實始東南，觀第三章所述，已可概見。然至後世，其文化
轉落北方之後者，則地理實為之。蓋東南之地，火耕水耨，魚鱉饒給，故
其民多呰窳偷生。《漢書・地理志》，論楚地語，此江域皆然，不獨楚也。
西北則天然之利較薄。非勤治溝洫，無以冀收成；而能殫力耕耘，亦不慮
無豐登之報。水功勤則人事修，刈獲豐則資生厚；而其地平坦，便往來，
利馳突，又使諸部族之交通盛而競爭亦烈焉。此則其富厚文明，所以轉非
故國所及也。古帝傳說，在南方者甚多。如烏程有顓頊陵，見《路史》。烏
程，今浙江吳興縣。舜、禹舊跡，或在浙中是。《史記・五帝本紀正義》引
《會稽舊記》曰：「舜上虞人，去虞三十里有姚丘，即舜所生也。」《水經・
河水注》引周處《風土記》曰：「舊說舜葬上虞。又記云：耕於歷山，而始寧、
剡二縣界上，舜所耕田，於山下多柞樹，吳、越之間，名柞為櫪，故曰歷
山。」又《漸水注》：「江水東徑上虞縣南，王莽之會稽也。地名虞賓。《晉
太康地記》曰：舜避丹朱於此，故以名縣，百官從之，故縣北有百官橋。亦
云：禹與諸侯會，事訖，因相虞樂，故曰上虞。二說不同，未知孰是。」案
上虞，今浙江縣。始寧在其東南。剡，今浙江嵊縣。此恐正因吳、越之南
遷而起。《國語・魯語》：「商人禘舜。」《禮記・祭法》云：禘嚳。韋《解》云：
「舜當為嚳。」然初無確據也。《越絕書》謂巫咸出於虞山。《外傳記・吳地
傳》。《史記・殷本紀正義》曰：「巫咸及子賢塚，皆在蘇州常熟縣西海虞山
上，蓋家本吳人也，」案常熟，今江蘇省。今觀殷事，絕無在江東之跡，

則亦出後來附會。北方部族之南遷，疑始商、周之際。《越絕書·吳地傳》云：「毗陵縣南城，古淹君地也。東南大塚，淹君子女塚。去縣十八里，吳所葬。」奄城為今江蘇武進縣地近年曾獲有古蹟。已見第三章。奄城之東，又有留城。《公羊》桓公十一年，曰：「古者鄭國處於留。先鄭君有善於鄶公者，通乎夫人，以取其國，而遷鄭焉，而野留。」則留亦北方國。《越絕書》又有蒲姑大塚，在餘杭縣。今浙江餘杭縣。蒲姑，奄君，見第八章第七節。《尚書大傳》云：「周公以成王之命殺祿父，遂踐奄。踐之云者，謂殺其身，執其家，潴其宮。」據陳壽祺《輯校》本。案《禮記·檀弓》云：「邾婁定公之時，有弒其父者。公曰：寡人嘗學斷斯獄矣。臣弒君，凡在官者殺無赦。子弒父，凡在宮者殺無赦。殺其人，壞其室，汙其宮而潴焉。」蓋本東夷治叛逆之刑，周公特循其法。魯一生一及，自莊公以前皆然；吳壽夢四子，亦兄弟相及；其俗絕類有殷。〈魯頌〉言「元龜象齒」，而古稱紂為象箸，《史記·宋微子世家》。又謂紂為象廊。〈龜策列傳補〉。《呂覽·古樂》曰：「商人服象，為虐於東夷。周公遂以師逐之，至於江南。乃為三象，以嘉其德。」可見商、奄之族，與東南實有淵源。謂北遷部族，以其文化，返哺東南，實始於是，當非虛誣。然此時紋身翦髮之邦，尚未能躋於上國冠裳之列。及春秋末葉，吳、越相繼強盛，而榛狉之習乃一變焉。

　　〈吳大伯世家〉曰：「吳大伯、大伯弟仲雍，皆周大王之子，而王季歷之兄也。季歷賢而有聖子昌。大王欲立季歷以及昌。大伯、仲雍乃奔荊蠻。紋身斷髮示不可用，以避季歷。大伯之奔荊蠻，自號句吳。荊蠻義之，從而歸之千餘家。立為吳大伯。大伯卒，無子，弟仲雍立。是為吳仲雍。仲雍卒，子季簡立。季簡卒，子叔達立。叔達卒，子周章立。是時周武王克殷，求大伯、仲雍之後，得周章。周章已君吳。因而封之。乃封周章弟虞仲於周之北故夏虛。見第三章第三節。是為虞仲。列為諸侯。周章卒，子熊遂立。《吳越春秋》：章子熊，熊子遂，遂子柯相。熊遂卒，子柯相

立。柯相卒，子強鳩夷立。強鳩夷卒，子餘橋疑吾立。餘橋疑吾卒，子柯
盧立。柯盧卒，子周繇立。周繇卒，子屈羽立。屈羽卒，子夷吾立。夷吾
卒，子禽處立。禽處卒，子轉立。《索隱》：「譙周《古史考》云柯轉。」轉
卒，子頗高立。《索隱》：《古史考》作頗夢。頗高卒，子句卑立。《索隱》：《古
史考》云：畢軫。是時晉獻公滅周北虞公，以開晉伐虢也。句卑卒，子去齊
立。去齊卒，子壽夢立。壽夢立而吳始益大，稱王。自大伯作吳，五世而
武王克殷，封其後為二：其一虞在中國，其一吳在蠻夷。十二世而晉滅中
國之虞。中國之虞滅二世，而蠻夷之吳興。大凡從大伯至壽夢十九世。王
壽夢二年（西元前 584 年），楚之亡大夫申公巫臣怨楚將子反而奔晉，自晉
使吳。教吳用兵乘車，令其子為吳行人。吳於是始通於中國。」案《史記》
之虞、吳，當本同字，故以中國夷蠻別之。[104] 若如今本，字形本相別異，
即不須如此措辭矣。《集解》引宋忠曰：「句吳，大伯始所居地名。」《索隱》
曰：「此言自號句吳，吳名起於大伯，明以前未有吳號。宋忠以為地名者，
《系本・居篇》：孰哉居藩籬，孰姑徙句吳。宋氏見《史記》有大伯自號句吳
之文，遂彌縫解彼，云是大伯始所居地名。[105] 裴氏引之，恐非其義。藩離
既有其地，句吳何總不知真實？吳人不聞別有城邑，曾名句吳，則《系本》
之文，或難依信。」下文又引《世本》云：「吳孰姑徙句吳。宋忠曰：孰姑，
壽夢也，代謂祝夢乘諸也。壽孰音相近，姑之言諸也，《毛詩傳》讀姑為
諸。知孰姑壽夢是一人，又名乘也。」《集解》又引《世本》云：「諸樊徙吳。」
案古國名、氏族名、部落名恆相混；而國都屢徙，亦多沿襲舊名。句為發
聲，《索隱》已言之，則吳即句吳。乘與壽夢一人，事甚明白。《左氏》襄公
十年，杜《注》云：「壽夢吳子乘。」《疏》云：「服虔云：壽夢，發聲。吳蠻夷，
言多發聲，數語共成一言也。經言乘，傳言壽夢，欲使學者知之。然壽夢

---

[104]　史事：《史記》中國之虞當作吳。
[105]　史事：吳興起之推測。

與乘，聲不相涉，服以經傳之異，即欲使同之，然則余蔡戴吳，豈復同聲也。當是名字之異，故未言之。」按乘果為壽夢合音與否，姑措勿論，其為一人則無疑也。孰姑壽夢一人，說儻不誤，則諸樊壽夢所居，皆與大伯同號，唯孰哉所遷為異。然邑名雖同，初不得斷為一地。《韓詩外傳》云：「大王將死，謂季歷曰：我死，女往讓兩兄。彼即不來，女有義而安。大王薨。季之吳告伯、仲。伯、仲從季而歸。」《吳越春秋‧吳王大伯傳》曰：「古公病將卒，命季歷讓國於大伯。而三讓不受。故云大伯三以天下讓。」雖未必實然，然觀虞仲封於夏虛，則大伯、仲雍所逃，去周必不甚遠。豈嘗依有虞舊部，亦如函普入生女真，以完顏為氏，故號為句吳乎？《正義》：「大伯居梅里，在常州無錫縣東南六十里。至十九世孫壽夢居之，號句吳。壽夢卒，諸樊南徙吳。至二十一代孫光，使子胥築闔閭城都之。今蘇州也。」《索隱》引《吳地記》曰：「大伯居梅里，在闔閭城北五十里許。」又曰：「仲雍塚，在吳鄉常熟縣西海虞山上，與言偃塚並列。」《集解》引《皇覽》曰：「大伯塚，在吳縣梅里聚，去城十里。」案無錫，今為縣，屬江蘇。蘇州，今江蘇吳縣。此等皆南遷後附會之辭耳。《索隱》又引《世本》曰：「吳孰哉居藩離。」宋忠曰：「孰哉，仲雍字。藩離，今吳之餘暨也。解者云：雍是孰食，故曰雍，字孰哉也。」解仲雍字殊穿鑿。餘暨，今浙江蕭山縣，亦非仲雍所能至。《越絕外傳‧記地傳》云：「自無餘初封於越以來，傳聞越王子孫在丹陽皋鄉，更姓梅，梅里是也。」則又以梅里為越地矣。傳說固難盡信也。丹陽，漢郡，治今安徽宣城縣。梅里，今為鎮，屬無錫。吳人之南徙江東，已無可考。疑或楚拓地時，被迫東南徙。巫臣竊夏姬之事，詳見《左氏》，說甚詼詭，疑非實錄。見《左氏》成公二年、七年，又見襄公二十六年聲子說子木之辭。案不經之說，往往以一婦人為之經緯，如《蒙古源流考》之洪郭斡拜濟是。《左氏》所採間有類《戰國策》者，[106]如昭公七年，蓬

---

[106]　經學：《左氏》類《國策》處。

啟疆為楚說昭公復得大屈，其最顯者也。聲子說子木之辭，亦此類，非信史也。史稱吳至壽夢益大，《吳越春秋》云：「吳益強稱王。」明其大非始壽夢。乘車射御，豈待巫臣教而後能？特其通晉，或當以巫臣為介耳。

　　越事所傳，更不如吳之備，觀其世系之奪佚可知[107]。《史記・越世家》曰：「越王勾踐，其先，禹之苗裔，而夏後帝少康之庶子也。封於會稽，以奉守禹之祀。紋身斷髮，披草萊而邑焉。後二十餘世，至於允常。」《正義》引《輿地誌》曰：「越侯傳國三十餘世歷殷至周敬王時，有越侯夫譚。子曰允常，拓地始大，稱王。」自夏中葉至春秋，僅歷二三十世，殊不可信。《漢書・地理志》曰：「粵地，牽牛婺女之分野也。今之蒼梧、郁林、合浦、交阯、九真、南海、日南，皆粵分也。其君禹後，夏少康之庶子雲。封於會稽。」臣瓚曰：「自交阯至會稽，七八千里。百粵雜處，各有種姓。不得盡云少康之後也。按《世本》越為羋姓，與楚同祖，故《國語》曰羋姓夔、越。然則越非禹後明矣。又羋姓之越，亦勾踐之後，不謂南越也。」案《漢志》所謂其君禹後者，自指封於會稽之越言之，不該百越。臣瓚實誤駁。至謂越為羋姓，則《左氏》宣公十二年《正義》，亦據《外傳》而疑越非夏後。《國語・吳語韋解》亦云：「勾踐，祝融之後，允常之子，羋姓也。」引《鄭語》及《世本》為證。《墨子・非攻下篇》：「越王繄虧，盧校改為翳虧。畢、孫二氏並從之。出自有遽，始邦於越。」孫詒讓《閒詁》疑有遽即熊渠，其證似古。然《吳越春秋》謂勾踐寢疾，謂太子曰：「吾自禹之後，承元常之德。」允常，《吳越春秋》作元常。《史記・陳杞世家》謂楚惠王滅杞，其後越王勾踐興，則自古皆以越為禹後。古或從母姓，疑越實禹後，而與楚通昏姻者。吳通晉而越常助楚，固由遠交近攻之策使然，或亦以同姓之親也。《吳越春秋》云：「禹命群臣曰：吾百世之後，可葬我會稽之山。禹崩之後，眾瑞並去。天美禹德，而勞其功。使百鳥還為民田。大小有差，進退

有行。一盛一衰，往來有常。啟使使以歲時春秋而祭禹於越。立宗廟於南山之上。禹以下六世而得帝少康。少康恐禹祭之絕祀，乃封其庶子於越，號曰無餘。無餘始受封，人民山居。雖有鳥田之利，租貢才給宗廟祭祀之費。乃復隨陵陸而耕種，或逐禽鹿而給食。無餘質樸，不設宮室之飾，從民所居。春秋祠墓於會稽，無餘傳世十餘，末君微劣，不能自立，轉從眾庶，為編戶之民。禹祀斷絕，十有餘歲。有人生而言語，指天向墓曰：我是無餘君之苗末，我方修前君祭祀，復我禹墓之祀，為民請福於天，以通鬼神之道。眾民說喜，皆助奉禹祭，四時致貢。因共封立，以承越君之後。復夏王之祭，安集鳥田之瑞，以為百姓請命。自後稍有君臣之義，號曰無王。王生無曎。曎專心守國，不失上天之命。無卒，或為夫譚。夫譚生元常。常立，當吳王壽夢、諸樊、闔廬之時。越之興霸，自元常矣。」〈越王無餘外傳〉。古有或二字通。或為夫譚，猶言有名夫譚者，即《輿地誌》有越侯夫譚之語所本。明無、夫譚之間，世系又有闕佚。然名號亡佚，而世數大略可知，亦古繫世之常。《史記》所謂二十餘世，《輿地誌》所謂三十餘世者，疑自無王計之。又疑《輿地誌》實本《史記》，訛二為三；又或《史記》本作三而訛為二也。《越絕書》言自餘始封，至餘善，越國空滅，凡一千九百三十二年，則未必可據。越世系奪佚如此，安有年歲可稽耶？

　　禹封會稽，非今之會稽。已見第七章第三節。其如何播遷而入浙江，亦不可考，《越絕書外傳·記地傳》云：「無餘初封大越，都秦餘望南千有餘歲，而至勾踐，勾踐徙治山北。」《水經·漸江水注》：「浙江徑會稽山陰縣。今浙江紹興縣。又徑越王允常塚北。又東北，得長湖口，秦望山在城西南，山南有樵峴，峴里有大城，越王夫餘之舊都也。故《吳越春秋》云：勾踐語范蠡曰：先君無餘，國在南山之陽，社稷宗廟在湖之南。」此亦與以禹墓在會稽者同一無稽耳。

▶ 第七節　楚吳越之爭

　　楚居南服，與東夷關係頗深，蓋江、淮之開化，實先於荊楚，其與大局，亦頗有關係也。楚與齊桓之爭，已見第三節。穆王之將圖北方也，先之以滅六、滅蓼。周襄王三十年（西元前622年），入春秋後百有一年。群舒叛楚，楚又執舒子與宗子，遂圍巢，頃王四年（西元前615年），入春秋後百有八年。至莊王而滅舒蓼，〈世家〉但作舒，表作舒蓼，與《春秋》同。《左氏》云：「楚子疆之，及滑汭，杜《注》：滑水名。盟吳、越而還。」定王六年（西元前601年），入春秋後百二十二年。蓋前此唯淮夷、徐戎為雄張，此時則江東之吳、越，亦稍稍見頭角已。巫臣之入吳，《左氏》記其事於成公七年，周簡王二年（西元前584年），入春秋百三十九年。實吳壽夢之二年。是年也，吳伐郯，又入州來。今安徽壽縣。豈有甫學射御戰陳，即能馳驅千里之外者？吳之強，不由巫臣之教，彌可見也。簡王三年（西元前583年），入春秋後百四十年。晉會齊、魯、邾伐郯。《左氏》曰：「以其事吳故。」四年（西元前582年），入春秋後百四十一年。晉合諸侯於蒲，杜《注》：「衛地，在長垣縣西南。」案長垣，今為縣，屬河北。《左氏》云：「將始會吳，吳人不至。」楚公子嬰齊伐莒，《左氏》記巫臣通吳過莒，則此役似亦與吳爭也。十年（西元前576年），入春秋後百四十七年。晉、齊、魯、宋、衛、鄭、邾會吳於鍾離，杜《注》：「淮南縣。」今安徽鳳陽縣。《左氏》云：「始通吳也。」明年，舒庸道吳人圍巢，伐駕，圍釐、虺，杜《注》：「楚四邑。」遂恃吳而不裝置，楚人襲滅之。十三年（西元前573年），入春秋後百五十年。楚納魚石於彭城。《左氏》載宋西吳之言曰：「今將崇諸侯之奸，而披其地，以塞夷庚，毒諸侯而懼吳、晉。」《注》曰：「夷庚，吳、晉之要道。」則吳、晉之相結彌深，吳、楚之相爭益烈矣。靈王二年（西元前570年），入春秋後百五十三年。楚子重公子嬰齊伐吳。克

鳩茲，杜《注》：「在丹陽蕪湖縣。」案今安徽蕪湖縣。至於衡山。杜《注》：
「在吳興烏程縣南。」案今浙江吳興縣。使鄧廖帥組甲三百，被練三千以侵
吳，吳人要而擊之，獲鄧廖。子重歸，既飲至，三日，吳人伐楚，取駕。
駕，良邑也；鄧廖，亦楚之良也；君子謂是役也，所獲不如所亡。楚人皆
咎子重。子重病之，遂遇心疾而卒。是歲，諸侯會吳於雞澤。晉侯使逆吳
子於淮上。吳子不至。明年，使如晉，辭不會之故。且請聽諸侯之好。晉
使魯、衛先會吳於善道。杜《注》：地闕。然後為合諸侯於戚。杜《注》：
「衛邑，在今頓丘衛縣。」案今河北濮陽縣。九年（西元前 563 年），入春
秋後百六十年。諸侯又會吳於柤。杜《注》：楚地。遂滅偪陽。偪陽，妘
姓、與楚同出祝融，蓋亦晉、楚之爭也。十一年（西元前 561 年），入春
秋後百六十二年。壽夢卒。壽夢有子四人：長曰諸樊，此據《史記·吳世
家》。《公羊》作謁，《左氏》作遏。次曰餘祭，次曰餘昧，《公羊》作夷末，
《左氏》作戴吳。次曰季札。季札賢，壽夢欲立之，季札讓不可。乃立長
子諸樊，攝行事當國。十三年（西元前 559 年），入春秋後百六十四年。
諸樊已除喪，讓位季札。季札謝，吳人固立，棄其家而耕。乃舍之。此從
〈十二諸侯年表〉。〈世家〉先一年。先一歲，楚共王卒。吳乘喪伐楚，敗
於庸浦。杜《注》：楚地。吳告敗於晉。是歲，會於向。杜《注》：鄭地。
范宣子丏。數吳之不德也，以退吳人。蓋晉當是時，既無意於諸侯，亦不
能勤吳矣。二十三年（西元前 549 年），入春秋後百七十四年。楚子康王。
為舟師以伐吳，無功而還。吳召舒鳩。舒鳩叛楚。明年，楚滅舒鳩。吳
救之，大敗。又明年，諸樊伐楚。迫巢門，傷射而薨。此從〈十二諸侯年
表〉，與《公羊》、《左》、《穀》皆合，〈吳世家〉但云王諸樊卒。諸樊命授
弟餘祭，傳以次，必致國於季子而止。二十六年（西元前 546 年），入春
秋後百七十七年。楚人、秦人侵吳，及雩婁。杜《注》：「今屬安豐郡。」
案今安徽霍丘縣。聞吳有備而還。二十七年（西元前 545 年），入春秋後

百七十八年。齊慶封有罪，奔吳。吳與之朱方之縣。《集解》：「《吳地記》曰：朱方，秦改為丹徒。」今江蘇鎮江縣。景王七年（西元前 538 年），入春秋後百八十五年。楚靈王合諸侯於申。執徐子，以其吳出，以為貳於吳也。遂以諸侯伐吳。執慶封，殺之，滅其族。吳伐楚，人棘、櫟、麻。杜《注》：「皆楚東鄙邑。譙國酇縣東北有棘亭。汝陰新蔡縣東北有櫟亭。」按酇，今河南永城縣。新蔡，今河南新蔡縣。明年，楚以諸侯伐吳。以吳早裝置，無功而還。又明年，楚伐徐。吳人救之。楚令尹子蕩伐吳。吳人敗諸房鍾。杜《注》：吳地。十五年（西元前 530 年），入春秋後百九十三年。楚子遣兵圍徐，次於乾溪，杜《注》：在譙國城父縣南，今安徽亳縣。以為之援。亂作後，五帥皆為吳所獲。時國人苦役，而申之會，靈王僇越大夫常壽過，殺蔡大夫觀起起之子從，亡在吳，勸吳伐楚，為間常壽過而作亂。矯公子棄疾命，召公子比於晉，欲與吳、越兵襲蔡。公子比見棄疾，與盟於鄧。遂入，殺靈王太子祿，立子比為王，子晳為令尹，棄疾為司馬。觀從從師於乾溪，令楚眾曰：「國有王矣。先歸復爵邑、田宅，後者遷之。」楚眾皆潰，去靈王而歸。王乘舟將欲入鄢。芋尹申無宇之子申亥求王。奉以歸。王死申亥家。楚國雖已立比，畏靈王復來；又不聞靈王死，國人每夜驚曰：靈王入矣。棄疾使船人從江上走呼曰：靈王至矣。國人愈驚。初王及子晳遂自殺。棄疾即位。改名熊居。案名居，熊其姓。是為平王。施惠百姓。復陳、蔡。《左氏》云：「楚之滅蔡也，靈王遷許、胡、沈、道、房、申於荊焉。平王即位，既封陳、蔡，而皆復之。」歸鄭侵地。存恤國中。脩政教。楚獲暫安。然益不能制吳矣。

　　楚靈王見弒之歲，晉為平丘之會，杜《注》：「平丘，在陳留長垣縣西南。」按長垣，今為縣，屬河北。告於吳。晉侯昭公。會吳子於良。杜《注》：「下邳有良城縣。」案下邳，今江蘇邳縣。水道不可，吳子辭，乃還。是歲，吳滅州來。楚令尹子旗請伐吳。王不許。先是吳王餘祭，

以周景王元年（西元前 538 年），入春秋後百七十九年。為閽人所弒，弟
餘昧立。十八年（西元前 527 年），入春秋後百九十六年。餘昧卒，欲授
弟季札。季札讓，逃去。於是吳人曰：「先王有命，兄卒弟代立，必致季
子。季子今逃位，則餘昧後立。今卒，其子當代。」乃立王餘昧之子僚為
王。《索隱》：「此文以為餘昧子，《公羊傳》以為壽夢庶子。」案《公羊》
云：「僚者長庶也。」非謂為壽夢庶子。二十年（西元前 525 年），入春秋
後百九十八年。楚人及吳人戰於長岸，杜《注》楚地。大敗吳師。獲其乘
舟餘皇。吳覆敗楚，取餘皇去。二十二年（西元前 523 年），入春秋後二百
年。楚人城州來。二十三年（西元前 522 年），入春秋後二百有一年。初，
平王使費無忌《左氏》作費無極。如秦，為太子建取婦。婦好，無忌說王
自取。王聽之。生熊珍。伍奢為太子太傅，無忌為少傅。無忌無寵於太
子，常讒惡之。是年，使居城父守邊。無忌又日夜讒太子。王遂囚伍奢，
而召其二子，而告以免父死。太子建奔宋。伍尚歸。伍員出奔吳。楚遂殺
奢及尚。員之奔吳也，公子光客之。公子光者，王諸樊子也。《索隱》曰：
《系本》以為夷昧子。常以為季子不受國，光父先立，光當立。敬王元年
（西元前 519 年），入春秋後二百有四年。光伐楚，敗楚師。迎故太子建母
於居巢，以歸。此據〈吳世家〉。〈楚世家〉同。《左氏》云：「楚太子建之
母在鄖，召吳人而啟之。吳太子諸樊入鄖，取楚夫人與其寶器以歸。」杜
《注》云：「鄖陽也，蔡邑。」遂北伐，敗陳、蔡之師。明年，光伐楚，取
居巢、鍾離。伍子胥之初奔吳，說王僚以伐楚。公子光曰：「胥之父兄為
僇於楚，欲自報其仇耳，未見其利。」伍員知光有他志，乃求勇士專諸，
《左氏》作鱄設諸。見之光。光喜，乃客伍子胥。子胥退而耕於野。四年
（西元前 516 年），入春秋後二百有七年。楚平王卒，子珍立，是為昭王。
五年（西元前 515 年），入春秋後二百有八年。吳欲因楚喪而伐之，使公子
蓋餘、《左氏》作掩餘。燭庸《集解》：「賈逵曰王僚弟。」以兵圍楚之六、

潛。使季札於晉，以觀諸侯之變。楚發兵絕吳兵後。吳兵不得還。公子光使專諸弑王僚，代立，是為闔閭。此從〈十二諸侯年表〉，與《春秋》合。〈世家〉與楚平王之卒，皆誤後一年。掩餘奔徐。燭庸奔鍾吾。《漢書·地理志》：東海郡司吾，應劭日：即鍾吾。今江蘇宿遷縣。昭王之立也，費無忌又讒郤宛於令尹子常。囊瓦。其宗姓伯氏子嚭奔吳。此據《左氏》。《史記·吳世家》云：「楚誅伯州犁，其孫伯嚭亡奔吳。」闔閭以為大夫，舉伍子胥為行人。八年（西元前 512 年），入春秋後二百十一年。吳子使徐人執掩餘，鍾吾人執燭庸。二公子奔楚。楚子大封而定其徙，使居養。此從《左氏》。〈吳世家〉云：「燭庸、蓋餘降楚，楚封之於舒。吳拔舒，殺亡將二。」吳子執鍾吾子，遂滅徐。徐子章禹奔楚。楚城夷，杜《注》：夷，城父也。使處之。吳子問伐楚之策於伍員。伍員日：「楚執政眾而乖，莫適任患。若為三師以肆焉，一師至，彼必皆出。彼出則歸，彼歸則出。亟肆以罷之，多方以誤之，既罷而後以三軍繼之，必大克之。」闔閭從之。楚於是乎始病。九年（西元前 511 年），入春秋後二百十二年。吳伐楚，取六與潛。據〈吳世家〉。十二年（西元前 508 年），入春秋後百十五年。楚囊瓦伐吳，師於豫章。見第二節。吳人敗之。遂圍巢，克之。據《春秋》，〈吳世家〉誤前一年。初，蔡昭侯為兩佩與兩裘以如楚，獻一佩一裘於昭王。昭王服之，以享蔡侯。蔡侯亦服其一。子常欲之。弗與。三年止之。唐成公如楚，有兩肅爽馬，子常欲之，弗與，亦三年止之。唐人竊馬而獻之子常。子常歸唐侯。蔡人聞之，固請而獻佩於子常。蔡侯歸，如晉，請伐楚。十四年（西元前 506 年），入春秋後二百十七年。晉為之合諸侯於召陵荀寅求貨於蔡侯，弗得，乃辭蔡侯。沈人不會於召陵，晉人使蔡伐之。蔡滅沈。楚人圍蔡。蔡侯因伍員、伯嚭請兵於吳。吳悉興師，與唐、蔡伐楚。舍舟淮汭，自豫章與楚夾漢。左司馬戌沈尹戌，沈諸梁之父。謂子常日：「子沿漢而與之上下，我悉方城外以毀其舟，還塞大隧、直轅、冥阨。

杜《注》：「三者漢東之隘道。」子濟漢而伐之，我自後擊之，必大克之。」
既謀而行。史皇謂子常曰：「楚人惡子而好司馬。若司馬毀吳舟於淮，塞
城口而人，是獨克吳也。子必速戰，不然，不免。」乃濟漢，陳於柏舉。
《水經注》：「江北岸烽火洲，即舉洲也。北對舉口。《春秋》定公四年，吳、
楚陳於柏舉。京相璠曰：漢東地矣。」《元和郡縣誌》：「龜頭山，在黃州
麻城縣東南八十里，舉水所出。《春秋》吳、楚戰於柏舉，即此地。」案麻
城，今為縣，屬湖北。闔廬之弟夫概王，以其屬三千，先擊子常之卒。子
常之卒奔。楚師亂。吳師大敗之。子常奔鄭。五戰及郢。昭王奔隨。吳遂
入郢。然不能定楚國。楚使申包胥請救於秦，秦以車五百乘救楚。楚亦收
餘散兵，與秦擊吳。十五年（西元前 505 年），入春秋後百十八年。吳王弟
夫概見吳王兵傷敗，亡歸，自立。闔閭聞之，引兵去楚。夫概敗，奔楚，
楚封之堂溪。楚昭王滅唐。歸入郢。十六年（西元前 504 年），入春秋後
二百十九年。吳王使太子夫差伐楚，取番。楚恐，徙都。《左氏》云：「吳
太子終累敗楚舟師。」杜《注》曰：「夫差兄。」都，杜《注》曰：「本在商密，
後遷南郡郡縣。」今湖北宜城縣。周敬王十年（西元前 510 年），入春秋後
二百十三年。吳伐越。《左氏》曰：「始用兵於越也。」十五年（西元前 505
年），入春秋後二百十八年。吳兵猶在楚，越入吳。允常卒，子勾踐立。
二十四年（西元前 496 年），入春秋後二百二十七年。吳聞允常死，興師伐
越。越王勾踐迎擊之於檇李，敗之姑蘇。《集解》：「杜預曰：吳郡嘉興縣
南，有檇李城。」《索隱》：「姑蘇，臺名，在吳縣西三十里。」嘉興，今為
縣，屬浙江。吳，今為縣，屬江蘇。案《國語·越語》，謂勾踐之地，南至
於句無，北至於御兒，東至於鄞，西至於姑蔑，廣運百里。韋《注》云：
「諸暨有句無亭，嘉興有御兒鄉，鄞為鄞縣，姑蔑為大湖。」《越絕外傳·
記地傳》云：「語兒鄉，故越界，名曰就李，即檇李也。」然《論衡·書虛
篇》，以錢唐江為吳、越之界，餘暨以南屬越，餘暨今蕭山，則越界不得

至嘉興。《吳越春秋·勾踐伐吳外傳》：明日，徙軍於郊。明日，徙軍於境。後三日，徙軍於攜李。後三日，旋軍於江南。則攜李在江北越境外，度其道里，尚不得至嘉興也。北至蕭山，南至諸暨，東至鄞，略與廣運百里相合唯以姑蔑為大湖；《左氏》哀公十三年杜《注》，又以為東陽大末縣；其地為今浙江之龍遊，恐皆失之大遠也。闔閭傷指，遂病傷而死。〈越世家〉：「射傷吳王闔閭。」闔閭使立太子夫差。謂曰：「爾忘勾踐殺汝父乎？」對曰：「不敢。」《左氏》：「夫差使人立於庭，苟出入，必謂己曰：夫差，而忘越人之殺而父乎？則對曰：唯，不敢忘。三年乃報越。」二十六年（西元前 494 年），入春秋後二百二十九年。勾踐聞夫差日夜勒兵，且以報越，欲先吳未發往伐之。范蠡諫，不聽。吳王聞之，悉精兵以伐越。敗之夫椒。杜《注》云：「吳郡吳縣西南大湖中椒山。」案此釋恐亦未確。《越絕書·記地傳》云：「勾踐與吳戰於浙江之上，越師潰，棲於會稽之山：」其地當濱江，近會稽也。越王以餘兵五千人保於會稽。《集解》：「賈逵曰：山名。」使大夫種因吳大宰嚭以行成。吳王將許之。伍子胥諫，不聽。盟而去。勾踐返國，乃苦心焦思。置膽子坐，坐臥即仰膽；飲食亦嘗膽也，曰：「女忘會稽之恥邪！」身自耕作。夫人自織。食不加肉，衣不重彩。折節下賢人。厚遇賓客。振貧吊死，與百姓同其勞，舉國政屬大夫種，而使范蠡與大夫柘稽《索隱》：「《國語》作諸暨郢。」行成為質於吳。二歲而吳歸蠡。

　　吳敗越之歲，楚圍蔡，蔡請遷於吳。初，吳之入楚也，使召陳懷公，懷公以疾謝。敬王十八年（西元前 502 年），入春秋後二百二十一年。吳復召懷公。懷公恐，如吳。吳怒其前不往，留之。因卒吳，吳立其子越，是為湣公。及夫差克越，乃侵陳，修先君之怨。此事在陳湣公八年（西元前 494 年），表不誤。〈陳杞世家〉在六年（西元前 496 年），則誤在闔閭傷死之歲矣。二十七年（西元前 493 年），入春秋後二百三十年。蔡遷於州來。

吳復伐陳。楚昭王救之，軍於城父。卜戰，不吉。卜退，不吉。王曰：
「然則死也。再敗楚師，不如死，棄盟逃仇，亦不如死。死一也，其死讎
乎？」命公子申子西。為王，不可。則命公子結，子期。亦不可。則命公
子啟，子閭。五辭而後許。將戰，王有疾。卒於城父。子閭與子西、子期
謀，潛師閉塗，逆越女之子章立之而後還，是為惠王。是時越既敗，楚亦
未能遽振，吳之兵鋒，遂轉向北方矣。

　　自晉霸之衰，齊景公頗有代興之志。景公名杵臼，為莊公異母弟，莊
公弒，崔杼立之。杼為左相，慶封為右相。慶封與崔杼有郤，乘其內亂，
盡滅其家，崔杼自殺。慶封益驕。嗜酒好獵，又為田、鮑、欒、高氏所
謀，奔魯。復奔吳。後為楚靈王所殺。自崔、慶之亡，齊國粗定，然終
不能有為者，則以景公好治宮室，聚狗馬，厚賦重刑也。初，周自襄王
后，襄王在位三十三年（西元前 619 年）崩，為入春秋後之百有四年。傳
頃王、襄王子，名壬臣。在位六年，自入春秋後百有五年至百十年。匡
王、頃王子，名班。在位六年，自入春秋後百十一年至百十六年。定王、
匡王弟，名瑜。在位二十一年，自入春秋後百十七年至百三十七年。簡
王、定王子，名夷。在位十四年，自入春秋後百三十八年至百五十一年。
靈王簡王子，名洩心。在位二十七年，自入春秋後百五十一年至百七十八
年。至景王。靈王子，名貴。在位二十五年，自入春秋後百七十九年至
二百有三年。景王太子晉早卒。愛子朝，欲立之。及崩，子丐之黨與之爭
立。國人立長子猛，是為悼王。子朝攻殺之。晉人攻子朝而立丐，《左氏》
杜《注》云：王子猛母弟。《疏》云：「《本紀》不言敬王是猛之母弟，先儒
相傳說耳。」是為敬王。子朝奔楚。敬王十六年（西元前 504 年），入春
秋後二百十九年。子朝之徒復作亂。王奔晉。晉定公入之。是亂也，《左
氏》謂子朝之徒，實因鄭人，而鄭伐周之馮、滑、胥靡、負黍、狐人、闕
外。周六邑。滑見第三節。杜《注》云：「陽城縣西南有負黍亭。」今河南

登封縣境。魯為晉討，侵鄭，不假道於衛。明年，齊侯、鄭伯盟於咸。杜《注》：「衛地。」征會於衛。衛侯靈公。欲叛晉。諸大夫不可。乃使北宮結如齊，而私於齊侯曰：「執結以侵我。」齊從之。乃盟於沙。杜《注》：「陽平元城縣東北有沙亭。」案元城，今為縣屬河北。又明年，齊伐魯。晉趙鞅救之，侵鄭。遂侵衛，將盟衛侯於鄟澤。杜《注》：「衛地。」簡子鞅。曰：「誰敢盟衛君？」涉佗、成何曰：「我能盟之。」[108] 衛人請執牛耳。成何曰：「衛吾溫、原也，焉得視諸侯？」將歃，涉佗撽衛侯之手及捥。衛侯怒，遂叛晉，與鄭盟於曲濮。杜《注》：衛地。十九年（西元前 501 年）。入春秋後二百二十二年。與齊伐晉夷儀。二十年（西元前 500 年），入春秋後二百二十三年。魯與齊平。趙鞅圍衛。反役，又執涉佗以求成於衛。衛人不許。晉人遂殺涉佗，成何奔燕。二十一年（西元前 499 年），入春秋後二百二十四年。魯及鄭平。《左氏》云：「始叛晉也。」蓋齊、鄭久貳於晉，適因王室之亂，以挑起釁端，中原遂至多事也。二十三年（西元前 497 年），入春秋後二百二十六年。齊侯、衛侯次於垂葭，《左氏》云：「實郳氏。」杜《注》云：「高平鉅野縣西南有郳亭。」鉅野，今山東縣。以伐晉之河內。時趙猛殺其邯鄲大夫午。今河北邯鄲縣。午，荀寅之甥也。荀寅，范吉射之姻也，而相與睦，於是范、中行氏伐趙氏。趙鞅奔晉陽。晉人圍之。而韓簡子不信。與中行文子，荀寅。魏襄子曼多。與范昭子范吉射。相惡，知文子荀躒。亦欲以其嬖梁嬰父為帥，三家奉公以伐范、中行氏。范、中行氏伐公，不克。入於朝歌以叛。趙鞅顧以韓魏之請見赦。齊合魯、衛、宋、鄭、鮮虞以救范、中行氏。二十七年（西元前 493 年），入春秋後二百三十年。衛靈公卒。靈公太子蒯聵，與靈公夫人南子有怨，欲殺南子，不克，出奔。衛立蒯聵子輒，是為出公。趙鞅納蒯聵於戚。今河北濮陽縣。二十八年（西元前 492 年），入春秋後二百三十一年。荀寅、

---

[108]　風俗：劫盟主，如曹沫、毛遂，乃涉佗、成何之倫。荊軻亦其類。

范吉射奔邯鄲。明年，邯鄲叛，奔鮮虞。齊會鮮虞納諸柏人。今河北唐山縣。三十年（西元前 490 年），入春秋後二百三十三年。柏人陷。茍寅、范吉射奔齊。是歲，齊景公卒。四十一年（西元前 479 年），入戰國後二年。此據《左氏》、《史記世家》與《表》皆先二年。蒯瞶自戚入於衛，是為莊公。出公輒奔魯。明年，莊公與趙鞅有違言。鞅圍衛，齊人救之。鞅還，晉復伐衛。衛人出莊公，與晉平。晉立襄公之孫般師而還。襄公，靈公父。般師，《史記》作班師。莊公入，般師復出。莊公旋為其下所弒。衛人復般師。齊人伐衛，執班師以歸，立公子起。起復為其下所逐。出公復歸。蓋齊、晉之力，皆不足以定北方，而吳、越遂稱霸中原矣。

　　吳、越起東南，中原之國，與之相近者莫如魯；而與魯密邇，世相崎齕者莫如齊；故魯之內憂，及其與齊之爭衡，遂為吳、越問鼎中原之先道。魯君位承襲之法，本一生一及。自莊公以前皆然。見《史記・魯世家》。莊公有三弟：長曰慶父，次曰叔牙，次曰季友。莊公娶齊女曰哀姜。無子。其弟叔姜，生子開。莊公築臺臨黨氏。《集解》：「賈逵曰：魯大夫任姓。」見孟女。《左氏》作孟任。說之，許立為夫人，生子斑。《左氏》作般。莊公病，叔牙欲立慶父，季友使鴆殺叔牙。莊公卒，立子斑為君。慶父使殺之。季友奔陳。立子開，是為閔公。慶父又殺之。季友與閔公弟申如邾，請魯求納之。魯人慾誅慶父。慶父奔莒。季友奉申入立，是為僖公。以賂求慶父於莒。慶父自殺。季友之後為季孫氏，世為魯正卿，而慶父、叔牙之後，亦並立為孟孫、叔孫氏。是為三桓。僖公卒，子文公興立。文公卒，襄仲莊公子遂，居東門為東門氏。殺子惡及視，而立宣公俀。魯由此公室卑，三桓強。宣公欲去三桓，與晉謀伐之。會卒。傳成公黑肱、襄公午至昭公稠，敬王三年（西元前 517 年），入春秋後二百有六年。昭公伐季氏。叔孫氏救之，三家遂共伐公。公奔齊，後又如晉求人，皆不克。十年（西元前 510 年），入春秋後二百十三年。昭公卒於乾侯。杜

《注》：「在魏郡斥丘縣，晉境內邑。」案斥丘，今河北成安縣。魯人立其
弟宋，是為定公。定公時，孔子秉政，使仲由毀三桓城，收其甲兵。孟氏
不肯。伐之，不克。齊人歸女樂，季桓子斯。受之。孔子遂行。二十五年
（西元前495年），入春秋後二百二十八年。定公卒，子哀公蔣立。三十二
年（西元前488年），入春秋後二百三十五年。公會吳於鄶。吳因留，略地
於魯之南。魯伐邾，入之，俘邾子益。明年，吳伐魯，盟而還。初，齊景
公適子死，有寵妾曰芮子，生子荼，欲立之，而年少，其母賤，無行，憚
發之。及病，乃命其相國惠子、夏。高昭子張。立荼為太子，逐群公子，
遷之萊。景公卒，荼立，是為晏孺子。群公子畏誅，皆出亡。景公他子陽
生，與田乞攻殺高昭子。國惠子奔莒。立陽生，是為悼公。敬王三十一年
（西元前489年），入春秋後二百三十四年。悼公之奔魯，季康子肥。以其
妹妻之。即位而逆之。季魴侯通焉。康子叔父。女言其情，弗敢與也。齊
侯怒，使鮑牧伐魯。且使如吳請師。魯乃歸邾子而及齊平。齊侯使辭師於
吳。吳子曰：「昔歲寡人聞命，今又革之，不知所從，將進受命於君。」於
是吳城邗，溝通江、淮。三十五年（西元前485年），入春秋後二百三十八
年。魯哀公會吳伐齊。齊人弒悼公，赴於師。徐承帥舟師將自海入齊，齊
入敗之，吳師乃還。明年，齊國書伐魯。魯復會吳伐齊。戰於艾陵，杜
《注》：「齊地。」《史記・孟嘗君列傳正義》：「艾陵，在兗州博縣。」博縣，
今山東泰安縣。齊師敗績。獲齊國書。三十七年（西元前483年），入春
秋後二百四十年。魯會吳於橐皋。杜《注》：「在淮南浚道縣東南。」浚道，
今安徽合肥縣。吳征會於衛，衛侯會吳於鄖。杜《注》：衛地。其來緩，吳
人藩其舍。子貢往說，乃舍衛侯。三十八年（西元前482年），入春秋後
二百四十一年。吳、晉會於黃池。杜《注》：「陳國封丘縣南有黃亭。」封
丘，今河南封邱縣。勾踐發習流二千人，教士四萬人，君子六千人，諸御
千人以伐吳。戰，虜太子友，遂人吳。吳人告敗於夫差。夫差惡其聞也，

或洩其語，吳王怒，斬七人於幕下。《左氏》曰：「王惡其聞也，自剄七人於幕下。」《注》曰：「以絕口。」及盟，爭長。《左氏》云長晉，《公羊》、《國語》云長吳，《史記·晉世家》、〈趙世家〉云長吳，〈吳世家〉云長晉，疑當以長吳之說為確。晉自弭兵之盟，即已不競於楚，是時吳方強橫，安能與爭？且史材傳自北方者多，必無飾長晉為長吳者。《左氏》多采晉史，昔人久有定論，其言必不免諱飾也。吳王已盟，與晉別。欲伐宋。大宰嚭曰：「可勝而不能居也。」乃引兵歸。國亡太子，王居外久，內空，士皆罷敝，乃使厚幣以與越平。越亦自度未能滅吳，乃與吳平。四十二年（西元前 478 年），入戰國第一年。越益強。勾踐伐吳，敗吳師於笠澤。《左氏》云：「夾水而陳。」《國語·吳語》云：「吳王軍於江北，越王軍於江南。」則以為太湖者非。韋昭云：「江，松江，去吳五十里。」元王元年（西元前 476 年），入戰國後六年。十一月，越圍吳。四年，入戰國後八年。十一月，吳師敗。吳王棲於姑蘇之山。使公孫雄請成。勾踐欲許之。范蠡諫，乃棲吳王於甬東。杜《注》云：「會稽句章縣東海中洲。」即今浙江定海縣。《越絕外傳·記吳地傳》：「秦餘杭山者，越王棲吳夫差山也。去縣五十里。山有湖水，近太湖。」案《越絕》之說似是。予百家居之。吳王自剄死。《韓詩外傳》曰：「大伯反吳，吳以為君，二十八世至夫差而滅。」然據《史記》，則大伯至夫差，只二十五世。

　　《左氏》：哀公二十一年（西元前 474 年），夏，五月，越人始來。哀公二十一年，為周元王三年，乃人戰國後七年，蓋越人至是始通於上國也。然使譯甫通，而征伐之端旋起。初，魯之歸邾子益也，邾子又無道。吳子使討之，囚諸樓臺，泎之以棘。使大夫奉太子革以為政。敬王三十五年（西元前 485 年），入春秋後二百三十八年。邾隱公奔魯。齊甥也，故遂奔齊。元王四年（西元前 473 年），入戰國後八年。自齊奔越。曰：「吳為無道，執父立子。」越人歸之。太子革奔越。六年（西元前 471 年），入戰國

後十年。邾子又無道。越人執之以歸，而立公子何。是歲，魯哀公如越。
得太子適郢，將妻公而多與之地。季孫懼，因大宰嚭而納賂焉，乃止。
《注》：「嚭故吳臣也。」七年（西元前470年），入戰國後十一年。衛侯輒
奔宋，使如越請師。魯叔孫舒會越皋如、後庸、宋樂茷納衛侯，不克。
九年（西元前468年），入戰國後十三年。越子使後庸聘魯。盟於平陽。
杜《注》：「西平陽。」《疏》：「高平南有平陽縣。」案在今鄒縣西南。哀公
欲以越伐魯而去三桓。三桓攻公。公奔衛。去如鄒。邾。遂如越。然其後
越卒不克納公。以上皆據《左氏》。《史記・越世家》云：「勾踐既滅吳，乃
以兵北渡淮，與齊、晉諸侯會於徐州。致貢於周。周元王使人賜勾踐胙，
命為伯。勾踐已去，渡淮南。以淮上地與楚。歸吳所侵宋地於宋。與魯泗
東方百里。當是時，越兵橫行於江、淮。東諸侯畢賀，號稱霸王。」《吳
越春秋・勾踐伐吳外傳》略同。勾踐已去渡淮南，作「勾踐已受命號，去
還江南」。《吳越春秋・勾踐伐吳外傳》云：「二十五年（西元前472年），
從琅琊起觀臺，周七里，以望東海。使人如木客山在會稽山陰縣，見《水
經・漸江水注》。取元常之喪，欲徙葬琅琊。三穿元常之墓，中生燻風，
飛沙石射人，人莫能入。勾踐曰：吾前君其不徙乎？遂置而去。勾踐乃使
使號令齊、楚、秦、晉，皆輔周室，血盟而去。秦桓公不如命，勾踐乃選
吳、越將士西渡河，以攻秦。軍士苦之。會秦怖懼，遂自引咎，越乃還
軍。軍人說樂。二十六年（西元前471年），元王六年，入戰國後十年。
越王以邾子無道而執以歸，立其子何。冬，魯哀公以三桓之逼來奔。越王
欲為伐三桓，以諸侯大夫不用命，故不果耳。二十七年（西元前470年），
元王七年，入戰國後十一年。冬，勾踐卒。」案越欲伐三桓，諸侯大夫尚
不用命，安能選將士西攻秦？又安能令齊、楚、秦、晉？可知號稱霸王之
語，不免侈大。唯越既徙都琅琊，去山東之國，較吳彌近，其聲威一時或
更震盪，亦未可知。而既徙都琅琊，則雖干與鄒、魯之事，亦不如吳之勞

師於遠，此其所以克久存與？

　　自闔廬傷死以來，吳、越構兵，不復以西侵為事，楚本可乘機自強，然又遭白公之難。初，太子建之在鄭也，與晉謀襲鄭。鄭人殺之，其子勝奔吳。〈鄭世家〉在周景王二十五年（西元前 520 年），為入春秋後二百有三年。《表》後一年。周敬王三十三年（西元前 487 年），入春秋後二百三十六年。予西召之，以為巢大夫，號曰白公。白公好兵而下士。怨鄭，欲伐之。子西許之，而未為發兵。三十九年（西元前 481 年），入春秋後二百四十二年。晉伐鄭，鄭告急楚。子西救鄭受賂而去。白公怒。四十一年（西元前 479 年），入戰國後二年。與死士石乞等襲殺子西、子期，因劫惠王。葉公沈諸梁。來救。惠王之徒，與共攻白公，殺之。惠王乃得復位。艾陵之役，吳召陳懷公。懷公恐，如吳。楚伐陳。四十二年（西元前 478 年），入戰國後三年。滅之。貞定王二十二年（西元前 447 年），入戰國後三十四年。滅蔡。二十四年（西元前 445 年），入戰國後三十六年。又滅杞。是時越已滅吳，而不能正淮北。楚東侵，廣地至泗上，遂為滅越之基。

▶ 第八節　戰國形勢

　　春秋以後，又二百六十年，而天下始歸於統一。周敬王四十年（西元前 480 年），至秦始皇帝二十六年（西元前 221 年）。當是時也，海內分為戰國七。曩所謂二等國者，日益陵夷，不復足為諸大國間之緩衝。諸大國則爭戰益烈，終至由爭霸之局，易為併吞之局焉。此蓋事勢之自然，非人力所能為也。列國形勢之變遷，以晉之分，關係為最大。蓋齊、秦地皆較偏，力亦較弱，春秋時，持南北分霸之局者，實以晉、楚為較久。晉分而弱，不足御秦，則中原之勢，折而入秦，齊、楚皆為之弱，而燕無論矣。晉之分，亦出事勢之自然。蓋統一必以漸臻。春秋時之大國，地兼數圻，

本非開拓之力所及，遂有尾大不掉之勢。其分也，非分也，前此本非真合也。分裂以後，各君其國，各子其民，治理既專，開發彌易，則其四竟之內，風同道一，或反有過曩時矣。田氏篡齊，事與三家分晉一律，唯齊之疆域，視晉為狹，故為田氏一家控馭之力所及，而晉則不然耳。燕之強，亦與晉、楚、齊、秦及吳、越之強同道，特為時較遲而已。

晉大夫之漸強，蓋自屬公之見弒。說本《史記・趙世家》。至平公以後而益甚。其時韓、趙、魏、范、中行及知氏，並稱六卿。范、中行氏先亡，知氏又以過剛而折，而業遂集於三家焉。今略述三家緣起，及其分晉之事如下。

趙之先曰造父，已見第九章第二節。自造父以下六世至奄父，曰公仲。周宣王時伐戎為御。千畝之戰，奄父脫宣王。奄父生叔帶。叔帶時，周幽王無道，去周如晉，事晉文侯，始建趙氏於晉國。自叔帶以下，趙宗益興。五世而生趙夙。晉獻公伐霍、魏、耿，趙夙為將。獻公賜趙夙耿。夙生共孟。共孟生趙衰，事重耳。重耳奔翟，趙衰從。翟伐廧咎如，得二女，以其少女妻重耳，長女妻趙衰。生盾。初，重耳在晉時，衰妻亦生同、括、嬰齊。反國，趙衰為原大夫。晉之妻固要迎翟妻，而以其子盾為適嗣。晉襄公之六年，周襄王三十年（西元前 622 年），入春秋後百有一年。衰卒，諡為成季。盾任國政。靈公立，益專，靈公欲殺盾，盾亡。未出境，趙穿弒靈公，立成公。盾復反，任國政。景公時，盾卒，諡為宣孟。子朔嗣。朔娶晉成公姊為夫人。晉景公三年，周定王十年（西元前 597 年），入春秋後百二十六年。大夫屠岸賈者，始有寵於靈公，至景公為司寇，乃治靈公之賊。與諸將攻趙氏，殺朔、同、括、嬰齊，皆滅其族。朔妻有遺腹，走公宮匿，生男。屠岸賈聞之，索於宮中，朔客公孫杵臼及程嬰謀，取他人嬰兒負之，衣以文葆，匿山中。程嬰出繆謂諸將軍曰：「嬰不肖，不能立趙孤，誰能與我千金，吾告趙氏孤處。」諸將軍皆喜，許

之。發師隨嬰攻杵白。遂殺杵臼與孤兒。然趙氏真孤乃反在。居十五年晉景公十七年，周簡王三年（西元前 583 年），入春秋後百四十年。晉景公疾卜之，大業之後不遂者為祟。景公問韓厥。厥知趙孤在，乃曰：「大業之後，在晉絕祀者，其趙氏乎？」於是景公因韓厥之眾，以脅諸將而見趙孤。趙孤名曰武，遂反與程嬰、趙武攻屠岸賈，滅其族，復與趙武田邑如故。以上據《史記》。《左氏》：趙嬰通於趙朔妻莊姬。同、括放之，莊姬譖同、括曰：將為亂。晉殺同、括。武從莊姬育於公宮。以韓厥言復立。無屠岸賈事。嬰亦前死，非與同、括同謀。見成公五年、八年。嬰，盾弟。莊姬，杜預以為成公女，賈、服同，見《疏》。武續趙宗二十七年，晉平公立。周靈王十五年（西元前 555 年），入春秋後百六十六年。平公十二年，周靈王二十六年（西元前 546 年），入春秋後百七十七年。武死。謚為文子。文子生景叔。《索隱》：「《系本》云：名成。」景叔生鞅，是為簡子。

　　魏之先，畢公高之後也。畢公高與周同姓。《索隱》：「《左傳》富辰說文王之子十六國，有畢、原、豐、郇，言畢公是文王之子。此云與周同姓，似不用《左氏》之說。」武王之伐紂，而高封於畢，於是為畢姓。其後絕封，為庶人。或在中國，或在夷狄。其苗裔曰畢萬，事晉獻公。獻公之十六年，周惠王十六年（西元前 661 年），入春秋後六十二年。以魏封畢萬為大夫。生武子。以魏諸子事晉公子重耳。重耳立為晉文公，而令魏武子襲魏氏之後。列為大夫，治於魏。生悼子。徙治霍。生魏絳。事晉悼公。徙治安邑。今山西夏縣。謚為昭子。生魏嬴。嬴生魏獻子。獻子事晉昭公。生侈。《索隱》：「《系本》：獻子生簡子取，取生襄子侈，而《左傳》云魏曼多是也，則侈是襄子中間少簡子一代。」魏侈之孫曰魏桓子。《索隱》：「《系本》云：襄子生桓子駒。」

　　韓之先，與周同姓，姓姬氏，其後苗裔事晉，得封於韓原，曰韓武

子。《索隱》：「按《左氏傳》云：邗、晉、應、韓，武之穆，則韓是武王之
子。然《詩》稱韓侯出祖，則是有韓而先滅。今據此文云其後裔事晉，封
於原，曰韓武子，則武子本是韓侯之後，晉又封之於韓原。然按《系本》
及《左傳》舊說，皆謂韓萬是曲沃桓叔之子，即是晉之支庶。又《國語》：
叔向謂韓宣子能修武子之德，起再拜謝曰：自桓叔以下，嘉吾子之賜，亦
言桓叔是韓之祖也。今以韓侯之後，別有桓叔，非關曲沃之桓叔，如此，
則與太史公意，亦有違耳。」武子後三世有韓厥。《索隱》：「《系本》云：
萬生賕伯，賕伯生定伯簡，簡生輿，輿生獻子厥。」《左氏》宣公十二年
《正義》云：「〈韓世家〉云：韓之先事晉，得封韓原，曰韓武子。後三世
有韓厥。《世本》云：桓叔生子萬。萬生求伯，求伯生子輿，子輿生獻子
厥。《史記》所云武子，蓋韓萬也。如彼二文，厥是萬之曾孫，而服虔、
杜預，皆言厥韓萬玄孫，不知何所據也。」案如《索隱》所引，厥實為萬之
玄孫，不知《義疏》引《世本》何以少一代。晉作六卿，韓厥在一卿之位，
號為獻子。卒，子宣子代。宣子徙居州。《索隱》：「宣子名起。州今在河
內是也。」《正義》：「《括地誌》云：懷州武德縣，本周司寇蘇忿生之州邑
也。」周武德，今河南沁陽縣。卒，子貞子代。貞子徙居平陽。《索隱》：
「《系本》作平子，名頃，宣子子也，又云：景子居平陽。」卒，子簡子代。
卒，子莊子代。《集解》：「徐廣曰：《史記》多無簡子、莊子，而云貞子生
康子。班氏亦同。」《索隱》：「按《系本》有簡子，名不信，莊子名庚，〈趙
系家〉亦有簡子，名不佞也。」卒，子康子代。《索隱》：「康子名虎。」

　　晉平公以周景王十三年（西元前 532 年）卒。入春秋後百九十一年。
子昭公夷立。十九年（西元前 526 年），入春秋後百九十七年。卒，子頃
公去疾立。敬王六年（西元前 514 年），入春秋後二百有九年。晉之宗室
祁氏、羊舌氏相惡。六卿誅之，盡取其邑為十縣。六卿各令其子弟為之大
夫。八年（西元前 512 年），入春秋後二百十一年。頃公卒，子定公午立。

二十三年（西元前 497 年），入春秋後二百二十六年。趙氏與范、中行氏相攻，至三十年（西元前 490 年），入春秋後二百三十三年。而范、中行氏敗奔齊，已見前。元王二年（西元前 477 年），入戰國後六年。定公卒，子出公鑿立。《表》作錯。《索隱》：「《系本》作鑿。」貞定王五年（西元前 464 年），入戰國後十七年。知伯伐鄭。趙簡子疾，使太子毋恤將而圍鄭。知伯醉，以酒灌擊毋恤，毋恤慍知伯。知伯歸，因謂簡子，使廢毋恤。簡子不聽，毋恤由此怨知伯。十一年（西元前 458 年），入戰國後二十三年。知伯與趙、韓、魏共分范、中行地以為邑。出公怒，告齊、魯，欲以伐四卿。四卿恐，遂反，攻出公。出公奔齊，道死。知伯立昭公曾孫驕，是為哀公。《索隱》：「按〈趙系家〉云：驕是為懿公。又《年表》云：出公十八年。次哀公忌，二年次懿公驕，十七年。」《集解》：「徐廣曰：《年表》云：出公立十八年。或云二十年。」哀公大父雍，晉昭公少子也，號為戴子。《集解》：「徐廣曰：《世本》作相子雍。《注》云：戴子。」戴子生忌。忌善知伯，蚤死，故知伯欲盡並晉，未敢，乃立忌子驕為君。《索隱》：「《系本》：昭公生桓子雍，雍生忌，忌生懿公驕。」當是時，晉國政皆決知伯，晉哀公不得有所制。知伯遂有范、中行地，最強。知伯請地韓、魏，韓、魏與之。請地趙，趙不與。知伯怒，遂率韓、魏攻趙。趙襄子奔保晉陽。三國攻晉陽，歲餘，引汾水灌其城，城不沒者三版。襄子懼，乃夜使相張孟同同，《戰國策》作談。私於韓、魏，韓、魏與合謀。三國反滅知氏，分其地。時周貞定王十六年（西元前 453 年），人戰國後二十八年也。考王二年（西元前 439 年），入戰國後四十二年。哀公卒，子幽公柳立。幽公之時，晉畏，反朝韓、趙、魏之君。獨有絳、曲沃，餘皆入三晉。威烈王五年（西元前 421 年），入戰國後六十年。幽公淫婦人，夜竊出邑中，盜殺幽公。[109] 魏文侯以兵誅晉亂，立幽公子止，是為烈公。《索隱》：「《系本》云：

---

[109]　婚姻：晉幽公淫，夜出見殺。案古貴族鮮外淫。案古較繁盛唯市。

幽公生烈公止。又《年表》云：魏誅幽公而立其弟止。」二十三年（西元前403 年），入戰國後七十八年。周威烈王賜趙、韓、魏皆命為諸侯。三晉之侯。《史記‧六國表》在是年。〈周本紀〉、〈魏〉、〈趙〉、〈韓〉、〈燕世家〉同。唯〈楚世家〉在簡王八年，為周烈王二年（西元前 424 年）。安王七年（西元前 395 年），入戰國後八十六年。烈公卒，子孝公頎立。《索隱》：「《系本》云：孝公傾。」二十四年（西元前 378 年），入戰國後百有三年。孝公卒，子靜公俱酒立。《索隱》：「《系本》云靜公俱。」二十六年（西元前 376 年），入戰國後百有五年。魏武侯、韓哀侯、趙敬侯滅晉後，而三分其地。靜公遷為家人。晉絕不祀。《索隱》：「〈趙系家〉：烈侯十六年，與韓、魏分晉，封晉君以端氏。肅侯元年，奪晉君端氏，徙處屯留。」案烈侯十六年，為周顯王十年（西元前 359 年），入戰國後百二十二年。肅侯元年，為顯王二十年（西元前 349 年），入戰國後百三十二年也。端氏，今山西沁水縣。屯留，今山西屯留縣。

　　陳完者，陳厲公佗之子也。厲公，文公少子，其母蔡女。文公卒，厲公兄鮑立，是為桓公。桓公與佗異母。桓公病，蔡人殺桓公及太子免而立佗，是為厲公。《左氏》。佗立未踰年，無諡。厲公既立，取蔡女。蔡女淫於蔡人，數歸。厲公亦數如蔡。桓公少子林，怨厲公殺其父與兄，令蔡人誘厲公殺之。自立，是為莊公。以上據〈田敬仲完世家〉。〈陳杞世家〉云：桓公太子免三弟：長曰躍，中曰林，少曰杵臼。共令蔡人誘厲公以好女，與蔡人共殺厲公而立躍，是為利公。五月卒，立中弟林，是為莊公。《左氏》厲公名躍。莊公卒，立少弟杵臼，是為宣公。宣公十一年，周惠王五年（西元前 677 年），入春秋後五十一年也。宣公殺其太子禦寇。禦寇素與完相愛，完恐禍及己，奔齊，桓公使為工正。完卒，諡為敬仲。仲生稚孟夷。《索隱》：「《系本》作夷孟思。蓋稚是名，孟夷字也。」敬仲之如齊，以陳氏為田氏。《集解》：「徐廣曰：應劭云：始食采地，由是改姓田氏。」《索

隱》：「據史此文，敬仲奔齊，以陳田二字聲相近，遂為田氏。」《正義》：「按敬仲既奔齊，不欲稱本故國號，故改陳字為田氏。」案古陳田一字。田稚孟夷生湣孟莊。《集解》：「徐廣曰：一作芷。」《索隱》：「《系本》作閔孟克。」田湣孟莊生文子須無。文子生桓子無宇。有力，事齊莊公，甚有寵。生武子開及釐子乞。乞事齊景公為大夫。其收賦稅以小斗，其粟與民以大斗，行陰德於民，而景公弗禁。由此田氏得齊眾心，宗族益強。周景王十三年（西元前 532 年），入春秋後百九十一年。陳、鮑氏伐欒、高氏，齊同姓。分其室。穆姬景公母。為之請高唐，今山東禹城縣。陳氏始大。景公卒，田乞、鮑牧與大夫攻高國，立悼公，已見前。悼公立，乞為相，專國政，卒，子常代立，是為田成子。鮑牧殺悼公。齊人立其子王，是為簡公。初，簡公與父俱在魯，監止有寵焉。《左氏》作闞止。《集解》：「賈逵曰：闞止，子我也。」〈仲尼弟子列傳〉：「宰予，字子我，宰我為臨菑大夫，與田常作亂，以夷其族。孔子恥之。」案宰我蓋欲為齊強公室，誅權臣，無所謂與田常作亂也。《列傳》之文，蓋傳言之誤。及即位，使為政。此據〈齊世家〉。〈田敬仲世家〉云：成子與監止為左右相。田常復修釐子之政。以大斗出貸，小斗收。田常殺監止。簡公出奔。田氏之徒追執之徐州。遂弒之，而立簡公弟驁，是為平公。時周敬王三十九年（西元前 481 年），獲麟之歲也。平公即位，田常為相，專齊政。懼諸侯共誅己，乃盡歸魯、衛侵地，西約晉、韓、魏、趙氏，南通吳、越之使；修功行賞，親於百姓；以故齊復定。田常於是盡誅鮑、晏、監止及公族之強者，而割齊自安平今河北安平縣。以東至琅邪，自為封邑。封邑大於平公之所有。田常卒，子襄子盤代立。《集解》：「徐廣曰：盤一作暨。」《索隱》：「《系本》作班。」使兄弟宗人，盡為齊都邑大夫。與三晉通使。卒，子莊子白立。《索隱》：「《系本》名伯。」莊子卒，子大公和立。齊平公卒於周貞定王十三年（西元前 456 年），入戰國後二十五年。子宣公積立。威烈王二十一

年（西元前405年），卒，入戰國後七十六年。子康公貸立，淫於酒、婦人，不聽政。安王十年（西元前392年），入戰國後八十九年。大公遷康公於海上，食一城，以奉其先祀。十三年（西元前389年），入戰國後九十二年。大公與魏文侯會濁澤，見第九節。求為諸侯。魏文侯乃使使言周天子及諸侯。周天子許之。十六年（西元前386年），入戰國後九十五年。田和立為齊侯，遷康公海濱。二十三年（西元前379年），入戰國後百有二年。康公卒，呂氏遂絕不祀。

　　《燕召公世家》曰：「召公奭，與周同姓，姓姬氏。」《詩·甘棠箋》云：「召伯姬姓。」《釋文》云：「〈燕世家〉云：與周同姓。孔安國及鄭皆云爾。皇甫謐云：文王之庶子。案《左傳》富辰言文之昭十六國，無燕也。」案《論衡·氣壽篇》云「周公兄」，說與謐合。《穀梁》莊公三十二年，「燕，周之分子也。」周武王之滅紂，封召公於北燕。[110] 其在成王時，召公為三公。自陝以西，召公主之。自陝以東，周公主之。陝，今河南陝縣。案北燕封地，與〈周本紀〉帝堯之後封地同，已見第八章第七節。《史記》於燕事甚略。自召公九世至惠侯，世次不具。惠侯以下，亦僅具世次而已。第十六世桓侯，《集解》引《世本》云：「桓侯徙臨易。」宋忠曰：「今河間易縣是也。」今河北雄縣。子莊公，與宋、衛共伐周惠王。鄭執燕仲父，而納惠王子周。山戎來侵。齊桓公救燕，遂北伐山戎而還。《集解》引譙周曰：「按《春秋傳》，與子頹逐周惠王者，乃南燕姞姓也。〈世家〉以為北燕，失之。」《索隱》駁之，以為伐周與為山戎所侵者，是北燕不疑，訾杜預以仲父是南燕伯為妄說。然北燕與宋、衛，勢不相及。故《左氏》隱公五年，「衛人以燕師伐鄭」，杜《注》亦說為南燕。衡以事勢，說自不誤。侵燕而齊桓伐之者，亦不得在薊、易。竊疑二燕初本相去不遠，北燕後乃逐漸北徙，至易、至薊也。二十五世惠公，多寵姬。欲去諸大夫，而立寵

姬宋。大夫共誅姬宋。《索隱》：「宋其名也。或作宗。劉氏云：其父兄為
執政，故諸大夫共滅之。」惠公懼，奔齊，齊高偃如晉，請共伐燕，入其
君。晉平公許之。與齊伐燕，入惠公。惠公至燕而死。周景王十八年（西
元前 564 年），入春秋後百八十八年。三十世獻公。獻公十二年（西元前
481 年），為魯西狩獲麟之歲，出《春秋》。三十六世文公，始與六國合從
擯秦，見後。

　　春秋時，楚本獨雄南服。及其末葉，吳、越相繼起，而楚始衰。然吳
之亡既忽焉，越稱霸未幾，亦稍即陵夷，而楚仍獨雄南服，則吳、越演
進皆淺，其根柢不如楚之深厚也。考王九年（西元前 432 年），入戰國後
四十九年。楚惠王卒，子簡王中立。明年，滅莒。威烈王十八年（西元前
408 年），入戰國後七十三年。簡王卒，子聲王當立。二十四年（西元前
402 年），入戰國後七十九年。盜殺聲王，子悼王熊疑立。安王二十一年
（西元前 381 年）卒，入戰國後百年。子肅王臧立。六年（西元前 375 年）
卒，入戰國後百十一年。無子，立其弟熊良夫，是為宣王。顯王二十九年
（西元前 340 年），入戰國後百四十一年。卒，子威王熊商立。威王七年
（西元前 333 年），齊孟嘗君父田嬰欺楚。楚威王伐齊，敗之徐州。《表》
亦云圍齊於徐州。《集解》云：「徐廣曰：時已滅越而伐齊也。齊說越令攻
楚，故云齊欺楚。」案楚威王七年，為周顯王三十六年（西元前 333 年）。
入戰國後百四十八年。〈越世家〉云：「勾踐卒，子王鼫與立。王鼫與卒，
子王不壽立。王不壽卒，子王翁立。王翁卒，子王翳立。王翳卒，子王之
侯立。王之侯卒，子王無強立。王無強時，越興師北伐齊，西伐楚，與
中國爭強。當楚威王之時，越北伐齊，齊威王使人說越王，越遂釋齊而
伐楚。楚威王興兵而伐之。大破越，殺王無強。盡取吳故地，至浙江。
北破齊於徐州。而越以此散。諸族子爭立，或為王，或為君，濱於江南
海上，服朝於楚。」《集解》引徐廣，又謂其事在周顯王四十六年（西元前

323 年）。入戰國後百五十八年。周顯王四十六年（西元前 323 年），為楚懷王槐六年，威王以顯王四十年（西元前 329 年）卒，入戰國後百五十二年。魏間楚喪以伐楚，取陘山。《正義》：「《括地誌》云：陘山，在鄭州新鄭縣西南三十里。」唐新鄭，今河南新鄭縣。是年，楚使柱國昭陽攻破之於襄陵，今山西襄陵縣。得八邑。又移兵攻齊，以陳軫說引兵去。《表》亦記是年敗魏襄陵，而不云攻齊，則伐齊之役蓋未果。《越世家集解》所引徐廣說，四十六疑三十六之誤也。《吳越春秋·勾踐伐吳外傳》：「勾踐二十七年卒，太子興夷即位。一年卒，子翁。翁卒，子不揚。不揚卒，子無強。無強卒，子玉。玉卒，子尊。尊卒，子親。自勾踐至於親。其立八主，皆稱霸。積年二百二十四年。親眾皆失，而去琅邪，徙於吳矣。」《越絕書外傳·記地傳》曰：「越王夫鐔以上至夫餘，世久遠，不可紀也。夫鐔子允常。允常子勾踐，大霸，稱王，[111]徙琅邪。勾踐子與夷時霸。與夷子子翁時霸。子翁子不揚時霸。不揚子無強時霸。伐楚。威王滅無強。無強子之侯竊自立為君長。之侯子尊時君長。尊子親失眾，楚伐之，走南山。親以上至勾踐，凡八君，都琅邪，二百二十四歲。無強以上霸，稱王。之侯以下微弱，稱君長。」與《史記》互有異同。要之自勾踐歿後，越與大局，已無甚關係矣。

▶ 第九節　楚悼魏惠齊威宣秦獻孝之強

論戰國事，自當以秦為主。然秦自獻、孝以後，乃「稍以蠶食六國」。《史記·六國表》語。獻西元年，為周安王十八年（西元前 384 年），入戰國已九十七年；孝西元年，為周顯王九年（西元前 360 年），則入戰國百二十年矣。自此以前，秦固為西方僻陋之國。自此以後，魏惠王、齊威、宣、湣王，稱霸東方者，尚垂百年，秦亦未能獨雄也。秦之變蠶食為

---

[111] 政體：大霸稱王，羈君長。

鯨吞，實在戰國末數十年中，此乃事勢際會使然，謂一入戰國，而秦即舉足為大局重輕，則誤矣。

　　入戰國後，首起稱霸者為楚悼王。悼王之立，在周威烈王二十四年（西元前 402 年），入戰國後七十九年也。安王二年（西元前 400 年），入戰國後八十一年。三晉來伐，至乘丘。今山東滋陽縣。四年（西元前 398 年），入戰國後八十三年。楚伐周，敗鄭師，圍鄭。九年（西元前 393 年），入戰國後八十八年。伐韓，取負黍。今河南登封縣西南。十一年（西元前 391 年），入戰國後九十年。三晉伐楚，敗楚大梁、今河南開封縣。榆關。《索隱》：「此榆關當在大梁之西。」楚厚賂秦，與之平。案《史記‧吳起列傳》，言起見疑於魏而奔楚，「楚悼王素聞其賢，至則以為相。起乃明法審令。捐不急之官。廢公族疏遠者，以撫養戰士。要在強兵破馳說之言縱橫者。於是南平百越，北並陳、蔡，卻三晉，西伐秦。諸侯皆患楚之強」。觀其侵韓，圍鄭，可見其兵鋒所至甚遠。雖大梁、榆關，一見挫折，固猶遠在敵境也。然楚貴戚盡欲害起。二十年（西元前 382 年），入戰國後百年。悼王卒，宗室大臣作亂，攻起殺之。於是楚勢衰，而魏繼起矣。

　　三晉形勢，本以趙為最強。《史記‧趙世家》，襄子「北有代，南並知氏，強於韓、魏」。案襄子滅代，在周貞定王十二年（西元前 457 年），入戰國後二十四年也。然敬侯頗荒淫；見《韓非子‧說疑》。而當繼嗣之間，又屢有爭亂；襄子兄伯魯不立。襄子欲傳位於伯魯子代成君周，而代成君先死：乃立代成君子浣為太子。威烈王元年（西元前 425 年），入戰國後五十六年也。襄子卒，浣立，是為獻侯。獻侯少即位，治中牟。襄子弟桓子，逐獻侯，自立於代。明年，卒，國人曰：桓子立非襄子意。乃共殺其子，復迎立獻侯。十七年（西元前 409 年），入戰國後七十二年，卒，子烈侯籍立；安王二年（西元前 400 年），入戰國後八十一年，卒弟武公

立。十五年（西元前 387 年），入戰國後九十四年，卒，趙復立烈侯太子
章，是為敬侯。明年，趙始都邯鄲：公子朔為亂，不勝，奔魏。與魏襲
邯鄲，敗而去。烈王元年（西元前 375 年），入戰國後百有六年，卒，子
成侯種立。顯王十九年（西元前 350 年），入戰國後百三十一年，卒，公
子緤與太子肅侯爭立。緤敗，奔韓。案桓子，《索隱》云：「《系本》云：
襄子子。」武公之立，《索隱》云：「譙周云：《系本》及說《趙語》者，並
無其事，蓋別有所據。」肅侯，《索隱》云：「名語。」中牟，《集解》云：
「《地理志》云：河南中牟縣，趙獻侯自耿徙此：瓚曰：中牟在春秋時，是
鄭之疆內，及三卿分晉，則在魏邦。趙界自漳水以北，不及此。《春秋傳》
曰：衛侯如晉，過中牟，中牟非衛適晉之次也。」《正義》云：「相州湯陰
縣西五十八里有牟山，蓋中牟邑在此山南。」中牟、湯陰，今皆為縣，屬
河南。所引《春秋傳》，見《左氏》定公九年。故人戰國後百年，勢頗弱。
韓世與鄭爭。至周烈王元年（西元前 375 年），入戰國後百有六年。滅之。
蓋乘楚之衰。然亦僅足自守而已。韓康子卒，子武子立。其元年，魏文侯
元年（西元前 424 年）也。伐鄭，殺其君幽公。威烈王十七年（西元前 409
年），入戰國後七十二年。卒，子景侯立。《索隱》云：「《世本》作景子，
名虔。」十八年（西元前 408 年），入戰國後七十三年，伐鄭，取雍丘。明
年，鄭敗我負黍。安王二年（西元前 400 年），入戰國後八十一年，鄭圍
我陽翟。是歲，景侯卒，子列侯取立。《索隱》云：「《世本》作武侯。」
十五年（西元前 387 年），入戰國後九十四年，卒，子文侯立。十七年（西
元前 385 年），入戰國後九十六年，卒，子哀侯立。滅鄭，因徙都鄭。雍
丘，今河南杞縣。陽翟，今河南禹縣。唯魏文侯、武侯兩世皆賢君，魏文
侯：《史記》云：名都，桓子孫。《集解》引：「徐廣曰：《世本》名斯。」《索
隱》曰：「《世表》桓子生文侯斯。其《傳》云：孺子痵，是魏駒之子。」立
於威烈王二年（西元前 424 年），即入戰國後五十七年。至安王十五年（西

元前 400 年），即入戰國後九十五年乃卒。子武侯擊立。烈王五年（西元前
371 年），即入戰國後百十年卒。子罃立，是為惠王。席履頗厚，故魏惠
王繼楚悼王之後，而欲圖霸焉。按《孟子書》稱梁惠王曰：「晉國天下莫強
焉。」〈梁惠王上〉。而《史記》等書，亦屢稱魏為晉，蓋魏都安邑，與絳
密邇，實襲晉之舊業。唯然，故秦與魏最相逼近，武侯用吳起守西河，侵
秦頗亟。吳起去，秦獻公起，魏已頗受挫折，而惠王仍務於東而忽於西，
遂使秦如虎兕之出柙，此實戰國事勢之一轉捩，而秦雄張之始也。初，
秦哀公以周敬王十九年（西元前 501 年）卒，入春秋後二百二十二年。太
子夷公早死。立其子，是為惠公。二十九年（西元前 491 年）卒。入春秋
後二百三十二年。子悼公立，四十三年（西元前 477 年）卒。入戰國後四
年。在位十四年，〈秦始皇本紀〉云十五年。子厲共公立，〈秦始皇本紀〉
作剌龔公。《正義》云：「剌一作利。」二十六年（西元前 443 年）卒。入戰
國後三十八年。子躁公立。考王十二年（西元前 428 年），卒。入戰國後
五十二年。立其弟懷公。威烈王元年（西元前 425 年），入戰國後五十六
年。庶長晁與大臣圍懷公。懷公自殺。懷公太子曰昭子，早死。大臣立昭
子之子，是為靈公。〈秦始皇本紀〉作肅靈公。《索隱》云：《系本》無肅
字。七年（西元前 419 年），入戰國後六十二年。魏城少梁，今陝西韓城
縣。秦擊之。此據〈秦本紀〉。《表》與魏戰少梁在明年。十一年（西元前
415 年），入戰國後六十六年。補龐。城籍姑。此從表。《本紀》城籍姑在
十四年（西元前 412 年），不云補龐。《索隱》云：「龐及籍姑，皆城邑之
名。補者，修也。謂修龐而城籍姑也。」《正義》云：「《括地誌》云：籍姑
故城，在韓城縣北三十五里。」是歲，靈公卒。在位十一年。此從《表》。
〈秦始皇本紀〉同。〈秦本紀〉在位十三年。子獻公不得立。立靈公季父悼
子，《表》同。是為簡公。簡公昭子之弟，而懷公子也。《始皇本紀》云：
「靈公生簡公。」十三年（西元前 413 年），入戰國後六十八年。與晉戰，

敗鄭下。今陝西華縣。十四年（西元前 412 年），入戰國後六十九年。魏文侯使子擊圍繁、龐，出其民。十七年（西元前 409 年），入戰國後七十二年。魏伐秦，築臨晉、今陝西大荔縣。元里。今陝西澄城縣。秦塹洛，城重泉。今陝西蒲城縣。十八年（西元前 408 年），入戰國後七十三年。魏伐秦，至鄭。築雒陰、在大荔縣西。合陽。今陝西郃陽縣。安王元年（西元前 401 年），入戰國後八十年。秦伐魏，至陽狐。二年（西元前 400 年），入戰國後八十一年。卒，從《表》。〈秦始皇本紀〉同。〈秦本紀〉多一年。子惠公立。十一年（西元前 391 年），入戰國後九十年。伐韓宜陽，今河南宜陽縣。取六邑。十二年（西元前 390 年），入戰國後九十一年。與晉戰武城。今陝西華縣。縣陝。今河南陝縣。十三年（西元前 389 年），入戰國後九十二年。侵魏陰晉。今陝西華陰縣。十五年（西元前 387 年），入戰國後九十四年。魏伐秦，敗於武下。是歲，秦惠公卒，子出子立。十七年（西元前 385 年），入戰國後九十六年。庶長改迎獻公於河西而立之。《索隱》：「名師隰。《世本》作元獻公。」殺出子及其母，沉之淵旁。《史記》云：「秦以往者數易君，君臣乖亂，故晉復彊，奪秦河西地。」案孝公令言河西見奪，由於厲、躁、簡公、出子之不寧。自厲共公至此幾百年，則秦為晉弱舊矣。獻公立，秦事始有轉機。十八年（西元前 384 年），入戰國後九十八年。城櫟陽。《集解》：「徐廣曰：徙都之。今萬年縣也。」案萬年，今陝西長安縣。徙都是據孝公令為說，然未必在是年也。烈王二年（西元前 374 年），入戰國後百有七年。縣之。顯王三年（西元前 366 年），入戰國後百十五年。敗韓、魏雒陰。五年（西元前 371 年），入戰國後百十七年。與晉戰於石門。今陝西涇陽縣。斬首六萬。天子賀以黼黻。七年（西元前 369 年），入戰國後百十九年。與魏戰少梁。此依《表》，《本紀》作魏晉。蓋本作晉，後人側注魏字，混入本字也。虜其將公孫痤。明年，卒。依《表》，在位二十四年。〈秦本紀〉、〈秦始皇本紀〉皆二十三年。《索隱》

云：《系本》二十二年。子孝公立。孝西元年（西元前 361 年），河山以東強國六，淮、泗之間小國十餘。楚、魏與秦接界。魏築長城，自鄭濱洛以北，有上郡。秦上郡，治今陝西綏德縣。楚自漢中秦漢中郡，治今陝西南鄭縣。南有巴、秦巴郡，治今四川江北縣。黔中。秦黔中郡，治今湖南沅陵縣。秦僻在雍州，不與中國諸侯之會盟，夷翟遇之。孝公於是布惠，振孤寡，招戰士，明功賞。下令國中曰：「昔我繆公，自岐、雍之間，修德行武。東平晉亂，以河為界。西霸戎翟，廣地千里。天子致伯，諸侯畢賀。為後世開業甚光美。會往者厲、躁、簡公、出子之不寧，國家內憂，未遑外事，三晉攻奪我先君河西地，諸侯卑秦，醜莫大焉。獻公即位，鎮撫邊竟，徙治櫟陽。且欲東伐，復繆公之故地，修繆公之政令。寡人思念先君之意，常痛於心。賓客群臣，有能出奇計強秦者，吾且尊官，與之分土。」衛鞅聞是令下，西入秦。十年（西元前 352 年），入戰國後百二十二年。衛鞅說孝公變法脩刑，內務耕稼，外勸戰死之賞罰。孝公善之。甘龍、杜摯等弗然，相與爭之。卒用鞅法。秦勢益張，只在待時而動矣。而魏又授之以隙。

　　魏武侯之卒，惠王與公中緩爭立。韓懿侯與趙成侯伐之。戰於濁澤，此據〈魏世家〉。〈趙世家〉、《六國表》皆作涿澤。《集解》：「徐廣曰：長社有濁澤。」案長社，今河南長葛縣。魏氏大敗。魏君圍。趙謂韓曰：「除魏君，立公中緩，割地而退。」韓曰：「不如兩分之。魏分為兩，不強於宋、衛，則我終無魏患矣。」趙不聽。韓不說以其少卒夜去。惠王乃得身不死，國不分。然魏是時本富強，惠王蓋亦有為之主，故無幾即復振。顯王十三年（西元前 356 年），入戰國後百二十五年。魯、衛、宋、鄭之君，皆朝於魏。可見魏在東方形勢甚張。十五年（西元前 354 年），入戰國後百二十七年。魏遂舉兵以圍邯鄲。明年，拔之。邯鄲之圍也，趙求救於齊。齊威王大公田和，以周安王十八年（西元前 384 年），即入戰國後

九十七年卒。子桓公午立。二十三年（西元前 379 年），即入戰國後百有二年卒，子威王因齊立。用段干朋策，使田忌南攻襄陵。今河南睢縣。邯鄲拔，齊因起兵擊魏，大敗之桂陵。今山東菏澤縣。魏圍邯鄲之歲，秦與魏戰元里，斬首七千，取少梁。十七年（西元前 352 年）。入戰國後百二十九年。衛鞅圍魏安邑，降之。諸侯亦圍魏襄陵。十八年（西元前 351 年），入戰國後百三十年。魏乃歸趙邯鄲，與盟漳水上。十九年（西元前 350 年），入戰國後百三十一年。秦作咸陽，今陝西長安縣東。築冀闕，徙都之。並諸小鄉聚集為大縣，縣一令。四十一縣。此從《本紀》。《表》及《商君列傳》皆作三十一。為田開阡陌。東地渡洛。二十一年（西元前 348 年），入戰國後百三十三年。初為賦。二十六年（西元前 343 年），入戰國後百三十八年。天子致霸。是歲，齊威王卒，子宣王辟強立。明年，秦使公子少官率師會諸侯於逢澤，《集解》：「徐廣曰：開封東北有逢澤。」《正義》：「《括地誌》云：在汴州浚儀縣東南四十里。」唐浚儀，在今河南開封縣西北。朝天子。案《戰國・秦策》言魏伐邯鄲，退為逢澤之遇，乘夏車，稱夏王，朝天子，天下皆從；《齊策》言魏拔邯鄲，又從十二諸侯朝天子；則逢澤之會，猶是魏為主而秦從之。然秦在是時，已非擯不得與於中國會盟者矣。二十八年（西元前 341 年），入戰國後百四十年。魏復伐趙。趙與韓親，共擊魏，不利。韓請救於齊。齊宣王用孫臏計，陰告韓使者而遣之。韓因恃齊，五戰不勝，而東委國於齊。齊起兵救韓、趙。魏遂大興師，使龐涓將，太子申為大將軍。蓋傾國以求一決。然大敗於馬陵，《集解》引徐廣云：「在元城。」《正義》引虞喜《志林》云：「在 - 城。」案元城，今河北大名縣。- 城，今山東濮縣。龐涓死，太子申虜。明年，秦、趙、齊共伐魏。衛鞅虜魏公子卬，東地至河。齊、趙亦數破梁。梁以安邑去秦近，徙都大梁。此文據〈魏世家〉。若據〈秦本紀〉，則衛鞅先已降魏安邑，惠王不得至是始徙都。然〈秦本紀〉昭襄王二十一年（西元前 286 年），又云

「魏獻安邑。」《六國表》同。昭襄王二十一年，為周赧王二十九年（西元前 286 年），入戰國已百九十五年矣。疆場之役；一彼一此，史亦不能盡紀也。三十一年（西元前 338 年），入戰國後百四十三年。秦破魏雁門，《索隱》：「《紀年》云：與魏戰岸門，此云雁門，恐聲誤也。下云敗韓岸門，蓋一地也，尋秦與韓、魏戰，不當遠至雁門也。」《正義》：「《括地誌》云：岸門，在許州長社縣西北二十八里。」案長社為今河南許昌縣地。當時秦、魏之戰，似亦未必在此也。虜其將魏錯。魏遂不能復振。三十三年（西元前 336 年），入戰國後百四十五年。與齊會平阿南。今安徽懷遠縣。明年，復會於甄。今山東濮縣。是歲惠王卒。子襄王立。明年，齊、魏會於徐州。《秦策》言魏為逢澤之遇，齊大公聞之，舉兵伐魏。梁王身抱質執璧，請為陳侯臣。《史記・孟嘗君列傳》言：田嬰使於韓、魏，韓、魏服於齊，乃有東阿之盟。蓋自馬陵之戰以來，齊已執東方牛耳矣。徐州之會，〈世家〉及《表》皆云相王。〈魏世家〉又云：追尊父惠王為王。而〈田敬仲世家〉，於桂陵戰後，又云：「於是齊最強於諸侯，自稱為王，以令天下。」則雖交有稱王之名，梁實非齊敵也。三十七年（西元前 332 年），入戰國後百四十九年。齊與魏伐趙，趙決河水灌齊、魏兵，兵乃罷。蓋是時趙反不服齊，然亦未足為齊之勁敵也。

▶ 第十節　齊湣王之強

魏惠王圖霸之時，兵鋒專向於趙，遂至力盡而俱敝。時韓昭侯在位，用申不害為相。史稱其「修術行道，國內以治，諸侯不來侵伐。」韓哀侯以周烈王五年（西元前 371 年），即入戰國後百十年，為其下所弒。子懿侯立。《表》作莊侯。顯王十二年（西元前 357 年），即入戰國後百二十四年，卒。子昭侯立。十八年（西元前 351 年），即入戰國後百三十年，以申不害為相。申不害至顯王三十二年（西元前 336 年），即入戰國後百四十四年乃

卒，見《六國表》。然亦僅足自保而已。東方之地，乃成為齊、楚爭霸之局。齊、魏會於徐州之歲，楚威王伐齊，已見第八節。是役也，〈楚世家〉云由田嬰欺楚。徐廣云：齊說越攻楚，故云欺楚。然《孟嘗君傳》謂楚聞徐州之會而怒，則實非由越起也。周顯王四十年（西元前329年），入戰國後百五十二年。楚威王卒，子懷王槐立。四十五年（西元前324年），入戰國後百五十七年。齊宣王卒，子湣王地立。《索隱》云：「《系本》名遂。」明年，楚破魏襄陵。欲移兵攻齊，以陳軫說而止。亦見第八節。然懷王之為人，似無能為，遂為齊、秦所挫折。

秦孝公以周顯王三十一年（西元前337年）卒，入戰國後百四十三年。子惠文君立。誅商鞅。然秦富強之基已立，故國勢初不因是而損。三十五年（西元前334年），入戰國後百四十七年。蘇秦始說六國合從以擯秦。案秦之說始於燕，而其後身歸於趙，蓋是時，與秦逼近者莫若三晉，而趙、魏皆當累戰之餘，國尤疲敝。秦之策，蓋欲合三晉以自完，云合六國者侈辭也。《秦傳》云：「秦既約六國從親，歸趙，趙肅侯封為武安君。乃投從約書於秦。秦兵不敢窺函谷關者十五年。」[112] 案〈燕世家〉，蘇秦之說燕文公，在其二十八年（西元前334年）。明年，文公卒，子易王立。凡十二年（西元前321年）而子王噲立。《秦傳》敘齊大夫使人刺秦，事在燕噲立後。若在燕噲元年（西元前320年），則自秦說文公至此，適十五年也。秦兵不敢窺函谷關者十五年，乃策士誇張蘇秦之語，本非實錄。後更習為口頭禪。《范雎蔡澤列傳》，雎說秦昭王曰：「夫以秦卒之勇，車騎之眾，以治諸侯，譬若馳韓盧而搏蹇兔也，霸王之業可致也，而群臣莫當其位。至今閉關十五年，不敢窺兵於山東。」雎之說，在秦昭王四十一年，即周報王四十九年（西元前266年），入戰國二百十五年，蘇秦之死，已五十餘年矣。古書之辭不審諦，不可輕信如此。然其策殊無驗。三十七年

---

[112]　史事：秦兵不敢出函谷關者十五年。

（西元前 332 年），入戰國後百四十九年。魏即納陰晉於秦。明年，秦公子卬與魏戰，虜其將龍賈，斬首八萬。三十九年（西元前 330 年），入戰國後百五十一年。魏納河西地。四十年（西元前 329 年），入戰國後百五十二年。秦渡河，取汾陰、今山西滎河縣。皮氏。今山西河津縣。圍焦，今河南陝縣南。降之。四十一年（西元前 328 年），入戰國後百五十三年。張儀說魏。魏人上郡、少梁於秦。秦以儀為相。是歲，秦又降蒲陽。即蒲阪。敗趙，取藺離石。皆今山西離石縣地。四十二年（西元前 327 年），入戰國後百五十四年。歸魏焦、曲沃。四十四年（西元前 325 年），入戰國後百五十六年。張儀伐取陝，出其人與魏。四十六年（西元前 323 年），入戰國後百五十八年。張儀相魏，欲令魏先事秦，而諸侯效之，魏王不聽。明年，秦伐魏，取曲沃、平周。今山西介休縣。慎靚王二年（西元前 319 年），入戰國後百六十二年。魏襄王卒，子哀王立。張儀復說哀王。哀王不聽。秦伐魏，敗之鄢。《表》云取鄢。三年（西元前 318 年），入戰國後百六十三年。為秦惠王后元七年，楚懷王十一年。〈秦本紀〉云：「韓、趙、魏、燕、齊帥匈奴共攻秦。」〈楚世家〉云：「蘇秦約從山東六國共攻，秦，楚懷王為從長。至函谷關，秦出兵，六國兵皆引而歸，齊獨後。」《六國表》於秦云：「五國兵擊秦，不勝而還。」於魏、韓、趙、楚、燕，皆云「擊秦不勝」。於齊獨無文。疑是役齊實持兩端，〈秦本紀〉之齊字，乃楚字之誤也。明年，趙、韓、魏攻秦。秦庶長疾與韓戰修魚，春秋時蕭魚，見第五節。虜其將申差。敗趙公子渴、韓太子奐，斬首八萬二千。而齊亦以是時敗魏於觀津，一似與秦聲勢相倚者。於是魏哀王不復能支，聽張儀說，請成於秦。秦兵乃轉向韓、趙。五年（西元前 316 年），入戰國後百六十五年。伐取趙中都、今山西平遙縣。西陽。今離石縣西。六年（西元前 315 年），入戰國後百六十六年。伐取韓石章。《正義》：「韓地名也。」伐敗趙將泥。《表》作將軍英。赧王元年（西元前 314 年），入戰國後百六十七

年。魏復倍秦為從。秦攻魏，取曲沃。樗里疾攻魏焦，降之。敗韓岸門，斬首萬。二年（西元前 313 年），入戰國後百六十八年。庶長疾攻趙，虜趙將莊。〈趙世家〉作趙莊。魏復事秦。四年（西元前 311 年），入戰國後百七十年。惠王卒，在位十四年。〈秦始皇本紀〉云：惠文君享國二十七年。子武王立。逐張儀。以樗里疾、甘茂為左右相。七年（西元前 308年），入戰國後百七十三年。使甘茂伐宜陽。明年，拔之。斬首六萬。涉河，城武遂。今山西臨汾縣西南。武王有力，好戲。與力士孟說舉鼎，絕臏死。武王取魏女為後，無子。立異母弟，是為昭襄王。九年（西元前306 年），入戰國後百七十五年。復與韓武遂。十二年（西元前 303 年），入戰國後百七十八年。復取之。遂攻魏，拔蒲陰、今山西永濟縣北。陽晉、今山西虞鄉縣西。封陵。永濟南。明年，魏與秦會臨晉。秦復與魏蒲阪。時齊湣王尚東與楚競，未暇合三晉西擯秦也。

　　六國之攻秦，楚為從長，可見是時楚勢之強。故齊湣王首欲挫之。〈楚世家〉云：秦欲伐齊，而楚與齊從親。惠王患之，乃使張儀南見楚王，說以絕齊，予故秦所分楚商於之地，方六百里。懷王說。陳軫諫，弗聽。使一將軍西受封。張儀至秦，陽醉，墜車，稱病不出。三月，地不可得。楚王曰：儀以吾絕齊為尚薄乎？乃使勇士宋遺北辱齊王。齊王大怒，折楚符而合於秦。秦、齊之交合，張儀乃起朝，謂楚將軍曰：子何不受地？從某至某，廣袤六里。楚將軍歸報，懷王大怒。興師將伐秦，陳軫又曰：伐秦非計也，不如因賂之一名都，與之伐齊。王不聽。發兵西攻秦。時周赧王二年（西元前 319 年）也。入戰國後百六十八年。明年，秦庶長章擊楚於丹陽，見第八章第八節。虜其將屈匄，斬首八萬。〈韓世家〉：與秦共攻楚，敗楚將屈匄，斬首八萬於丹陽。又攻楚漢中，取地六百里。置漢中郡。懷王大怒，悉國兵復襲秦。戰於藍田，今陝西藍田縣。大敗。韓、魏聞楚之困，乃南襲楚，至於鄧。楚聞之，乃引兵歸。四年（西元前 311

年），入戰國後百七十年。秦伐楚，取召陵。使使約復與楚親，分漢中之半以和楚，楚王曰：願得張儀，不願得地。儀使楚，私於左右靳尚。靳尚為請，又因夫人鄭袖，言張儀而出之，儀因說楚王以叛從約而與秦合親，約昏姻。是歲，惠王卒，武王立。韓、魏、齊、楚、越《集解》徐廣曰：一作趙。案作趙是也。皆賓從。八年（西元前307年），入戰國後百七十四年。武王卒，昭襄王立。時齊湣王欲為從長，惡楚之與秦合，使使遺楚王書。懷王許之。十年（西元前305年），入戰國後百七十六年。復倍齊而合秦。秦厚賂，迎婦於楚。楚亦迎婦於秦。十一年（西元前304年），入戰國後百七十七年。懷王與秦昭王會於黃棘。今河南新野縣。秦復與楚上庸。春秋時庸國地，今湖北竹山縣。十二年（西元前303年），入戰國後百七十八年。齊、韓、魏伐楚，楚使太子質秦，秦遣客卿通將兵救楚，三國引兵去。十三年（西元前302年），入戰國後百七十九年。秦大夫有私與楚太子鬥，楚太子殺之而亡歸。十四年（西元前301年），入戰國後百八十年。秦乃與齊、韓、魏共攻楚方城，殺其將唐昧。十五年（西元前300年），入戰國後百八十一年。秦復攻楚。大破楚軍，殺其將景缺。懷王恐，使太子為質於齊以求平。十六年（西元前299年），入戰國後百八十二年。秦遺楚王書：願會武關，今陝西商縣東。面相約結盟。詐令一將軍伏兵武關，號為秦王。楚王至，則閉武關。遂與西至咸陽，要以割巫、今四川巫山縣。黔中之郡。楚王不許。秦因留之。楚詐赴於齊。齊歸楚太子。太子橫至，立為王，是為頃襄王。乃告於秦曰：賴社稷神靈，國有王矣。十七年（西元前298年），入戰國後百八十三年。秦昭王怒。發兵出武關攻楚，大敗楚軍，取析十五城而去。《表》作十六城。析，今河南內鄉縣。是歲，齊、韓、魏共擊秦。敗其軍函谷。十八年（西元前297年），入戰國後百八十四年。楚懷王亡，逃歸。秦覺之，遮楚道。懷王恐，乃從間道走趙。趙主父居代，其子惠王初立，行王事，不敢入楚王。楚王欲走魏。秦

追至，遂與秦使復至秦。懷王遂發病。十九年（西元前 296 年），入戰國後百八十五年。卒於秦。是歲，齊、韓、魏、趙、宋、中山五國共攻秦。至鹽氏，今山西安邑縣。秦與韓、魏河北及封陵以和。《表》云：「與魏封陵，與韓武遂。」魏哀王卒，子昭王立。二十年（西元前 294 年），入戰國後百八十六年。秦拔魏襄城。今河南襄城縣。二十一年（西元前 293 年），入戰國後百八十七年。向壽伐韓，取武始。今河北邯鄲縣。左更白起攻新城。今河南洛陽縣南。二十二年（西元前 292 年），入戰國後百八十八年。周與韓、魏攻秦。左更白起攻韓、魏於伊闕，洛陽縣南。斬首二十四萬。秦乃遺楚王書曰：楚倍秦，秦且率諸侯伐楚。頃襄王患之。二十三年（西元前 291 年），入戰國後百八十九年。楚迎婦於秦。秦、楚復平。史所傳楚懷王事，本於《戰國策》。《戰國策》乃縱橫家之書，誕妄幾類平話，絕不足信。蓋其時三晉皆衰，唯楚承威王之後，聲勢與齊、秦埒，故齊、秦皆欲破壞之，適會楚懷王之愚闇，遂至為所播弄。其時楚受秦欺，不可謂不深，然卒仍合於秦，則齊湣王之不可親，殆有甚於秦者，特其事無可考耳。齊再合諸侯以攻秦，使之割地，其聲勢不可謂不盛。然既不能終助韓、魏，又敗楚以開秦南出之路，而又敝其力於燕、宋，卒至身死國亡，諸侯遂更無足與秦抗者，此則事勢之遷流，有以為秦驅除難者也。

　　燕文王以周顯王三十六年（西元前 333 年）卒。入戰國後百四十八年。子易王立。四十六年（西元前 323 年），入戰國後百五十八年。始稱王。四十八年（西元前 321 年）入戰國後百六十年。卒，子噲立。屬國於相子之。三年（西元前 318 年），國大亂。將軍市被與太子平謀，將攻子之。齊王令人謂太子平：「唯太子所以令之。」太子因要黨聚眾。將軍市被圍公宮，攻子之，不克，反攻太子平。構難數月，死者數萬。齊王因令章子將五都之兵，因北地之眾以伐燕。燕士卒不戰，城門不閉。燕君噲死，子之亡。時周赧王元年（西元前 314 年）也。入戰國後百六十七年。三年

（西元前 312 年），入戰國後百六十九年。燕人乃共立太子平，是為昭王。
〈燕世家〉言攻子之者為太子平，《六國表》則云：「君噲及太子、相子之皆
死，燕人共立公子平。」疑平實非太子也。又〈趙世家〉：武靈王十一年，
即慎靚王六年（西元前 315 年），入戰國後百六十六年，召公子職於韓，立
以為燕王，使樂池送之。則燕之爭立者不止一人，諸侯干涉燕事者，亦不
止一國，特齊兵力較盛，故能有成耳。

　　宋王偃，以慎靚王六年（西元前 315 年），自立為王。入戰國後
百六十三年。東敗齊，取五城。南敗楚，取地三百里。西敗魏軍。與齊、
魏為敵國。赧王二十九年（西元前 286 年），入戰國後百九十五年。案宋
王偃元年，為顯王四十一年（西元前 328 年），即入戰國後百五十三年，
〈宋世家〉云：立四十七年乃亡，則為赧王三十三年（西元前 282 年），乃
入戰國後百九十九年，為齊襄王法章二年矣，誤。乃為齊、楚、魏所滅。
案《淮南子・人間訓》，言「燕子噲行仁而亡」。《韓非子・說疑》，謂「燕
君子噲，地方千里，持戟數十萬，不安子女之樂，不聽鍾石之聲；內不墮
汙池臺榭，外不畢弋田獵；又親操耒耨，以修畎畝。」則子噲實賢君，齊
湣亡之，可謂除東方之逼。宋自稱王至亡，凡三十三年，其非偶然，尤為
易見。錢穆《宋元王兌說考》云：「《呂覽・君守》：魯鄙人遺宋元王閉，《莊
子・外物》，有宋元君得神龜事。《史記・龜策傳》作元王。考《趙策》：李
兌謂齊王曰：宋置太子以為王，下親其上而守堅。今太子走，諸善太子者
皆有死心。若復攻之，其國必有亂，而太子在外，此亦舉宋之時也。王偃
置太子為王，疑即元君。齊先已攻宋而無利，其後太子去國，乃乘隙殘之
耳。」〈宋世家〉謂齊、魏、楚滅宋而三分其地。〈田敬仲世家〉謂宋亡後，
「齊南割楚之淮北，西侵三晉，欲以並周室，為天子」。案近人錢穆，謂
〈韓世家〉：文侯二年，周安王十七年（西元前 385 年），入戰國後九十六
年。伐宋，到彭城，執其君，則戰國時宋實都彭城。《宋策》謂康王滅滕。

伐薛，取淮北之地，《史記‧宋世家索隱》云：「《戰國策》、《呂氏春秋》
皆以偃諡康王。」可見其疆域之恢張，而於楚尤逼。楚之助齊，所求蓋正
在淮北。樂毅〈報燕惠王書〉曰：「且又淮北宋地，楚、魏之所欲也。」《六
國表》：燕破齊之歲，楚、趙取齊淮北。而其地仍為齊有，楚安得而不仇
齊？先滅宋二年，齊稱東帝，秦稱西帝，雖旋去之，然實有凌駕諸侯之
意，則謂其滅宋之後，西侵三晉，欲並周室，稱天子，亦在情理之中。滅
宋之明年，秦蒙武伐齊，拔列城九。齊是時聲威方盛，韓、魏方睦，秦安
能越之而東侵。疑宋亡之後，齊與三晉之間，釁端已啟，三晉乃開秦以伐
齊也。燕兵之起於是時，蓋有由矣。

　　燕昭王之立，卑禮厚幣，以招賢者。弔死問孤，與百姓同甘苦。燕國
殷富。士卒樂軼輕戰。乃使樂毅約趙。別使連楚、魏。令趙啖秦以伐齊之
利。周赧王三十一年（西元前 284 年），入戰國後百九十七年。燕悉起兵，
以樂毅為上將軍，並護趙、楚、韓、魏之兵以伐齊。齊兵敗。湣王出亡於
外。燕兵獨追北。入至臨菑。湣王走莒。楚使淖齒將兵救齊，因相齊湣
王。淖齒遂殺湣王，而與燕共分齊之侵地鹵掠。淖齒已去莒。莒中人及齊
亡臣求湣王子法章立之，是為襄王。齊城之不下者，獨聊、莒、即墨。此
據〈燕世家〉。《索隱》云：「餘篇及《戰國策》並無聊字：」案聊，今山東
聊城縣。即墨，今山東平度縣。餘皆屬燕。三十六年（西元前 279 年），入
戰國後二百有二年。燕昭王卒，子惠王立。惠王為太子時，與樂毅有隙。
及即位，使騎劫代將，樂毅亡走趙。齊田單以即墨擊敗燕軍，騎劫死。
燕兵引歸，齊悉復得其故城。自威王敗魏桂陵，至湣王之見破於燕，凡
七十年。

　　是時三晉之君最有雄略者，為趙武靈王。《索隱》云：名雍。武靈王
者，肅侯子，以周顯王四十三年（西元前 326 年）立。入戰國後百五十五
年。趙之遺策，為取胡地中山。中山者，春秋時之鮮虞。《史記‧趙世

家》：獻侯十年，周威烈王十二年（西元前 414 年），入戰國後六十七年。中山武公初立。《集解》引徐廣曰：「西周桓公之子。」《索隱》曰：「中山，古鮮虞國，姬姓也。《系本》云：中山武公居顧，桓公徙靈壽，今河北靈壽縣。為武靈王所滅，不言誰之子孫。徐廣云：西周桓公之子，亦無所據。蓋未得其實。」案中山武公為周桓公子，見《漢書·古今人表》。是時西周桓公，何以忽封其子於中山？事殊可疑。〈魏世家〉：文侯十七年，周威烈王十八年（西元前 408 年），入戰國後七十三年。伐中山，使子擊守之。《六國表》亦云：魏是年擊中山。事在中山武公立後六年（西元前 408 年）。然〈世家〉、《年表》，年代均多舛誤，不足為據。竊疑中山武公、桓公實魏後。沈欽韓謂《漢書·人表》文有訛奪，徐廣誤據之之說是也。見所著《漢書疏證》。周安王二十五年（西元前 377 年），入戰國後百有四年。趙敬侯與中山戰於房子，今河北高邑縣。明年，伐中山，又戰於中人。今河北定縣。烈王七年（西元前 369 年），入戰國後百十二年。中山築長城，可見中山是時形勢頗強，然實與魏聲勢相倚，故〈魏策〉謂「中山恃魏以輕趙，齊、魏伐楚而趙亡中山」焉。周赧王八年（西元前 307 年），入戰國後百七十四年。趙武靈王北略中山之地，至於房子，遂之代，北至無窮，西至河，登黃華之上。《正義》：「蓋西河側之山名。」遂胡服招騎射。初，武靈王取韓女為夫人。後吳廣內其女娃嬴，孟姚也。甚有寵於王。是為惠後。赧王十四年（西元前 301 年），入戰國後百八十年。惠後卒。王使周袑胡服傅王子何，惠後吳娃子也。十六年（西元前 299 年），入戰國後百八十二年。傳位何。肥義為相國，並傅王。是為惠文王。武靈王自號為主父。主父欲令子主治國，而身胡服將士大夫西北略胡地，從雲中、九原直南襲秦。於是詐自為使者，入秦略地形，觀秦王之為人。秦昭王不知。已而怪其狀甚偉，非人臣之度。使人逐之。而主父馳，已脫關矣。審問之，乃主父也。秦人大驚。十九年（西元前 269 年），入戰國後

百八十五年。滅中山。封長子章為代安陽君。明年,朝群臣。安陽君亦來朝。主父令王聽朝,而自從旁觀窺。見其長子章,傫然也,反北面而為臣,詘於其弟。心憐之,欲分趙而王章於代,計未決而輟。主父及王遊沙丘異宮。章以其徒作亂。公子成與李兌自國至。乃起四邑之兵入距難。章敗,往走主父。主父開之。成、兌因圍主父宮。章死。成、兌謀曰:「以章故圍主父,即解兵,吾屬夷矣。」乃遂圍主父。主父餓死。案秦之險在東方,直北而入,則平夷無阻,又出不意,此或足以破秦。然亦徒能一破壞之而已,謂以是弱秦則不足。何者?主父欲攻秦,所用者不過胡貉之眾。漢時之匈奴,遠強於是時之胡貉,亦未能大破關中也。武靈王雖有開拓之勳,實違舉國之心,公子成者趙宗室尊屬,胡服時不肯聽命,王自往請,然後勉從者也。其遂圍主父之宮,必非徒以曾圍主父,苟求免禍明矣。齊既亡,趙又內相乖離如此,遂無足牽掣秦者,而秦並六國之勢以成。

▶ 第十一節　秦滅六國

　　秦之滅六國,蓋始基於魏冉,而後成於呂不韋、李斯。魏冉者,秦昭襄王母宣太后異父弟也。周報王二十年(西元前 295 年),入戰國後百八十六年。為相。舉白起,有伊闕之捷,因脅楚與秦平。已見上節。二十四年(西元前 292 年)。入戰國後百九十年。韓與秦武遂地二百里。明年,魏入河東地四百里。又明年,客卿錯擊魏,至軹,在今河南濟源縣東南。取城大小六十一。二十七年(西元前 288 年),入戰國後百九十三年。攻魏,拔垣。今山西垣曲縣。二十九年(西元前 286 年),入戰國後百九十五年。錯攻魏河內。魏獻安邑。秦出其人。募徙河東賜爵,赦罪人遷之。是時韓、魏方睦於齊,而其為秦弱如此,齊霸之漸成弩末可見矣。三十一年(西元前 284 年),入戰國後百九十七年。尉斯離與三晉、燕伐破

齊，秦遂獨強於天下。明年，伐魏，拔安城。在今河南原武縣東南。兵到
大梁。燕、趙救之，乃去。三十三年（西元前 282 年），入戰國後百九十九
年。拔趙五城。明年，楚頃襄王遣使於諸侯復為從，欲以伐秦。又明年，
錯攻楚。楚軍敗，割上庸、春秋時庸國地。漢北予秦。白起攻趙，取代光
狼城。《正義》：「《括地誌》云：光狼故城，在澤州高平縣西二十里。」高
平，今山西高平縣。三十六年（西元前 279 年），入戰國後二百有二年。
白起攻楚，取鄢、鄧、西陵。今湖北宜昌縣西北。明年，起復攻楚。取
郢，燒先王墓夷陵。今宜昌。襄王兵散，遂不復戰，東北保於陳。秦以郢
為南郡。三十八年（西元前 277 年），入戰國後二百有四年。蜀守若伐楚，
取巫郡及江南，為黔中郡。明年，楚襄王收東地兵，得十餘萬。復西取秦
所拔江旁十五邑為郡以距秦。是歲，白起伐魏，取兩城。四十年（西元前
275 年），入戰國二百有六年。穰侯攻魏，至大梁。韓使暴鳶救魏，為秦
所敗。魏入三縣請和。明年，客卿胡陽攻魏卷、今河南原武縣。蔡陽、今
河南汝南縣。長社，今河南長葛縣。取之。趙、魏攻華陽，白起擊破之，
斬首十五萬。魏入南陽以和，秦與趙觀津，今山東觀城縣。欲以伐齊。齊
襄王懼，使蘇代遺穰侯書。穰侯乃引兵歸。四十三年（西元前 272 年），
入戰國後二百有九年。置南陽郡。令白起與韓、魏伐楚，未行，而楚使黃
歇至，上書說昭王。昭王許之。楚人太子為質。黃歇侍。四十四年（西元
前 271 年），入戰國後二百十年。客卿竈攻齊，取剛壽。今山東東平縣。
予穰侯。是時韓、魏、楚皆服。乃出兵攻齊，正合用兵之次第。《史記》
謂秦所以東益地，弱諸侯，天下皆西鄉者，乃穰侯之功，實為平情之論。
而是歲范雎見秦王，秦王用其言，免穰侯相，令涇陽君之屬皆出關之封
邑。宣太后同父弟曰羋戎，為華陽君。同母弟高陵君名顯，涇陽君名悝。
史傳雖主遠交近攻，訾穰侯越韓、魏而攻齊為非計，乃策士相傾之言，非
其實也。《韓非子·定法》亦言之。蓋當時策士，自有此等議論。四十六

年（西元前 269 年），入戰國後二百十二年。中更胡陽攻趙閼與，在今山西
和順縣西北。趙奢擊破之。明年，攻魏，拔懷。今河南武陟縣。此從〈魏
世家〉。〈秦本紀〉與取邢丘同年。〈范雎傳〉言秦拜雎為客卿，聽其謀，
使五大夫綰伐魏，拔懷。後二歲，拔邢邱，則〈魏世家〉是也。四十九年
（西元前 266 年），入戰國後二百十五年。攻魏，取邢丘。今河南溫縣。
〈魏世家〉作郪丘。徐廣曰：「一作廩丘，又作邢丘。」趙惠文王卒，太子
丹立，是為孝成王。秦攻之。趙求救於齊。齊師出，秦乃罷。是歲，宣
太后薨。穰侯出之陶，秦拜范雎為相。封以應，號為應侯。五十一年（西
元前 264 年），入戰國後二百十七年。白起攻韓，拔陘城今山西曲沃縣西
北。汾旁，因城河上廣武。在河南河陰縣北。明年，攻韓南陽，取之。從
《表》。《紀》作南郡。《白起傳》攻南陽大行道，絕之。楚頃襄王病。黃歇
說應侯歸太子。應侯以聞。秦王曰：「令楚太子之傅先往問楚王病，反而
後圖之。」歇為楚太子計，變服亡歸。歇為守舍，度太子已遠，乃自言。
應侯言秦，因遣歇。頃襄王卒，太子完立，是為考烈王。以歇為相。封以
吳，號為春申君。五十三年（西元前 262 年），入戰國後二百十九年。五大
夫賁攻韓，取十城。五十五年（西元前 260 年），入戰國後二百二十一年。
白起伐韓野王。今河南沁陽縣。野王降。王齕攻上黨。上黨降趙。秦因攻
趙。趙使廉頗軍長平。今山西高平縣。頗堅壁拒秦。秦行間。趙以趙括代
將。括至，則出兵擊秦。秦軍佯敗走，張奇兵絕其後。趙軍分而為二，糧
道絕。秦王聞，自之河內，賜民爵各一級，發年十五以上悉詣長平，遮絕
趙救及糧食。趙括出銳卒自搏戰。秦軍射殺括。括軍敗，卒四十萬人降。
武安君盡坑殺之。遺其小者二百四十人歸趙。前後斬虜四十五萬人，趙人
大震。五十六年（西元前 259 年），入戰國後二百二十二年。秦軍分為二：
王齕將伐趙武安、今河南武安縣。皮牢，今山西翼城縣。拔之。司馬梗北
定大原。兵罷，復守上黨。十月，五大夫王陵攻邯鄲。時武安君病不任

行。五十七年（西元前 258 年），入戰國後二百二十三年。陵攻邯鄲，少利。秦益發兵佐陵。陵兵亡五校。武安君病癒，秦王欲使武安君代陵將，武安君言曰：「邯鄲實未易攻也。且諸侯救日至，秦卒死者過半，國內空，遠絕河山而爭人國都，趙應其內，諸侯攻其外，破秦軍必矣，不可。」秦王自命不行，乃使應侯請之，武安君終辭不肯行，遂稱病。秦王使王齕代將，攻邯鄲，不能拔，秦軍多失亡。武安君言曰：「秦不聽臣計，今如何矣？」秦王聞之，怒，強起武安君。武安君遂稱病篤。應侯請之，不起，於是免武安君為士伍，遷之陰密。今甘肅靈臺縣。武安君病，未能行。居三月，諸侯攻秦軍急。秦軍數卻，使者日至。秦王乃使人遣白起，不得留咸陽中。武安君既行，出咸陽西門十里，至杜郵，使使者賜之劍自裁。魏公子無忌姊為趙惠文王弟平原君夫人，數遺魏王及公子書，請救於魏。魏王使將軍晉鄙將十萬眾救趙。秦王使使者告魏王曰：「吾攻趙，旦暮且下，諸侯敢救趙，必移兵先擊之。」魏王恐，使人止晉鄙，留軍壁鄴。今河南臨漳縣。初，王所幸如姬，父為人所殺，公子使客斬其仇頭，敬進如姬，乃因如姬盜晉鄙兵符，與屠朱亥俱，袖四十斤鐵椎，椎殺晉鄙。[113] 將其軍救趙。王齕還奔汾城旁軍。圍遂解。秦是時力實未足取邯鄲，而秦王及應侯，違武安君之言，喪師於外。〈范雎傳〉言雎與武安君有隙，言而殺之；任鄭安平，使將擊趙，而安平以兵二萬人降趙；其非穰侯之倫審矣。後二年，入戰國後二百二十六年。應侯遂謝病。蔡澤相。數月，亦免。秦並諸侯之畫一挫。而周顧以是時亡於秦。

周敬王立四十三年（西元前 477 年）崩。據《表》：是年為魯哀公十六年（西元前 479 年）。《本紀》作四十二年。《左氏》：哀公十九年，冬，「叔青如京師，敬王崩故也」。《釋文》云：「按《傳》敬王崩在此年，《世本》亦爾也。《世族譜》云：敬王四十二年崩。敬王子元王十年，《春秋》之傳

---

[113]　史事：朱亥以四十斤鐵椎，椎殺晉鄙，張良亦以鐵椎椎秦皇，蓋多銅不易得。

終矣。據此，則敬王崩當在哀公十七年（西元前478年）。《史記·周本紀》及〈十二諸侯年表〉，敬王四十二年崩，子元王仁立，則敬王是魯哀十八年（西元前477年）崩也。《六國年表》，起自元王，及《本紀》皆云元王八年（西元前468年）崩，子定王介立。定王元年（西元前468年），是魯哀公二十七年，與杜預《世族譜》為異。又《世本》云：魯哀公二十年（西元前475年），是定王介崩，子元王赤立，則定王之崩年，是魯哀公二十七年也。眾說不同，未詳其正也。」子元王仁立。《集解》：徐廣曰：「《世本》云：貞王介也。」元王八年崩（西元前468年）。入戰國後十二年。子定王介立。《集解》：「《世本》云：元王赤也。皇甫謐曰：元王二十八年崩，三子爭立，立應為貞定王。」《索隱》：「《世本》云元王赤，皇甫謐云貞定王，考據二文，則是元有兩名，一名仁，一名赤。如《史記》，則元王為定王父，定王即貞王也。依《世本》，則元王是貞王子，必有一乖誤。然此定當為貞，字誤耳；豈周家有兩定王，代數，又非遠乎？皇甫謐見此，疑而不決，遂彌縫《史記》、《世本》之錯繆，因謂為貞定王，未為得也。」定王二十八年崩（西元前441年），入戰國後四十年。長子去疾立，是為哀王。哀王立三月，弟叔襲殺哀王而自立，是為思王。思王立五月，少弟嵬攻殺思王而自立，是為考王。考王十五年（西元前426年）崩，入戰國後五十五年。子威烈王午立。考王封其弟於河南，是為桓公，以續周公之官職。桓公卒，子威公代立。威公卒，子惠公代立。乃封其少子於鞏以奉王，號東周惠公。《索隱》：「《世本》，西周桓公名揭，居河南。東周惠公名班，居洛陽。」案〈趙世家〉：成侯七年（西元前366年），與韓攻周，八年（西元前367年），與韓分周以為兩。《六國表》：成侯八年，為周顯王二年（西元前367年）。威烈王二十四年（西元前402年）崩，入戰國後七十九年。子安王驕立。安王二十六年（西元前376年）崩，入戰國後百有五年。子烈王喜立。烈王七年（西元前369年）崩，入戰國後

百十二年。此依《表》。《本紀》作十年。弟顯王扁立。顯王四十八年（西元前321年）崩，入戰國後百六十年。子慎靚王定立。慎靚王六年（西元前315年）崩，入戰國後百六十六年。子赧王延立。王赧時，東、西周分治，王赧徙都西周。東西周見第三節。五十九年（西元前256年），入戰國後二百二十五年也，秦將軍樛攻韓，取陽城、負黍，今河南登封縣西南。斬首四萬。攻趙，取二十餘縣，首虜九萬。西周恐，背秦，與諸侯約從。將天下銳師出伊闕攻秦。令秦毋得通陽城。秦昭王怒，使將軍樛攻西周。西周君奔秦，頓首受罪，盡獻其邑三十六，口三萬。秦受其獻，歸其君於周。周君王赧卒。周民遂東亡。秦取九鼎寶器，而遷西周君於憚狐。今河南臨汝縣西。後七歲，入戰國後二百三十二年。秦莊襄王取東、西周。東、西周皆入於秦，周既不祀。[114] 據〈周本紀〉。〈秦本紀〉云：「東周君與諸侯謀秦。秦使相國呂不韋誅之。盡入其國秦，不斷其祀，以陽人地賜周君，奉其祭祀。」陽人聚，在臨汝縣西。

　　周赧王亡後五年（西元前251年），入戰國後二百三十年。秦昭襄王薨，子孝文王立。明年卒。初，昭王太子死，次子安國君為太子，即孝文王也。安國君有子二十餘人。有所甚愛姬，立以為夫人，號曰華陽夫人。無子。安國君中男名子楚。子楚母曰夏姬，無愛。子楚為秦質子於趙。呂不韋者，陽翟大賈也，家累千金。賈邯鄲，見之，曰：此奇貨可居，乃以五百金與子楚，為進用，結賓客。以五百金置奇物玩好自奉，而西遊秦。皆以獻華陽夫人。使夫人姊說夫人，言於安國君，立子楚為嗣子。安國君許之。呂不韋取邯鄲諸姬絕好善舞者與居。知其有身，獻之子楚。至大期中，生子政。子楚遂立姬為夫人。王齕圍邯鄲急，趙欲殺子楚。子楚與不韋謀，以金六百斤與守吏，得脫。亡赴秦軍。遂以得歸。趙欲殺子楚妻子。子楚夫人，趙豪家女也，得匿。以故母子竟得活。孝文王立，華陽夫

---

[114] 政體：秦滅西周，不絕其祀。

人為王后，子楚為太子。趙亦奉子楚夫人及子政歸秦。孝文王卒，子楚代立，是為莊襄王。莊襄王元年（西元前249年），入戰國後二百三十二年。以呂不韋為相國。封文信侯。大赦罪人，修先王功臣，施德厚骨肉，而布惠於民。使蒙驁伐韓。韓獻成皋、鞏，《表》云取成皋、滎陽。界至大梁，初置三川郡。二年（西元前248年），入戰國後二百三十三年。使蒙驁攻趙，定大原。三年（西元前247年），入戰國後二百三十四年。蒙驁攻魏高都、今山西晉城縣東北。汲，今河南汲縣。拔之。攻趙榆次、今山西榆次縣。新城、《正義》引《括地誌》云：「一名小平城，在朔州善陽縣西南四十七里。」地在今朔縣境。按此殊可疑。狼孟，《正義》引《括地誌》云：「在幷州陽曲縣東北二十六里。」取三十七城。四年（西元前246年），入戰國後二百三十五年。王齕攻上黨。初置大原郡。初，魏公子無忌既卻邯鄲之圍，使將將其軍歸而留趙。及是，復歸魏。率五國兵，《正義》云：燕、趙、韓、楚、魏。敗蒙驁於河外。秦東封之勢復小挫。是歲，莊襄王卒，子政立，是為秦始皇帝。年十三。當是之時，秦地已并巴、蜀、漢中，越宛有郢，置南郡矣。北收上郡以東，有河東、大原、上黨郡，東至滎陽，滅二周，置三川郡。呂不韋為相國，招致賓客、遊士，欲以並天下。李斯為舍人。蒙驁、王齮、《集解》：徐廣曰一作齕。麃公等為將軍。王年少，初即位，委國事大臣。晉陽反。元年（西元前246年），入戰國後二百三十五年。將軍蒙驁擊定之。二年（西元前245年），入戰國後二百三十六年。麃公將卒攻卷，斬首三萬。是歲，趙孝成王卒，子偃立，是為悼襄王。三年（西元前244年），入戰國後二百三十七年。蒙驁攻韓，取十三城。王齮死。將軍蒙驁攻魏畼、有詭。四年（西元前243年），入戰國後二百三十八年。拔之。是歲，信陵君無忌卒。五年（西元前242年），入戰國後二百三十九年。將軍蒙驁攻魏，取二十城，初置東郡。六年（西元前241年），韓、魏、趙、衛、楚共擊秦，取壽陵。《正義》：「徐廣云：

在常山。按本趙邑也。」秦出兵，五國兵罷。〈趙世家〉云：龐暖將趙、楚、魏、燕之銳師攻秦蕞，不拔。《春申君列傳》云：諸侯患秦攻伐無已時，乃相與合從而伐秦，而楚王為從長。春申君用事。至函谷關，秦出兵攻諸侯兵，皆敗走。秦攻魏，拔朝歌。楚去陳，徙壽春，命曰郢。七年（西元前 240 年），入戰國後二百四十一年。拔魏汲。八年（西元前 239 年），入戰國後二百四十二年。嫪毐封為長信侯。予之山陽地，今河南修武縣北。令毐居之。宮室、車馬、衣服、苑囿、馳獵恣毐。事無小大，皆決於毐。又以河西大原郡更為毐國。九年（西元前 238 年），王冠。長信侯毐作亂，而覺，矯王御璽及太后璽，以發縣卒及衛卒、宮騎、戎翟君公、舍人將，欲攻蘄年宮在雍。為亂。王知之。令相國昌平君、昌文君《索隱》：「昌平君，楚之公子，立以為相。後徙於郢。項燕立為荊王。史失其名。昌文君名亦不知也。」發卒攻毐。戰咸陽。毐等敗走。即令國中：有生得毐，賜錢百萬，殺之五十萬。盡得毐等。衛尉竭、內史肆、佐弋竭、中大夫令齊等二十人，皆梟首，車裂以徇，滅其宗。及其舍人，輕者為鬼薪及奪爵遷蜀，四千餘家，家房陵。今湖北房縣。楚考烈王無子，趙人李園事春申君為舍人，進其女弟，知其有身；園乃與其女弟謀，園女弟承閒說春申君，進己楚王，生子男，立為太子，以李園女弟為王后。楚王貴李園，園用事。恐春申君語洩，陰養死士。考烈王卒，園先入，伏死士刺春申君，斬其頭，盡滅春申君之宗。園女弟所生子立，是為楚幽王。十年（西元前 237 年），入戰國後二百四十四年。秦相國呂不韋坐嫪毐免。齊人茅焦說秦王。秦王乃迎太后於雍，而入咸陽宮，復居甘泉宮。大索逐客。李斯上書說，乃止逐客令。而李斯用事。十一年（西元前 236 年），入戰國後二百四十五年。王翦、桓齮、楊端攻鄴，取九城，拔閼與。趙悼襄王卒，子幽繆王遷立。其母，倡也，嬖於趙襄王。襄王廢適子嘉而立遷。十二年（西元前 235 年），入戰國後二百四十六年。文信侯不韋死，竊葬。其舍人

臨者：晉人也，逐出之；秦人，六百石以上奪爵遷，五百石以下不臨，遷，勿奪爵。自今以來，操國事不道如嫪毐、不韋者，籍其門，視此。秋，復嫪毐舍人遷蜀者。〈不韋傳〉云：莊襄王薨，太子政立為王。尊呂不韋為相國，號稱仲父。秦王年少，太后時時竊私通呂不韋。不韋家僮萬人。始皇帝益壯大，後淫不止。呂不韋恐覺禍及己，乃私求大陰人嫪毐，詐腐為宦者，侍太后。太后私與通，絕愛之，有身。太后恐人知之，詐當避時徙宮居雍。嫪毐常從。賞賜甚厚。事皆決於嫪毐。嫪毐家僮數千人，諸客求宦為嫪毐舍人千餘人。始皇九年（西元前 238 年），有告嫪毐實非宦者，嘗與太后私亂，生子二人，皆匿之。與太后謀曰：王即薨，以子為後。於是秦王下吏治，具得情實，事連相國呂不韋。九月，夷毐三族，殺太后所生兩子，而遂遷太后於雍。諸嫪毐舍人皆沒其家而遷焉。王欲誅相國，為其奉先王功大，及賓客辯士為遊說者眾，王不忍致法，十年十月，免相國呂不韋。及齊人茅焦說秦王，秦王乃迎太后於雍，歸復咸陽，而出文信侯就國河南。歲餘，諸侯賓客使者相望於道，請文信侯。秦王恐其為變，乃賜文信侯書，與家屬徙處蜀。呂不韋自度稍侵，恐誅，乃飲酖而死。秦王所加怒呂不韋、嫪毐皆已死，乃皆復歸繆奏舍人遷蜀者。案史所傳不韋之事，與春申君相類大甚，而楚幽王有庶兄負芻及昌平君，則考烈王實非無子，傳言之不必信久矣。嫪毐事果與不韋有連，而猶遲至期年，始免其相，聽其從容就國；而諸侯賓客使者，仍相望於道；文信侯既不為遁逃苟免之計，亦不為養晦自全之謀，豈理也哉？錢穆云：「《戰國·秦策》，無不韋納姬之事。〈魏策〉：或謂魏王曰：秦自四境之內，執法以下，至於長輓者，故畢曰：與嫪氏乎？與呂氏乎？雖至於門閭之下，廊廟之上，猶之如是也。今王割地以賂秦，以為嫪毐功。卑體以尊秦，因以嫪毐。王以國贊嫪毐，太后之德王也，深於骨髓，王之交最為天下上矣。由嫪氏善秦而交為天下上，天下孰不棄呂氏而德嫪氏則王之怨報矣。據此，則呂之

與嫪，邪正判然，未見嫪之必為不韋所進也。」見所著《先秦諸子繫年考辨》、《呂不韋著書考》、《春申君見殺考》。其說韙矣。不韋相秦，實非碌碌，孝文王立而施德布惠，莊襄王誅周而不絕其祀，此即所謂興滅國繼絕世者，參看第十四章第一節。皆不韋之所為。觀其招致賓客著書，儼有興起大平之意。史稱其欲以並天下，說蓋不誣。李斯固不韋舍人，不韋廢而斯用事，所奉行者，亦未必非不韋之遺策也。富強之基，樹於商君；蠶食之形，成於穰侯；囊括之謀，肇於不韋；三人者，實秦並天下之首功矣。

　　不韋雖廢，秦之事併吞如故。是時，楚已益弱；韓、魏皆自顧不暇；燕、齊少寬，然二國仍歲相攻，又與趙相攻；齊襄王復國後，趙數與秦攻之。〈趙世家〉言蘇厲為齊遺趙惠文王書，趙乃輟謝秦不擊齊，時在周赧王三十二年（西元前 283 年），入戰國後百九十八年也。然是歲王仍與燕王遇，使廉頗將而攻齊，則特不與秦而已。此後十餘年間，趙數使趙奢、廉頗、燕周、藺相如等攻齊。至惠文王卒，孝成王立，秦急攻之，以齊救而罷。事已見前。是歲，田單乃以趙師攻燕。蓋齊、趙之交，至此而合，而燕、趙之釁啟。赧王亡後五年（西元前 251 年），燕王喜命相慄腹約歡趙。還報曰：「趙氏壯者皆死長平，其孤未壯，可伐也。」乃起二軍。慄腹將而攻鄗，卿秦攻代。自將偏軍隨之。趙使廉頗將，殺慄腹，虜卿秦，逐之五百餘里。明年，圍其國。燕人請和。其明年，趙假相大將武襄君攻燕，圍之。又明年，又使延陵君率師從相國信平君廉頗助魏攻燕。秦始皇帝四年（西元前 243 年），趙使李牧攻燕。燕使劇辛將擊趙。趙使龐暖擊之。明年（西元前 255 年），取燕軍二萬，殺劇辛。齊襄王卒，周赧王亡之明年。入戰國後二百二十六年。子建立，君王后用事，襄王后。僅圖自保；〈齊世家〉稱其事秦謹，與諸侯信。王建立，四十餘年不受兵。秦遂得擇肥而噬。始皇十三年（西元前 234 年），入戰國後二百四十七年。桓齮攻趙平陽，今河南臨漳縣西。殺趙將扈輒。《李牧傳》云：破殺扈輒於

武遂。明年，取宜安。今河北藁城縣西南。李牧與戰肥下，春秋時肥子國，今藁城縣。卻之，封牧為武安君。十五年（西元前 232 年），入戰國後二百四十九年。秦大興兵。一軍至鄴。一軍至大原，取狼孟。秦攻番吾，李牧卻之。十六年（西元前 231 年），入戰國後二百五十年。發卒受韓南陽。十七年（西元前 230 年），入戰國後二百五十一年。內史騰攻韓。得韓王安，盡納其地，以為潁川郡。韓自昭侯後，傳宣惠王、襄王倉、釐王咎、桓惠王四世。十八年（西元前 229 年），入戰國後二百五十二年。大興兵攻趙。王翦將上地下井陘。端和將河內、羌瘣伐趙。端和圍邯鄲城，趙使李牧、司馬尚御之。秦多與趙王寵臣郭開金，為反間。趙王使趙蔥及齊將顏聚代李牧。牧不受命。趙使人微執得李牧，斬之。廢司馬尚。後三月，王翦因急擊，大破，殺趙蔥。明年，王翦、羌瘣盡定趙地。虜王遷及其將顏聚，引兵欲攻燕屯。趙公子嘉率其宗數百之代，自立為代王。東與燕合兵，軍上谷。楚幽王卒。同母弟猶代立，是為哀王。庶兄負芻之徒，襲殺哀王，而立負芻。二十年（西元前 227 年），入戰國後二百五十四年。燕太子丹使荊軻刺秦王。秦王覺之，體解軻以徇。而使王翦、辛勝攻燕。燕、代發兵擊秦軍。秦軍破燕易水之西。二十一年（西元前 226 年），入戰國後二百五十五年。王賁攻薊。乃益發卒詣王翦軍。遂破燕太子軍，取燕薊城。得燕太子丹首。燕王東收遼東而王之。二十二年（西元前 225 年），入戰國後二百五十六年。王賁攻魏。引河溝灌大梁。大梁城壞。其王假請降。盡取其地。魏自哀王后，傳昭王、安釐王、景湣王增、王假四世。《世本》云：昭王名邈，安釐王名圉，景湣王名午。見《索隱》。始皇問李信：吾欲攻取荊，於將軍，度用幾何人而足？李信曰：不過用二十萬人。問王翦，王翦曰：非六十萬人不可。始皇曰：王將軍老矣，何怯也？李將軍果勢壯勇。遂使李信及蒙恬將二十萬南伐荊，荊人大破李信軍。始皇復召王翦，強起之，使將擊荊，取陳以南至平輿。今河南汝南縣東南。

二十四年（西元前 223 年），入戰國後二百五十八年。虜其王負芻。〈秦本紀〉誤前一年。荆將項燕立昌平君為荆王，反秦於淮南。《集解》：徐廣曰「一作江。」二十五年（西元前 222 年），入戰國後二百五十九年。大興兵，使王賁攻燕遼東，得燕王喜。燕自惠王后傳武成王、孝王、王喜三世。還攻代，虜代王嘉。王翦、蒙武攻荆，破荆軍。昌平君死，項燕遂自殺，翦遂定荆江南地。降越君。置會稽郡。二十六年（西元前 221 年），入戰國後二百六十年。齊王建與其相後勝發兵守其西界，不通秦。秦使將軍王賁從燕南攻齊，得齊王建。六國皆亡。餘國較大者，陳、蔡、鄭、宋之亡，已見前。魯以秦莊襄王元年（西元前 249 年），入戰國後二百三十二年。亡於楚。唯衛僅存，至秦二世時乃廢絕。然微不足數，天下遂統一。

秦之克並六國，其原因蓋有數端。地勢形便，攻人易而人之攻之也難，一也。關中形勢，西北平夷無大險，故易受侵略。南經漢中至蜀，出入皆難。唯東憑函谷、武關，則誠有一夫當關之勢也。春秋大國，時曰晉、楚、齊、秦，其後起者則吳、越。吳、越文明程度大低，未足蹈涉中原，抗衡上國。其兵，則實甚強悍，故項氏卒用之以破秦。四國風氣，秦、晉本較齊、楚為強，兵亦然，讀《漢書·地理志》、《荀子·議兵篇》可知。二也。三晉地狹人稠，生事至觳。楚受天惠厚，民又皆窳偷生。齊工商之業特盛，殷富殆冠海內。然工商盛者，農民未有不受剝削而益貧者也。唯秦地廣而腴，且有山林之利。開闢較晚，侈靡之風未甚。觀李斯諫逐客，曆數侈靡之事，秦無一焉可知。其上又有重農之政。齊民生計之舒，蓋莫秦若矣。三也。參看第十一章第三節。此皆秦之憑藉，優於六國者也。以人事論，則能用法家之說，實為其一大端。蓋唯用法家，乃能一民於農戰，其兵強而且多。參看第十四章第五節。亦唯用法家，故能進法術之士，而汰淫靡驕悍之貴族，政事乃克修舉也。《荀子·強國》曰：「應侯問孫卿子曰，入，秦何見？孫卿子曰：其固塞險，形勢便，山川林

谷美，天材之利多，是形勝也。入竟，觀其風俗。其百姓樸。其聲樂不流汙。其服不佻。甚畏有司而順。古之民也。及都邑官府，其百吏肅然，莫不恭儉敦敬忠信而不楛。古之吏也。入其國，觀其士大夫。出於其門，入於公門；出於公門，歸於其家；無有私事也。不比周，不朋黨，倜然莫不明通而公也。古之士大夫也。觀其朝廷。其間聽決，百事不留，恬然如無治者。古之朝也。故四世有勝，非幸也，數也。」可謂盡之矣。秦取天下多暴，《史記・六國表》語。固也。然世豈有專行無道，而可以取天下者哉？

第十章　民族疆域

▶ 第一節　先秦時諸民族

　　中國以第一大民族，稱於世界，然非振古如茲也。在數千年前，我族亦東方一部族耳。其克保世滋大，蓋實由其同化力之強。今試略述先秦之世，與我錯處諸族，如下：

　　漢族，起自東南。諸民族中與我密邇者莫如越。[115] 越亦作粵，今所謂馬來人也，此族特異之俗有二：一曰斷髮紋身，一曰食人。徵諸後世史乘，地理學家所謂亞洲大陸之真緣邊者，無不皆然。而在古代，中國緣海之地亦如是。《禮記・王制》：「東方曰夷，被髮紋身，有不火食者矣。南方曰蠻，雕題交趾，有不火食者矣。」紋身雕題，異名同實，無待辭費。被髮則披髮之借也。髮可保溫，故北族居苦寒之地編髮，中國居溫和之地冠笄，南族居炎熱之地斷髮也。東夷與南蠻，方位不同，而同不火食，可知其始必同居熱地矣。《墨子》言：「楚之南，有啖人之國者，其長子生，則解而食之，謂之宜弟。」《魯問・節葬下》，作越東有沐之國。而《韓非子》言：齊桓公好味，易牙蒸其首子而進之。〈十過〉。〈二柄〉、〈難一〉二篇同，而作子首，誤也。《淮南・主術》、〈精神〉兩篇高《注》，亦皆作首子。《左氏》言宋襄公使邾文公用鄫子於次睢之社，欲以屬東夷。僖公十九年。杜《注》謂睢水次有妖神，東夷皆社祠之。《續漢書・郡國志注》引唐蒙《博物記》，謂在臨沂縣。可見漢、晉之世，俗猶未泯。臨沂，今山東臨沂縣。魯伐莒，取郠，獻俘，亦用人於亳社。昭公十年。可見自楚

[115] 民族：越。

之南，至於齊、魯，風俗皆同也。此族在江以北者，古皆稱夷，[116]〈禹
貢〉冀州、揚州之鳥夷萊夷，徐州之淮夷是也。在江以南者則稱越，今紹
興之於越，永嘉之甌越，福建之閩越，兩廣、越南之南越是也。又有深入
長江中游者，〈楚世家〉言熊渠伐揚粵至鄂是也。見第九章第二節。鳥夷，
今《尚書》作島夷，《正義》謂偽孔讀為島，則其經文亦作鳥，今本乃字誤
也。古無島字，洲即今島字。洲鳥雖亦同音，然古稱中國人所居為州，不
稱異族所居為洲，則偽孔說實誤。鄭釋冀州之鳥夷曰搏食鳥獸者，《書正
義》。顏師古釋揚州之鳥夷曰善捕鳥者，《漢書‧地理志注》。顏說當有所
本。差為近之。蓋漁獵之族，程度極低者，作〈禹貢〉時猶有其部落，後
遂為漢族所同化，其事無可考矣。嵎夷，當即〈堯典〉「宅嵎夷曰陽谷」之
嵎夷。《史記‧夏本紀索隱》，謂《今文尚書》及〈帝命驗〉並作嵎銕，在
遼西。案《說文‧土部》云：「塲夷，在冀州陽谷，立春日日直之而出。」
《山部》云：「崵山在遼西，一曰嵎鐵、崵谷也。」既別以一曰，明為兩說，
則《今文尚書》實不謂嵎鐵在遼西。[117]冀州為中國通稱，《尚書大傳》曰：
「元祀岱泰山，中祀大交霍山，秋祀柳谷華山，幽都弘山祀。」注曰：「弘
山，恆山也。」然則羲和四子之所宅，即四時巡守之所至。[118]泰岱為漢族
所居，故稱其地為冀州矣。嵎夷，《史記‧五帝本紀》作鬱夷，而《毛詩》
之周道倭遲，《韓詩》作鬱夷，故有謂倭即嵎夷者。[119]自山東至遼東，遼
東經朝鮮至日本；往來本最便，而亦甚早。謂古之嵎夷，渡海而至日本，
或日本之民，與古嵎夷同族，皆無不可通也。萊夷，據《漢書‧地理志》，
地在今山東黃縣。入春秋後百五十六年，周靈王五年（西元前 567 年年），
春秋襄公六年。為齊所滅。淮夷最稱強悍。《後漢書‧東夷傳》謂秦有天

---

[116] 民族：夷蠻戎狄，以方位言，實夷與蠻，戎與狄是一。南北方之強，中國又於南為近。
[117] 地理：今文不以嵎鐵在遼西。
[118] 地理：四子所宅即四嶽。
[119] 夷：嵎夷即倭之說。

下，淮、泗夷乃悉散為人戶，其說當有所本也，於越事已見前。閩越、南越及甌越，則至秦、漢之世，始列為郡縣焉。越人居熱地，故開化較早。其能用金，實先於漢族，古代兵器及刑法，皆取資焉。然亦以居熱地故，生事饒而四體不勤，故其文明旋落漢人之後。《論衡》言：「夏禹裸入吳國。大伯採藥，斷髮紋身。唐、虞國界，吳為荒服。越在九夷，劂衣關頭。即貫頭，後世南方民族，猶多衣貫頭衣，見諸史四裔傳。今皆夏服，褒衣履舄。」〈恢國〉。可知秦、漢之世，全與漢族同化矣。

洞庭以南，沅、湘、澧、資之域，為今所謂苗族之故居。苗，前史皆作蠻，元以後乃多作苗，蓋音轉而字異。或以牽合古三苗之國，則大繆矣。見第七章第五節。蠻與越異。古書多稱荊蠻、揚越，無曰荊越、揚蠻者，[120] 知蠻自在長江中游，越自在東南緣海也。《淮南子‧齊俗訓》曰「三苗髽首」，「越人髽髮」，可知其飾首之習各別。古民族視處置其髮之法頗重，如中國每以冠帶之國自誇，子路至於結纓而死是也。《左氏》哀公十五年。蠻與越，所以處置其髮者既不同，其必為兩族無疑矣。此族神話，已見第五章。其地之開闢，蓋始於楚。《史記‧吳起列傳》所謂「南平百越」是也。《後書》云：田作賈販，無關梁符傳租稅之賦；有邑君長，皆賜印綬；蓋楚人撫綏之之法。

濮，《周書‧王會篇》作卜。《說文》作僰，南北朝、隋、唐之兩爨蠻，今之猓玀也。猓玀地在雲南、四川，古之濮族，則遠在其北。楚武王始啟濮，已見第九章第二節。抑猶不止此。《書‧牧誓》：「及庸、蜀、羌、髳、微、盧、彭、濮人。」微、盧、彭、濮，注家罕能言其所在，其實按之故記，皆有跡象可求也。《左氏》：桓公十二年（西元前 700 年），楚師伐絞，分涉於彭，羅人慾伐之。十三年（西元前 699 年），楚屈瑕伐羅，羅與盧戎兩軍之，大敗之。彭水，杜《注》云：在新城昌魏縣，今湖北之房縣也。

---

[120] 夷：只有荊蠻揚越，無荊越揚蠻，且苗髽首，越剪髮。

盧，據《釋文》本作廬。文公十六年（西元前611年），庸人帥群蠻以叛
楚。麇人帥百濮聚於選，將伐楚。自廬以往，振廩同食。使廬戢黎侵庸。
杜《注》：廬，今襄陽中廬縣，今湖北之南漳縣也。先五年，楚潘崇伐麇，
至於錫穴。《釋文》云：錫或作鍚。《御覽·州郡部》引《十道志》云：鄖鄉，
本漢錫縣，古麇國今湖北之鄖鄉縣也。麇麋形近易訛，《左氏》哀公十四
年，「逢澤有介麋焉」，《釋文》謂麋又作麇其證。莊公二十八年（西元前
666年）築麋，《穀梁》作築微，則潘崇所伐，實當作麋，即〈牧誓〉之微
也。地與庸皆密邇。又其北即為楚、鄧。故昭公九年（西元前537年），王
使詹桓伯辭於晉，謂巴、濮、楚、鄧吾南土；而庸與麇之叛，申、息之北
門不啟也，此等當春秋時，悉已服屬於楚。更西南，則沿黔江、金沙江、
大度河兩側，直抵今雲、貴四川。《史記·西南夷列傳》，所謂「西南夷君
長以什數，夜郎最大；今貴州桐梓縣。其西靡莫之屬以什數，滇最大；今
雲南昆明縣。自滇以北，君長以什數，邛都最大」今四川西昌縣。者也。
「皆魋結，耕田，有邑聚。」與《左氏》所謂「百濮離居，將各走其邑」者
合，文公十六年。可見其為同族矣。《史記》云：「楚威王時，使將軍莊蹻
循江，略巴、蜀、黔中以西。至滇池，地方三百里，旁平地肥饒數千里，
以兵威定屬楚。欲歸報，而秦擊奪楚巴、黔中郡，道塞不通。因還，以其
眾王滇，變服，從其俗以長之。」《後漢書·西南夷傳》言：「楚頃襄王時，
遣將莊豪，從沅水伐夜郎。軍至且蘭，西南夷國名，漢置故且蘭縣。晉改
曰且蘭，今貴州平越縣。椓船於岸而步戰。既滅夜郎，因留王滇池。以
且蘭有椓船牂柯處，乃改其名為牂柯。」可見今雲、貴之地，當戰國時，
悉已開闢矣。莊豪即莊蹻。秦取楚黔中郡事在頃襄王二十二年（西元前
277年），則《史記》作威王誤。時為周赧王三十八年，入戰國後二百有四
年也。

庸與微、盧、彭、濮,[121] 既皆在今楚、豫間,則牧野所誓之蜀,及克商後列於南土之巴,亦必不得在今四川境。巴蜀古事,因有《華陽國志》一書,頗可考見崖略。然此書所載,未必即西周時之巴、蜀也。志稱巴、蜀肇自人皇,特以古籍言人皇肇分九州,臆測梁州始建於是。雲蜀為黃帝之後,則沿昌意取蜀山氏女為後世巴、蜀之蜀之誤,已見第七章第二節。又云:武王封宗姬於巴,爵之以子,亦無以明其即戰國時秦所滅之巴也。又云:周失紀綱,蜀侯蠶叢始稱王,次王曰柏灌,次王曰魚鳧。魚鳧田於湔山,得仙。次有王曰杜宇。移治郫邑。今四川郫縣。或治瞿上。今四川雙流縣。號曰望帝。其相開明,決玉壘山,在今四川理番縣東南。遂禪位焉。開明號曰叢帝。生盧帝。盧帝攻秦,至雍。生保子帝。攻青衣。今四川雅安縣。雄張獠、僰。又九世,徙治成都。有褒、漢之地。時當周顯王之世。因獵,與秦惠王遇。惠王作石牛五頭,寫金其後,曰牛便金。蜀使使請。惠王許之。乃遣五丁力士迎石牛。既不便金,怒而還之。惠王知蜀王好色,許嫁以五女。蜀又遣五丁迎之。還到梓潼。今四川梓潼縣。見一大蛇入穴。一人攬其尾掣之,不禁。至五人相助,大呼拽蛇。山崩,壓殺五人及五女。蜀王封弟葭萌於漢中,號苴侯,命其邑曰葭萌。前漢葭明縣。後漢曰葭萌。今四川昭化縣。苴侯與巴王為好,巴與蜀仇,故蜀伐苴。苴侯奔巴。求救於秦。周慎王五年(西元前 316 年),秦惠文王後九年,入戰國後百六十五年。案常璩言蜀事,雖據傳說,然年代地理等,必多兼採古書,非二者暗合也。秦使大夫張儀、司馬錯從石牛道伐滅蜀。因取巴,執巴王以歸。案巴之眾為氐,漢世數從征伐。其後北出,為五胡之一,而留居渝水之獠大昌。蜀,漢世亦稱叟。魏、晉、南北朝皆叟蜀並稱,亦曰賨,近人謂暹羅本族稱氐(Tai),其分族則曰暹(Sham),曰獠(Lao)。暹與蜀及叟同音,獠即漢之駱,後漢之哀牢,南北朝、隋、唐之

獠，今之犵狫。[122] 暹羅之族，本自北而南；《明史》謂其本分邏與羅斛二國。後羅斛強，並暹地，稱暹羅斛，亦即蜀與獠也。《華陽國志》謂巴治江州，今四川江北縣。後徙閬中。今四川閬中縣。案《左氏》：桓公九年（西元前 703 年），巴子使韓服告於楚，請與鄧為好。楚使道朔將巴客以聘於鄧。鄧南鄙鄾人，攻而奪之幣。莊公九年（西元前 685 年），楚與巴共伐申。文公十六年（西元前 611 年），巴人從楚滅庸。哀公十八年（西元前 477 年），巴人伐楚，敗於鄾。蓋其國在楚、鄧間，[123] 去武關甚近。故《史記・商君列傳》趙良稱五羖大夫「發教封內，而巴人致貢」也。此豈劍外之國？《史記・三代世表》：褚先生言：「蜀，黃帝後世也。至今在漢西南五千里。常來朝降，輸獻於漢。」《索隱》云：「《系本》蜀無姓。相承云：黃帝後世子孫也。」此蓋西南邊徼叟人部族，中國妄稱為黃帝後，為是說者之意，蓋亦以昌意娶蜀山氏女，為戰國時巴、蜀之蜀，可以測揚雄、常璩等致誤之由。《索隱》又引〈蜀王本紀〉：謂朱提今四川宜賓縣。有男子杜宇，從天而下。《水經・江水注》引來敏《本蜀論》，則謂荊人鱉令死，其屍隨水上，至汶山下，復生，起見望帝，望帝立以為相。望帝者，杜宇也，從天下。女子朱利，自江源出，為宇妻。時巫山峽，蜀水不流。望帝使令鑿巫峽通水，蜀得陸處。望帝遂以國禪。號曰開明。《華陽國志》則言朱提有梁氏女利，遊江源，宇納為妃。移治郫邑。或治瞿上。則望帝實起岷江下流，溯江而上；開明本楚人，人篡其國，與庸及微、盧、彭、濮等何涉？而安得從武王以伐紂耶？《史記・秦本紀》及《六國表》：厲公二年，周元王二年（西元前 474 年），入戰國後六年。蜀人來賂。二十六年，周貞定王十八年（西元前 451 年），入戰國後三十年。左庶長城南鄭。躁公二年，周定王二十八年，入戰國後四十年。南鄭反。惠公十三年，周安

---

[122]　夷：暹同蜀賨叟。獠、駱、哀牢、犵狫。
[123]　夷：巴初在楚鄧間。秦所滅之蜀，非從武王伐紂之蜀。

王十五年（西元前 387 年），入戰國後九十四年。伐蜀，取南鄭。惠文王元年，周顯王三十二年（西元前 346 年），入戰國百四十四年。蜀人來朝。其間南鄭屬蜀者，五十餘年，《華陽國志》所謂盧帝攻秦至雍者，當在是時。蜀之雄張，蓋至斯而極。然往來稔而秦覬覦之志，亦於是而啟。石牛之遺，蓋亦猶智伯欲伐仇猶而遺之鐘；至五丁力士，因迎五女而亡，則又微見蜀之末君，重色而輕士也。蔡澤說范睢曰：「今君相秦，棧道千里，通於蜀、漢。」據《史記》本傳，睢相秦在昭王四十一年（西元前 266 年）至五十二年（西元前 225 年），周赧王四十九年至其亡之明年，入戰國後二百十五年至二百二十六年。乃蜀亡後之五十年也。秦與蜀之交通，蓋至斯而大辟。然蜀之自南而北，非自北而南，則皎然矣。故曰：秦所滅之蜀，非從武王伐紂之蜀也。

　　《後漢書・南蠻傳》云：「巴郡南郡蠻，本有五姓：巴氏、樊氏、瞫氏、相氏、鄭氏，皆出於武落鍾離山。在今湖北長楊縣。其山有赤黑二穴。巴氏之子，生於赤穴，四姓之子，皆生黑穴。未有君長，俱事鬼神。乃共擲劍於石穴，約能中者奉以為君。巴氏子務相，乃獨中之。眾皆嘆。又令各乘土船，約能浮者當以為君。餘姓悉沉，唯務相獨浮。因共立之，是為廩君。乃乘土船，從夷水至鹽陽。夷水，今清江。鹽水有神女，謂廩君曰：此地廣大，魚鹽所生，願留共居。廩君不許。鹽神暮輒來取宿，旦即化為蟲，與諸蟲群飛，掩蔽日光，天地晦冥。積十餘日，廩君伺其便，因射殺之，天乃開明。廩君於是君乎夷城。四姓皆臣之。廩君死，魂魄世為白虎。巴人以虎飲人血，遂以人祠焉。及秦惠王並巴中，以巴氏為蠻夷君長，世尚秦女。其民爵比不更，有罪得以爵除。其君長，歲出賦二千一十六錢；三歲一出義則千八百錢。其民，戶出幏布八丈二尺，雞羽三十鏃。」又云：「板楯蠻夷者：秦昭襄王時，有一白虎，常從群虎，數遊秦、蜀、巴、漢之境，傷害千餘人。昭王乃重募國中：有能殺虎者，賞邑

萬家，金百鎰。時有巴郡閬中夷人，能作白竹之弩，乃登樓射殺白虎。昭王嘉之，而以其夷人，不欲加封，乃刻石盟要：復夷人頃田不租，十妻不算。傷人者論，殺人者得以倓錢贖死。盟曰：秦犯夷，輸黃龍一雙；夷犯秦，輸清酒一鍾。夷人安之。」又云：「閬中有渝水。其人多居水左右。天性勁勇。初為漢前鋒，數陷陳。俗喜歌舞。高祖觀之，曰：此武王伐紂之歌也。乃命樂人習之，所謂巴渝舞也。」《華陽國志》說略同，而作武帝。[124] 史事非高祖所知，作武帝是也。《禮記·祭統》曰：「舞莫重於〈武宿夜〉。」《疏》引皇氏云：「師說。《書傳》云：武王伐紂，至於商郊，停止宿夜，士卒皆相樂，歌舞以待旦，因名焉。」此說而信，則巴氏之先，亦有從於牧野之師者矣。

《詩·商頌》曰：「昔有成湯，自彼氐、羌，莫敢不來享，莫敢不來王，曰商是常。」則氐、羌非徒從牧野之師，殷初即與於王會矣。《左氏》：僖公二十一年（西元前 639 年），秦、晉遷陸渾之戎於伊川。三十二年（西元前 628 年），殽之役，晉興姜戎。襄公二十四年（西元前 549 年），范宣子數戎子駒支曰：「來，姜戎氏。昔秦人追逐乃祖吾離於瓜州。乃祖吾離，被苫蓋，披荊棘，以來歸我先君。我先君惠公有不腆之田，與女剖分而食之。」駒支對曰：惠公「謂我諸戎，是四嶽之裔冑也，毋是翦棄。」昭公九年（西元前 533 年），晉梁丙、張趯帥陰戎伐潁。王使詹桓伯辭於晉，謂「允姓之奸，居於瓜州，伯父惠公歸自秦，而誘以來。」二十二年（西元前 520 年），晉籍談、荀躒帥九州之戎，以納王於王城。王城人敗陸渾於社。然則陸渾之戎、姜戎、陰戎、九州之戎是一，[125] 允姓，居於瓜州，而為四嶽之裔冑也。《史記》之九侯，〈明堂位〉作鬼侯，則《詩》稱殷商「覃及鬼方」，正指紂脯九侯之事。《易》言高宗伐鬼方，《大戴記》言陸終取於鬼方氏，皆氐、

---

[124] 夷：高帝觀巴言武王伐紂歌，當依《華陽國志》作武帝。
[125] 夷：陸渾、姜戎、陰戎、九州之戎是一，即九侯、鬼侯、鬼方、犺野。

羌部落矣。《漢書·地理志》：敦煌郡，今甘肅敦煌縣。杜林以為古瓜州，地生美瓜，附會可發一噱。宋翔鳳《過庭錄》謂《詩》「我征自西，至於芃野」之芃野即鬼方，亦即《禮記·文王世子》「西方有九國焉」之九國，《列子》稱相馬者九方皋，乃以國為氏，芃野即鬼方。其說卻殊精審也。

　　歷代為中國患者莫如狄。古代之北狄，《史記》悉入之〈匈奴傳〉中，後人遂皆視為匈奴之倫，其實非也。匈奴乃《管子》書所謂騎寇，見〈小匡篇〉。古代之北狄，則類南北朝之山胡。[126] 騎寇皆居原野，能合大群；其戰也多騎，疾捷利侵略，常為農工商國之大害。居山地者，則不能合大群；其戰也多步；以文明程度之低，戎器亦常窳劣；患止乘間鈔暴而已。中國自春秋以前，實未嘗與騎寇遇，即戰國時，所遇者亦小部落；先秦之世，未嘗以北族為患，由此也。北狄與我交涉最早者，據書傳所載，當為獯粥，《史記·五帝本紀》稱黃帝「北逐獯粥」是也。[127] 以後來之事觀之，獯粥皆在今陝西，黃帝都在彭城，勢不相及，則《史記》此文，殆不足據。周代事蹟，傳者較詳，戎狄之事，可考者亦較多。《孟子》言大王事獯粥，文王事昆夷，〈梁惠王下〉。獯粥即獫狁；昆夷即犬夷，亦即串夷；蓋當時西方兩大部落，其事已見第八章第五、第八兩節。《史記·匈奴列傳索隱》：「應劭《風俗通》曰：殷時曰獯，改曰匈奴。晉灼曰：堯時曰葷粥，周曰獫狁，秦曰匈奴。韋昭曰：漢曰匈奴，葷粥其別名。」《詩·採薇毛傳》：「獫狁，北狄也。」《箋》曰：「北狄匈奴也。」《孟子·梁惠王下》趙《注》：「燻粥，北狄強者，今匈奴也。」《呂覽·審為》高《注》：「狄人獫狁，今之匈奴。」則以獫狁、獯粥、匈奴為一，漢人殆無異說。[128]《詩·皇矣》：「串夷載路。」《箋》云：「串夷即混夷。」《疏》云：「《書傳》作畎夷，蓋犬混聲相近，後世而作字異耳。或作犬夷，犬即畎，字之省也。」

---

[126]　夷：騎寇、山戎之別。
[127]　夷：《史記》言黃帝北逐燻粥之非。
[128]　夷：以獫狁、燻粥、匈奴為一，漢人殆無說。

予昔以昆夷即胡字音轉，謂與匈奴是一。由今思之，殊無確據，唯獫狁當西周時極強大，其後遂無聞焉，則或隨中國之開拓而北走，[129] 為戰國時之匈奴，未可知耳。周室東遷之後，其患遂詒諸秦。《史記》所謂自隴以西，[130] 有綿諸、漢綿諸道，在今甘肅天水縣東。緄戎、《正義》：「顏師古云：混夷也。韋昭云：《春秋》以為犬戎。」翟獂之戎；漢獂道縣，在今甘肅隴西縣東北。岐、梁山涇、漆之北，有義渠、秦北地郡，治義渠，今甘肅寧縣西北。大荔、《索隱》：「〈秦本紀〉：厲共公伐大荔，取其王城。後更名臨晉，故《地理志》云：臨晉，故大荔國也。」今陝西朝邑縣。烏氏、漢烏氏縣，在今甘肅平涼縣西北。胸衍之戎《索隱》：「《地理志》：胸衍，縣名，在北地。」《正義》：「《括地誌》云：鹽州，古戎狄居之，即胸衍戎之地。秦北地郡也：」唐鹽州，今寧夏鹽池縣。者也，其中以義渠為最強，至昭王時，乃為秦所滅。見《史記・匈奴列傳》。其餘興亡之事，不可悉考，然漢世皆列為縣、道，必沿自秦代者也。在東方者，河南有揚拒、泉皋、伊洛之戎，見《左氏》僖公十一年。杜《注》：「揚拒、泉皋，皆戎邑。及諸雜戎居伊水、洛水之間者。今伊闕北有泉亭。」案伊洛之戎，《春秋》作雒戎，見文公八年。《釋文》云：「本或作伊洛之戎，此後人妄取傳文加之耳。」又有蠻氏，杜《注》：「河南新城縣東南有蠻城。」在今河南臨汝縣。本居茅津，亦稱茅戎。《公羊》作貿戎。與陸渾密邇。蠻氏地入於晉。揚拒、泉皋伊洛之戎，地入於周。在河北者為赤狄、白狄。[131] 赤狄種落，見於《春秋》者：有潞氏、今山西潞城縣。宣公十五年。甲氏、今河北雞澤縣。留籲。今山西屯留縣。宣公十六年。《左氏》多鐸辰今山西長治縣。宣公十六年。及廧咎如。成公三年。《公羊》作將咎如。今山西樂平縣。《左氏》云：「晉郤克、衛孫良夫伐廧咎如，討赤狄之餘焉」，劉

---

[129] 夷：獫狁或隨中國開拓北走。
[130] 夷：昆夷、犬夷、串夷是一。《史記》自隴以西，歧、梁山涇、漆之北諸戎，蓋其遺落。
[131] 夷：赤白不必狄之兩大派，此兩派外當多。

炫謂廧咎如即赤狄之餘。杜預謂晉滅潞氏，餘民散入廧咎如，故討之。又有東山皋落氏，《水經·河水注》：「清水流經皋落城北。服虔曰：赤翟之都。世謂之倚亳城。」地在今山西垣曲縣西北。見《左氏》閔公二年，亦不云為赤狄，杜《注》謂赤狄，別種，未知何據。赤狄在今山西、河北，地皆入於晉。白狄，《左氏》成公十三年，晉侯使呂相絕秦曰：「白狄及君同州。」蓋即《史記·匈奴列傳》所謂居圖、洛之間者，而杜氏以鮮虞、今河北定縣。肥、今河北藁城縣。昭公十二年（西元前 530 年）。鼓，今河北晉縣。昭公二十二年。皆為白狄，亦未知其何據也。肥、鼓地亦入晉，鮮虞至戰國時曰中山，滅於趙。與晉密邇者，又有無終。襄公四年（西元前 569 年），嘗請成於晉。晉侯欲弗許，魏絳勸晉侯許之。昭西元年（西元前 541 年），晉又敗其眾於大原。杜預謂山戎、北戎、無終三者是一。案北戎之見於《左氏》者，隱公九年（西元前 714 年），侵鄭，桓公六年（西元前 705 年），侵齊；其見於《春秋》者，僖公十年（西元前 650 年），齊侯、許男伐北戎；山戎，群籍皆云其病燕；則其綿地甚廣，杜氏蓋謂無終亦其種落之一也。《管子》言山戎，多與孤竹、令支並舉。見〈大小匡〉、〈輕重甲〉等篇。令支亦作離支，或云即〈禹貢〉之析支，與崑崙、渠搜並列者。《漢志》：朔方郡有渠搜縣。今綏遠鄂爾多斯右翼後旗故朔方城東。右北平無終，故無終子國。今河北薊縣。遼西郡令支有孤竹城。今河北遷安縣。又〈小匡篇〉言桓公破屠何。孫詒讓謂「即《周書·王會篇》之不屠何。《墨子·非攻》云：且、不一著何，亡於燕、代、胡、貉之間。且當作徂。不一著何，則不屠何之衍誤。後為漢遼西之徒河縣。」今遼寧錦縣。孫氏說見《墨子閒詁》。蓋當中國開拓時，此諸部落，奔迸塞外，後亦列為編戶矣。屠何，《管子》以為騎寇，[132] 蓋其地已偏北。至燕、趙拓土，所遇之騎寇乃益多。在代北者，以林胡、《括地誌》云在朔州。今山

---

[132]　四夷：屠何，《管子》以為騎冠。

西朔縣。樓煩漢樓煩縣。屬雁門。在今雁門關北。為大後皆服於趙。匈奴又在其北，但為李牧所攘斥，見《史記·廉頗藺相如列傳》。而未能列為編戶，至秦、漢時，遂收率北方種落，為中國之大患焉。在燕北者為東胡。《史記》云：「燕有賢將秦開，為質於胡，胡甚信之，歸而襲破走東胡，東胡卻千餘里。燕築長城，自造陽在上谷。至襄平，今遼寧遼陽縣。置上谷、漁陽、右北平、遼西、遼東郡以拒胡。」案東胡在漢初居匈奴東，冒頓襲破之。其後匈奴單于庭直代、雲中，而左方王將居東方，直上谷，似即東胡舊地。然則五郡未開時，東胡當居上谷；[133] 其漁陽、右北平、遼西、遼東，則濊貊、朝鮮、肅慎之地也。

貊：有以為在北方者，《孟子·告子》趙《注》、《周官·職方》鄭《注》、《說文·豸部》貊下說解是也。有以為在東北者，《周官·貊隸》鄭《注》、《鄭志·答趙商問》《詩·韓奕》及《周官疏引》。《說文·羊部》羌下說解是也。然只與夷蠻連文，《荀子·勸學》：「於越、夷、貊之子，生而同聲，長而異俗：」《詩·魯頌》：「淮夷蠻、貊；」《論語·衛靈公》：「雖蠻、貊之邦，行矣。」不與戎狄並舉，即可知其本在東南。[134] 《三國志·夫夫傳》：「其耆老自說古之亡人，其印文言王之印、國有故城名城。」句麗、百濟，皆出夫餘。沃沮耆老，自謂與句麗同種諸國法俗，絕類有殷，如在國衣尚白，祭天以殷正月是也。《博物誌》記徐偃王卵生，與《魏書》句麗始祖朱蒙之生絕相類。[135] 《博物誌》曰：「徐君宮人，娠而生卵，以為不祥，棄之水濱。獨孤母有犬，名鵠倉，獵於水濱，得所棄卵，銜以東歸。獨孤母以為異，覆暖之，遂蚹成兒。生時正偃，故以為名。徐君宮中聞之，乃更錄取。長而仁智，襲徐君國。後鵠倉臨死，生角而九尾，實黃龍也，偃王令葬之，徐界中今見狗壟。」《魏書·高句驪傳》曰：「高句驪

---

[133]　四夷：東胡舊地，似在上谷，其東則濊貊、朝鮮、肅慎地。
[134]　四夷：貊祇與夷蠻連文，不與戎狄並舉，則本在東南。
[135]　四夷、述朱蒙、徐偃之生相類，則本江淮間；與朝鮮隨燕開拓東北徙。

者，出自夫餘。自言先祖朱蒙。朱蒙母，河伯女，為夫餘王閉於室中。為日所照。引身避之，日景又逐。既而有孕。生一卵，大如五升。夫餘王棄之。與犬，犬不食。棄之於路，牛馬避之。後棄之野，眾鳥以毛茹之。夫餘王割剖之，不能破。遂還其母。以物裹之，置於暖處。有一男，破殼而出。及其長也，字之曰朱蒙。其俗言朱蒙者，善射也。」案《後漢書‧夫餘傳》，言其始祖東明事，與此亦頗相類。疑貉實江、淮間族，漸徙而北者。《韓奕》之詩曰：「溥彼韓城，燕師所完，王錫韓侯，其追其貊。」王肅、孫毓，皆以此燕為北燕，以涿郡方城縣之寒號城為韓侯城。見《釋文》及《水經‧聖水注》。方城，今河北固安縣。其實《詩》明言韓姞，則此燕實為南燕。貉多與濊連稱，亦或單稱濊。《續漢書‧郡國志》：行唐今河北行唐縣。有石臼河。《寰宇記》：平山縣，「隋《圖經》：房山，濊水出焉。亦謂之石臼河。又謂之行唐水。出行唐，東入博陵，今河北安平縣。謂之木刀溝。一謂之袈裟水。南流入滹沱。」今在平山縣西，仍謂之木刀溝。又《水經‧濁漳水注》：「清漳逕章武縣故城西，故濊邑也，枝瀆出焉，謂之濊水。」章武故城，在今河北滄縣東北。地固皆與燕相近也。東北名國，莫如朝鮮。箕子初封，安得在遼東之表？謂在沙丘以北，則近之矣。《史記‧趙世家》：山陽侯朱書曰：「予將賜女林胡之地。至於後世，且有伉王，奄有河宗，至於休溷諸貉。」〈燕世家〉謂「燕北迫蠻貉」。《漢書‧高帝紀》：四年（西元前 203 年），「北貉燕人，來致梟騎助漢」。《史記‧貨殖列傳》言：「燕東綰濊貉、朝鮮、真番之利。」則濊貉、朝鮮，亦隨燕之開拓而東北徙無疑矣。貉族文明程度最高。南化三韓，東漸日本。緬彼震方，實資啟發。而弱水舊墟，轉為鮮卑所薦食。謂晉初夫餘為慕容氏所破。弱水，今松花江也。近世論者，謂其關係之大，不在中央亞細亞自印度日耳曼人之手，轉入土耳其人之手之下焉。見傅斯年《東北史綱》第四章下。肅慎者。金源、滿清之先，當周武王時，曾以楛矢石砮為貢，事見

《國語》〈魯語〉《史記》〈孔子世家〉《說苑》。〈辨物〉後世居松花江濱。其所貢之物如故，故知其民族必同。詹桓伯之辭晉，以之與燕、亳並列，為武王克商後之北土。南北二燕，相距本不甚遠。見第九章第八節。亳即商都，多在河北。已見第八章第二、第四節。其初亦內地民族也。[136]

　　古又有所謂長狄者，說頗詭異，然細按之，實無甚不可解也。[137] 長狄事見《春秋》文公十一年。《經》文但云狄而已，三傳則皆以為長狄。《公羊》云記異，而不言其所以異。《穀梁》謂其「弟兄三人，佚宕中國，瓦石不能害。叔孫得臣，最善射者也。射其目。身橫九畝。斷其首而載之，眉見於軾」。則競類《齊諧》志怪之談矣。然《左氏》記其兄弟五人獲於宋、魯、晉、齊、衛，而云「鄋瞞由是遂亡」，則亦當時一氏族。《國語·魯語》：「吳伐越，墮會稽，得節專車。使問仲尼。仲尼曰：昔禹致群神於會稽之山，防風氏後至，禹殺而戮之，其節專車。客曰：防風何守？仲尼曰：汪罔國之君也。守封禺之山。漆姓。在虞、夏、商為汪罔氏。於周為長翟氏。今謂之大人。客又曰：人長之極幾何？仲尼曰：僬僥氏三尺，短之至也。長者不過十之，數之極也。」《史記·孔子世家》。《說苑》、《家語·辨物篇》略同。《史記》、《說苑》皆作釐姓。《說苑》云：「在虞、夏為防風氏，商為汪芒氏。」《說文》曰：「在夏為防風氏，殷為汪芒氏。」黃丕烈《校刊明道本國語札記》曰：「漆當為淶之訛。釐淶聲相近，於古為同字也。」然則人長三丈，乃出仲尼推論，身橫九畝等說，則王充所謂語增者耳。實無足怪也。僬僥氏，林惠祥謂即黑種之尼革利羅（Negrillo），《梁書》所載黔、歈短人是其族。見所著《中國民族史》第十八章。案此種人唐代猶有之。《唐書·卓行傳》：陽城為道州刺史。「州產侏儒，歲貢諸朝，城哀其生離，無所進。帝使求之。城奏曰：州民盡短。若以貢，不知何者可供。自是罷。

[136] 四夷：肅慎初在內地。
[137] 四夷：長狄。

州人感之。」自居易《新樂府》曾詠其事。〈道州民〉。必非虛誣。體質特異之民，前世本非無有，以中國之大，而偶有一二錯居，實極尋常事也。

▶ 第二節　先秦疆域

漢族之發展，及漢族以外諸民族之情形，既已知其大略，則先秦之世之疆域，有可得而進言者。疆域有山川道里可稽，本最易曉，然古書多辭不審諦，傳述又有訛誤，加以虛擬之辭，附會之說，非理而董之，固無以見其真際也。

言古代地理，有數字可稽者，莫如服之里數及封建國數。然其不可信亦最甚。五服之說，見於〈禹貢〉，曰：「五百里甸服，百里賦納總，二百里納銍，三百里納秸服，四百里粟，五百里米。五百里侯服，百里採，二百里男邦，三百里諸侯。五百里綏服，三百里揆文教，二百里奮武衛。五百里要服，三百里夷，二百里蔡。五百里荒服，三百里蠻，二百里流。」《周官・職方》，則有九服之說，曰：「方千里曰王畿，其外方五百里曰侯服。又其外方五百里曰甸服。又其外方五百里曰男服。又其外方五百里曰採服。又其外方五百里曰衛服。又其外方五百里曰蠻服。又其外方五百里曰夷服。又其外方五百里曰鎮服。又其外方五百里曰藩服。」說〈禹貢〉者：今《尚書》歐陽、夏侯說，謂中國方五千里，《王制正義》引《五經異義》。史遷同。《詩・商頌正義》，按《史記・夏本紀》：今天子之國以外五百里甸服，甸服外五百里侯服，侯服外五百里綏服，綏服外五百里要服，要服外五百里荒服。《古尚書》說：五服旁五千里，相距萬里。《王制正義》引《五經異義》。賈達、馬融謂甸服之外，每百里為差，所納總、秸、粟、米者，是甸服之外，特為此數。其侯服之外，每言三百二百里者，還就其服之內別為名，非是服外更有其地。《詩・商頌正義》。是為三千里。相距方六千里。〈禹貢正義〉。許慎按：以今漢地考之，自黑

水至東海，衡山之陽至於朔方，經略萬里，從《古尚書》說。《王制正義》引《五經異義》。鄭玄則云：堯制五服，服各五百里。要服之內四千里日九州，其外荒服日四海。禹所弼五服之殘數，每言五百里一服者，是堯舊服。每服之外，更言三百里、二百里者，是禹所弼之殘數。亦每服者合五百里，故有萬里之界焉。去王城五百里日甸服。其弼當男服，去王城二千里。又其外五百里為綏服，去王城二千五百里。其弼當衛服，去王城三千里。其外五百里為要服，與周要服當作蠻服。相當，去王城三千五百里。四面相距為七千里，是九州之內也。要服之弼，當其夷服，去王城四千里。又其外五百里日荒服，當鎮服。其弼當蕃服，去王城五千里。四面相距，為方萬里也。《詩·商頌正義》引鄭〈皋陶謨〉「弼成五服，至於五千」《注》。封建國數：〈王制〉云：「凡四海之內九州州方千里。州建百里之國三十，七十里之國六十，五十里之國百有二十，凡二百一十國。名山大澤不以封。其餘以為附庸間田。八州，州二百一十國。天子之縣內，方百里之國九，七十里之國二十有一，五十里之國六十有三，凡九十三國。名山大澤不以盼。其餘以祿士，以為閒田。凡九州，千七百七十三國。天子之元士諸侯之附庸不與。」《周官·職方》云：「凡邦國千里，封公以方五百里則四公，方四百里則六侯，方三百里則七伯，《注》：「方千里者，為方百里者百，以方三百里之積，以九約之，得十一有奇。云七伯者，字之誤也。」方二百里則二十五子，方百里則百男以周知天下。」《異義》：《公羊》說：殷三千諸侯，周千八百諸侯。《古春秋左氏》說：禹會諸侯於塗山，執玉帛者萬國。唐、虞之地萬里，容百里地萬國，其侯伯七十里，子男五十里。餘為天子閒田。許慎按：《易》日：萬國咸寧。《尚書》日：協和萬邦，從《左氏》說。鄭駁云：諸侯多少，異世不同。萬國者，謂唐、虞之制也。武王伐紂，三分有二，八百諸侯，則殷末千二百也。至周公制禮之後，準〈王制〉千七百七十三國，而言周千八百者，舉其全數。《王

制正義》引。其注〈王制〉云：「《春秋傳》云：禹會諸侯於塗山，執玉帛者萬國言執玉帛，則是唯謂中國耳。中國而言萬國，則是諸侯之地，有方百里，有方七十里，有方五十里者，禹承堯、舜而然矣。要服之內，地方七千里，乃能容之。夏末既衰，夷狄內侵，諸侯相併，土地減，國數少。殷湯承之，更制中國方三千里之界，亦分為九州，而建此千七百七十三國焉。周公復唐、虞之舊域，分其五服為九，其要服之內，亦方七千里，而因諸侯之數，廣其土，增其爵耳。」鄭氏之意，專欲以古今相牽合。其注《易‧繫辭傳》陽一君而二民，陰二君而一民云：「一君二民，謂黃帝、堯、舜，謂地方萬里，為方千里者百，中國民居七千里，七七四十九，方千里者四十九，夷狄之民，居千里者五十一，是中國夷狄，二民共事一君。二君一民，謂三代之末，以地方五千里，一君有五千里之土，五五二十五，更足以一君二十五，始滿千里之方五十，乃當堯、舜一民之地，故云二君一民。實無此二君一民，假之以地為優劣也。」《王制正義》。亦此意也。按服制及封建之制，皆古人虛擬之辭。古本無方五千里若方萬里之封，春秋、戰國之世乃有之，學者欲設立制度，以治此廣大之地，而郡縣之制，非其意想所及，乃各就封建之制，以意更張，有所假設。其發抒其說也，不曰己意如是，而以傳諸古人，則當時之人，立言大率如是。一時代自有一時代語言之法。如其法以求之，原亦不足為怪，以為實有其事則僨矣。〈禹貢〉時代較早，其時封域，蓋尚較狹，故設為五千里之封。《周官》時代較晚，封域愈廣，故其經略遂至萬里也。許慎以《易》與《尚書》之文，而信古有萬國；以漢代經略所及，而謂五服相距萬里；已為非是。鄭玄更設為黃帝、堯、舜暨三代之末盛衰廣狹之說，一似古書所述，皆為實事者，則疑誤後人矣。

　　九州之說，有山川以為疆界，似乎較易徵實，然其為虛擬亦同。〈禹貢〉九州，除冀州不言疆界外。濟、河唯兗州。海、岱唯青州。海、岱及

淮唯徐州。淮、海唯揚州。荊及衡陽唯荊州。荊、河唯豫州。華陽、黑水唯梁州。黑水、西河唯雍州。約苞黃河、長江兩流域。《爾雅・釋地》云：兩河間曰冀州。河南曰豫州。河西曰雍州。漢南曰荊州。江南曰揚州。濟、河間曰兗州。濟東曰徐州。燕曰幽州。齊曰營州。營州即青州無疑。校〈禹貢〉，少梁州而多幽州。《呂覽・有始覽》曰：河、漢之間為豫州，周也。兩河間曰冀州，晉也。河、濟間曰兗州，衛也。東方為青州，齊也。泗上為徐州，魯也。東南為揚州，越也。南方為荊州，楚也。西方為雍州，秦也。北方為幽州，燕也。說與《爾雅》同。《周官・職方》云：東南曰揚州。正南曰荊州。河南曰豫州。正東曰青州。河東曰兗州。正西曰雍州。東北曰幽州。河內曰冀州。正北曰幷州。較〈禹貢〉更多幷州而少徐州。竊疑幽州之增，在北燕盛強以後；幷州之增，以趙拓境之廣；《周官》無徐州者，魯已並於楚也；〈禹貢〉而外，三說皆無樑州，則知〈禹貢〉之梁州，必不苞今四川境。何則？〈禹貢〉無幽、並，知其時燕尚未強，大原以北尚未啟其時代實早於《爾雅》、《呂覽》、《周官》。《爾雅》、《呂覽》、《周官》尚未及巴、蜀，況〈禹貢〉乎？觀此，彌知為雍、梁二州之界之黑水之不可以鑿求，而予謂作〈禹貢〉者，初亦不審黑水之所在之確也。《淮南・地形》云：「河水出崑崙東北陬，貫渤海，入禹所道積石山。赤水出其東南陬，西南注南海。弱水出窮石，至於合黎，餘波入於流沙。絕流沙，南至南海。洋水出其西北陬，入於南海：凡四水者，帝之神泉。以和百藥，以潤萬物。」此篇述八殥、八紘、八極，皆自東北而東，而東南，而南，而西南，而西，而西北，而北，〈禹貢〉除特首冀州外，餘八州之次亦然，足徵其同本舊說。《淮南》弱水，必出西南，今本乃後人據〈禹貢〉所改，上文云：「水有六品。」又云：「何謂六水？曰河水、赤水、遼水、黑水、江水、淮水。」水有六品者？下文云：「山為積德，川為積刑。」「丘陵為牡，溪谷為牝。」陽數九，陰數六，故山有九而水有六也。

六水蓋於四水之外，益以江、淮，則遼水即弱水，[138]黑水即洋水也。帝之神泉，以和百藥，以潤萬物，乃方士荒怪之說，安得鑿求所在乎？參看第七章第五節。則知九州之說，亦春秋、戰國學者，以意區分耳。[139]《漢書・地理志》云：「堯遭洪水，天下分絕為十二州。使禹治之。水土既平，更制九州。」馬融云：「禹平水土，置九州。舜以冀州之北廣大，分置并州；燕、齊遼遠，分燕置幽州，齊為營州。」《史記・五帝本紀集解》。鄭玄云：「舜以青州越海，而分齊為營州；冀州南北大遠，分衛為并州，燕以北為幽州。」《爾雅・釋文》。郭璞、《爾雅注》。李巡、《釋文》引。孫炎《詩・周南・召南譜疏》。以《爾雅》所說為殷制。皆類乎夢囈也。

　　九州為古小部中度地居民之法。已見第七章第三節。古人篤於宗教，故知識稍進，又以天文與地理相牽合。《周官》保章氏，以星土辨九州之地，所封之域，皆有分星，以觀妖祥，此即《呂覽》天有九野、地有九州之說。〈有始覽〉。鄭《注》云：「其書亡矣，今其存可言者，十二次之分也。」此即《史記・天官書》二十八舍主十二州之說，分州之必以九或十二者以此。疆域之廣狹，今古不侔，而九與十二之數不容變，則其所分必不能一致矣。《史記・孟荀列傳》云：鄒衍「以為儒者所謂中國者，於天下，乃八十一分居其一耳。中國名曰赤縣神州，赤縣神州內，自有九州，禹之敘九州是也，不得為州數。中國外如赤縣神州者九，乃所謂九州也，於是有裨海環之人民禽獸，莫能相通，如一區中者，乃為一州。如此者九，乃有大瀛海環其外，天地之際焉」。《淮南・地形》曰：「何謂九州？東南神州曰農土。正南次州曰沃土。西南戎州曰滔土。正西弇州曰並土。正中冀州曰中土。西北臺州曰肥土。正北濟州曰成土。東北薄州曰隱土。正東陽州曰申土。」所謂農土，蓋即鄒衍所謂赤縣神州，其名亦本舊聞，非新

---

[138] 地理：弱水即遼水。
[139] 地理：九州之說，乃春秋戰國學者以意區分。

創也。〈王制〉曰：「凡四海之內九州，州方千里。」《孟子》亦曰：「今海內之地，方千里者九。」〈梁惠王上〉。而《淮南》言：「九州之大，純方千里。」則其所謂九州者，僅當〈王制〉、〈禹貢〉之一州。[140] 鄒衍所謂禹所叔九州者，乃於〈王制〉、〈禹貢〉等書之一州中，復分為九。今〈禹貢〉、《爾雅》、《呂覽》、《周官》所言之一州，已當赤縣神州者九矣。衍說之異於人者，時人謂天下之大，止於〈禹貢〉等書所言之九州，衍則謂有如是者九，非謂當有如是者八十一也。《淮南》又曰：「九州之外，乃有八殯，亦方千里。自東北方，曰大澤，曰無通。東方曰大渚，曰少海。東南方曰具區，曰元澤。南方曰大夢，曰浩澤。西南方曰渚資，曰丹澤。西方曰九區，曰泉澤。西北方曰大夏，[141] 曰海澤。北方曰大冥，曰寒澤。八殯之外，而有八紘，亦方千里。自東北方，曰和丘，曰荒土。東方曰棘林，曰桑野。東南方曰大窮，曰眾女。南方曰都廣，曰反戶。西南方曰焦僥，曰炎土。西方曰金丘，曰沃野。西北方曰一目，曰沙所。北方曰積冰，曰委羽。八紘之外，乃有八極。自東北方，曰方土之山，曰蒼門。東方曰東極之山，曰開明之門。東南方曰波母之山，曰陽門。南方曰南極之山，曰暑門。西南方曰編駒之山，曰白門。西方曰西極之山，曰閶闔之門。西北方曰不周之山，曰幽都之門。北方曰北極之山，曰寒門。」八極即八紘之極邊，非別有其地。八殯在中國之外，為澤，八紘在八殯之外，又為陸。蓋澤居之時，本族所居之洲以外為水，其外又為他族之地。《淮南》之八殯，即鄒衍之裨海。以地理雖難徵實，其緣起實可推求也。邃古中嶽，係指泰山，[142] 已見第三章。所謂四瀆，觀第七章第二節所引〈湯誥〉，實就所居之地言之。正如宋代東、西、南、北四河之名，乃以汴梁為中所錫。

---

[140] 地理：鄒衍之禹所九州，當《王制》、《禹貢》一州，九州同《禹貢》、《王制》，如此者九，乃全世界，說與《淮南》互通。

[141] 地理：大夏在《淮南書》為澤。

[142] 地理：古四嶽泰山為中，四瀆亦異後。

《淮南》九州，名義雖難強求，然濟水下流，似在正北，則其所謂神州，正泰山四面之地。《淮南》又曰「中央之美者，有岱嶽以生五穀，桑、麻、魚、鹽出焉」，故稱其地為農土也。華夏邃初之疆域，可以微窺矣。〈王制〉曰：「自恆山至於南河，千里而近。自南河至於江，千里而近。自江至於衡山，千里而遙。自東河至於東海，千里而遙。自東河至於西河，千里而近。自西河至於流沙，千里而遙。西不盡流沙，南不盡衡山，東不盡東海，北不盡恆山。凡四海之內，斷長補短，方三千里。」則為春秋、戰國時疆域，如〈禹貢〉、《爾雅》、《呂覽》、《周官》之所云者。析方三千里之地為九，固適得方千里者九也。《爾雅·釋地》云：「東至於泰遠，西至於邠國，南至於濮鉛，北至於祝慄，謂之四極。觚竹、北戶、西王母、日下，謂之四荒。九夷、八狄、七戎、六蠻，謂之四海。」〈明堂位〉云：九夷、八蠻、六戎、五狄。鄭《箋詩·蓼蕭序》，與今《爾雅》同。《注》、《周官》職方，布憲，則同〈明堂位〉。《蓼蕭序疏》云：數既不同，而俱云《爾雅》，則《爾雅》本有兩文。又引《鄭志》答趙商問云：無國別之名，故不定。四海蓋當時夷狄之地，合之則成五千里之封，《周官》所云，竊疑亦不過如此。[143] 謂四面相距，為方萬里者，實誤也。《爾雅》之四海，蓋同《淮南》之八殥；四荒即其八紘；四極即其八極。郭《注》云「四極，四方極遠之國」，「四荒次四極」，「四海次四荒」，說固不誤。予昔信朱緒曾之說，《開有益齋經》說。謂邠即公劉之邑濮為熊通所啟，見第九章第二節。祝慄即涿鹿聲轉，謂四極在四荒之內。由今思之，實未必然。《說文·水部》：汃，西極之水也，引《爾雅》西至於汃國，則今本邠乃誤字。濮族占地甚廣，《爾雅》之濮鉛，斷不能說為熊通所啟。涿鹿即彭城，更非使譯所極矣。《漢書·西域傳》言：安息長老，傳聞條支有弱水、西王母，《後漢書·西域傳》，則又謂在大秦之西矣。蓋於其地本不審知，徒以

---

[143]　地理：古地理真相。

為西方極遠之國，遂以己所知極西之地當之也。《爾雅》言四荒、四極之名，亦正如此。必求其地之所在，轉致誤矣。《楚辭·招魂》曰：「魂兮歸來，東方不可以止些。長人千仞，唯魂是索些。十日代出，流金鑠石些。彼皆習之，魂往必釋些。魂兮歸來，南方不可以止些。雕題黑齒，得人肉以祀，以其骨為醢些。蝮蛇蓁蓁，封狐千里些。雄虺九首，往來倏忽，吞人以益其心些。魂兮歸來，西方之害，流沙千里些。旋人雷淵，靡散而不可止些。幸而得脫，其外曠宇些。赤蟻若像，玄蜂若壺些。五穀不生，蘩是食些。其土爛人，求水無所得些。彷徉無所倚，廣大無所極些。魂兮歸來，北方不可以止些。增冰峨峨，飛雪千里些。」辭皆荒昧。而又非全無所因，殊足見古人所謂四海之外者為如何也。

　　古人之言地理，又有是據天象推測而得者。如《爾雅》言：「距齊州以南戴日為丹穴，北戴斗極為空桐，東至日所出為大平，西至日所入為大蒙。」《周髀》言兩極之下，夏有不釋之冰，物有朝生暮獲是也。古蓋天家言，以地為平面。北極居中央，四面皆為南，故其南方無窮。《莊子·天下》，舉惠施之言曰：「南方無窮而有窮」，乃反乎恆情而言之也。《呂覽·有始覽》曰：「凡四海之內，東西二萬八千里，南北二萬六千里。《管子·地數》、〈輕重乙〉、《淮南·地形》、〈五藏山經〉篇末說皆同。出水八千里，受水者亦八千里。〈五藏山經〉篇末同。出水者作出水之山。凡四極之內，東西五億有九萬七千里，南北亦五億又九萬七千里。」《淮南·地形》：「禹乃使大章步自東極，至於西極二億三萬三千五百里七十五步。使豎亥步自北極，至於南極，二億三萬三千五百里七十五步。」〈海外東經〉：「帝命豎亥步自東極，至於西極，五億十選九千八百步。一日禹令豎亥。一日五億十萬九千八百步。」郭《注》：「選，萬也。」亦是如此。非真目驗所得，並非傳聞之辭也。與〈禹貢〉等書所言地理，根源各別，不可混淆。

先秦史——古史年代至民族疆域

作　　者：呂思勉
發 行 人：黃振庭
出 版 者：複刻文化事業有限公司
發 行 者：複刻文化事業有限公司
E-mail：sonbookservice@gmail.com
粉 絲 頁：https://www.facebook.com/
　　　　　sonbookss/
網　　址：https://sonbook.net/
地　　址：台北市中正區重慶南路一段六十一號八樓
　　　　　815 室
Rm. 815, 8F., No.61, Sec. 1, Chongqing S. Rd.,
Zhongzheng Dist., Taipei City 100, Taiwan

電　　話：(02)2370-3310
傳　　真：(02)2388-1990
印　　刷：京峯數位服務有限公司
律師顧問：廣華律師事務所 張珮琦律師
定　　價：375 元
發行日期：2024 年 03 月第一版
◎本書以 POD 印製

國家圖書館出版品預行編目資料

先秦史——古史年代至民族疆域 /
呂思勉 著 . -- 第一版 . -- 臺北市：
複刻文化事業有限公司 , 2024.03
面；　公分
POD 版
ISBN 978-626-7426-58-6(平裝)
1.CST: 先秦史
621　　　113001740

電子書購買

臉書

爽讀 APP